高中数学教学"问题驱动"的探索与实践

王克亮 著

苏州大学出版社

图书在版编目(CIP)数据

高中数学教学“问题驱动”的探索与实践/王克亮著.—苏州:苏州大学出版社,2017.11
ISBN 978-7-5672-2273-1

Ⅰ.①高… Ⅱ.①王… Ⅲ.①中学数学课—教学研究—高中 Ⅳ.①G633.602

中国版本图书馆 CIP 数据核字(2017)第 264775 号

书　　名:高中数学教学“问题驱动”的探索与实践

著　　者:王克亮
策　　划:李　娟
责任编辑:李　娟
装帧设计:刘　俊

出版发行:苏州大学出版社(Soochow University Press)
出 品 人:张建初
社　　址:苏州市十梓街1号　邮编:215006
印　　刷:宜兴市盛世文化印刷有限公司
E-mail:Liuwang@suda.edu.cn　QQ:64826224
邮购热线:0512-67480030
销售热线:0512-65225020

开　　本:700 mm×1 000 mm　1/16　**印张**:13.75　**字数**:233千
版　　次:2017年11月第1版
印　　次:2017年11月第1次印刷
书　　号:ISBN 978-7-5672-2273-1
定　　价:35.00元

凡购本社图书发现印装错误,请与本社联系调换。
服务热线:0512-65225020

前言

Preface

在遇到李善良与张乃达两位专家之前，笔者的教科研是没有方向性的，属于杂乱无章型的. 2008 年至 2011 年间，笔者有幸参加了江苏省中小学教研室组织的第一期“省中学青年数学骨干教师研修班”. 这期间，省教研室高中数学教研员李善良博士启发我们：“搞教学研究，不要‘遍地开花’，而要‘深挖洞’.”扬州中学的省特级教师张乃达先生私下也对笔者说：“你没有必要努力发表那么多的论文，可以认准一个方向做些研究，然后一年打造 3～4 篇精品论文就够了.” 两位专家的指点让笔者顿悟.

在平时的学习与教学调研中，笔者逐步认同了“问题驱动”这种教学方法与策略. 在拜读了美国数学教授 Davis 的《我们所做的数学是我们所教的数学吗?》一文之后，笔者对此有了更深层次的认识，即目前数学教学中普遍采用的“演讲—记忆—测试”这种授课路线严重偏离了数学教学的本质，而数学教学的本质应是不断地以提出问题并解决问题的方式来获取新的知识，培养学生的创新思维和创新能力的过程. 换言之，数学教学离不开问题的驱动，所以笔者就确定把“问题驱动”作为一个方向来做些研究.

2011 年，笔者和江苏省射阳中学吴少然副校长一起成功申报了省教育科学规划“十二五”立项课题“高中数学校本主题教研活动的实践与案例研究”. 在该课题的研究过程中，我们把许多活动的主题定位在“问题驱动”的研究上. 比如，我们开展过“问题情境的设计”“探究性问题的设计”“显化教学目标的课堂问题之设计”“围绕教学目标设计课堂问题的策略”“新授课中用问题显化教学目标的策略”“问题串的设计与运用”“课堂提问中教师的主导作用”“问题在高三数学第一轮复习课中的导学作用”等主题的研究. 每次活动，我们都围绕主题开设公开课，并以这些课为载体进行研讨，找出公开课的成功与不足之处，并力求从中获得启示，最终形成活动纪要发给全县的高中数学教师，供他们在教学中参考. 该课题研究的结题报告“高中数学主题教研活动的实践研究”刊登在《数学教育学报》2015 年第 6 期上. 通过开展这些主题教研活动，我们对“问题驱动”有了更深的认识. 2012 年 9 月至 2013 年 7 月，笔者主动申请到江苏省射阳中学任教，以期做些实践研究. 当时任教的是高二文科班的数学，非常巧的是，在省学业水平测试之前文科班的数学上的是新授课，而在这之后文科班的数学即进入一轮复习. 任教期间，笔者每一节课都坚持实践“问题驱动”这种教学策略，发现学生非常喜爱这种授课方式. 基于实践，笔者撰写的关于新授课与复习课中如何进行问题导学的两篇文章均刊登在核心期刊《数学通报》上.

在前期研究的基础上，2015 年笔者和江苏省射阳中学的徐长中副校长一起成功申报了省教育科学规划“十二五”重点自筹课题“高中数学课堂实现教学目标的问题驱动策略研究”. 在该课题的研究过程中，我们重点在课堂问题的设计、解决等方面做了一些有益的探索、实践、思考和总结，从中提炼了一些策略，并在此策略的支撑下，对高中数学的一些课题做了教学设计，最终形成了这本书，书中大部分内容是根据笔者发表在各级各类刊物上的论文和平时所开设讲座的底稿整理而成的.

本书的撰写得到了江苏省中小学教学研究室李善良博士的悉心指导和大力支持，他提出了很多宝贵的意见与建议，在此表示衷心感谢！

因笔者水平有限，书中错误与不足之处在所难免，衷心地希望广大读者发现问题后能及时与笔者联系，以便不断完善.

王克亮

2017 年 6 月 29 日

Contents 目录

第一章　研究概述

一、研究背景

1. 有效教研活动的需要

我省高中数学进入新课程已有十多个年头，但一个严峻的事实是不少高中数学老师还不能完全适应新课程改革与素质教育的要求，而制约这些教师业务成长的一个重要方面是学科教研活动的效果不理想，对教师的业务成长支撑不够．实施新课程以来，尽管各级教育主管部门、教研机构和学校都十分重视教师的培训与日常的学科教研活动，但这些活动存在着诸多不足．例如，通识培训缺少实际指导意义，离课堂教学实践太远；听课缺乏明确的研究目标；日常的教研活动布置任务多，“研”的成分较少；部分教师被动参与、敷衍应付等．

开展高中数学教学“问题驱动”的探索与实践研究，离不开若干主题教研活动的支撑．教研主题的确定，要能明确教研的目的，找到研究问题的抓手，形成研究的合力，使得问题的研讨更加深入，进而提高教研活动的效果．

2. 提高课堂效率的需要

从教学的现状看，目前不少高中数学课堂还存在着以下一些不足：

(1) 教学目标不够明晰．有些课堂程序不清，层次不明，学生被老师牵着鼻子绕来绕去，最终学生脑海中形成的是一团“雾像”．这样的课堂，对于大多数学生来说，往往不能跳出“雾像”来看清课堂的本意，进而课堂的有效性被打了大大的折扣．

(2) 目标呈现方法不当．有些课堂一开始把教学目标放在课件上让学生去看，或者读给学生听，或者让学生去读，这样做常常给人一种突兀的感觉．因为在学习新知之前，学生对学习目标中的好多专业术语还缺少必要的认识，不知道是怎么回事，所以学生往往并不在意．还有的课堂，在导入新课中，教师已经创设了一种积极向上、急于求知的学习氛围，但不合时宜的目标展示反而破坏了这种精心营造好的氛围．

(3) 问题驱动意识不强. 目前的高中数学课堂,讲风尚盛,那种通过设计问题引导学生思考与探究,在问题解决中学习新知识的做法尚未形成浓厚的氛围. 课堂上普遍缺少问题,或缺少有价值的问题,浅问、碎问、浮问等现象严重,很多课堂提问停留在“是不是”“好不好”“对不对”等一些毫无价值的问题上,学生的思维得不到有效训练. 有的虽设置问题,但要么问题过大,要么问题空泛,要么问题的针对性差,等等,问题的驱动性不强.

(4) 主体作用发挥不够. 发挥学生的主体作用,让学生成为课堂教学的主体是新课程改革的核心理念,但现实是不少课堂上学生的主体作用被忽视. 有的课堂师生互动只停留在形式上,假互动、无效活动充斥课堂;有的把没有讨论价值的问题作为讨论的内容,看起来课堂比较活跃,实质上浪费时间,浪费精力,实效性差;有的问题并不是学生的真实体验,课堂上学生被捆住手脚,有效的思考与探究明显不足;等等.

3. 促进学生发展的需要

“问题驱动”可使课堂教学有的放矢,能增强课堂教学的有效性,提高教师驾驭课堂的能力,使得课堂教学效果事半功倍. 在提出问题的过程中,能培养学生的创新意识与创新能力;在解决问题的过程中,能培养学生的合作意识和合作习惯,增进同学友谊,逐步树立起正确的合作观和竞争观,有利于集体凝聚力的形成.

“问题驱动”下的高中数学课堂,学生的探索精神和思维能得以充分激发,学生学习的积极性和创造性能得以充分调动,学生的主体作用能得以充分发挥. 在教学中,师与生、生与生可全方位合作,大家平等对话,相互交流,碰撞思维,课堂气氛始终处在和谐、民主、自由、活跃的状态之中,让学生在愉悦的状态下感悟新知识的真谛,把课堂真正还给学生,把“讲堂”变成“学堂”,师生在课堂上形成一个有效的“学习共同体”. 这样的教学可有效提升学生的学科素养,促进学生的终身发展.

二、研究内容

1. 开展主题教研活动的实践研究

通过高中数学主题教研活动的探索与实践,积累典型案例,改进教研活动的模式与方式,探索并形成有效的学科教研机制,促进全县高中数学教师的专业成长,深化高中数学新课程改革. 通过主题教研活动的开展与研究,促进全县高中数学教师积极投身教研,人人行动,个个反思,提高全县高中数学教师队伍的整体素质，全面提升全县高中数学学科的教育质量.

2. **开展“问题驱动”的实践研究**

通过高中数学教学“问题驱动”的探索与实践，积累并研究典型课例，提炼实施“问题驱动”的有效策略与途径，探索并构建“问题导学”的有效课堂模式，提高高中数学课堂的教学效益，深化课堂教学改革.

重点研究的问题有：

(1) 如何设计课堂问题？如何将教学目标转化为具有不同功能的课堂问题？如何提升课堂问题的思维价值？

(2) 如何解决课堂问题？课堂问题解决的方式与途径有哪些？在课堂问题解决中需要注意些什么？

三、研究过程

1. **准备阶段**

2010 年—2013 年，笔者调查了实施高中数学新课程以来教师们普遍存在的困惑和急于研讨的问题，构建了高中数学主题教研活动的模式，成功申报了江苏省教育科学“十二五”规划立项课题“高中数学校本主题教研活动的实践与案例研究”(课题批准号：D/2011/02/186)，并进行了一系列的学科主题教研活动，尤其是“问题驱动”方面的主题，研究了相关活动案例与课例，提炼了一些观点. 2013 年 12 月，该立项课题结题.

其中，2012 年 9 月—2013 年 7 月，笔者到江苏省射阳中学兼课，初步实践了“问题驱动”的教学策略与方法.

2. **实施阶段**

2014 年—2016 年，在前期初步实践的基础上，成功申报了江苏省教育科学“十二五”规划 2015 年度重点自筹课题“高中数学课堂实现教学目标的问题驱动策略研究”(课题批准号：B－b/2015/02/261)，进入了高中数学教学“问题驱动”的探索与实践研究，在课堂问题的设计、教学目标的问题化、课堂问题的解决等方面进行了具体的探索与实践.

3. **总结推广阶段**

2016 年—2017 年，为高中数学教学“问题驱动”实施的经验总结与推广阶段，对课题研究经验进行总结，并在全县进行推广.

四、研究成果与结论

研究成果主要为以下两个领域中的研究：

(1) 高中数学主题教研活动的探索与实践；

(2) 高中数学教学“问题驱动”的探索与实践.

1. 高中数学主题教研活动的探索与实践[①]

1.1　模式构建

在保留传统教研活动长处、借鉴他人成功经验[②③]和结合个人思考的基础上，课题组通过反复实践，多次调整，最终确定了如下主题教研活动的模式并逐步固定下来(如图 1 所示).

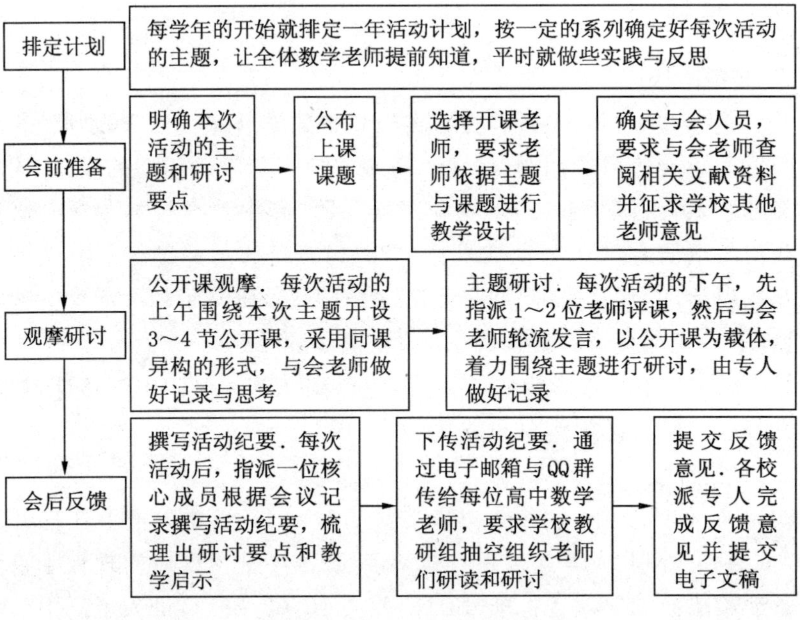

图 1

---

① 王克亮. 高中数学主题教研活动的实践研究[J]. 数学教育学报，2015(6)：61－63.

② 黄映玲，张檬. 提高数学教学的有效性——基于教研组的课堂观察行动研究[J]. 数学教育学报，2011(3)：67－70.

③ 孙利，魏立平. 基于实践性教学的数学教师专业化发展研究[J]. 数学教育学报，2012(2)：67－70.

1.2　问卷调查

在课题研究初期,课题组面向全县高中数学教师进行了一项问卷调查,问卷只涉及以下两个问题:(1)在高中数学教学中,您遇到了哪些困惑?(2)您觉得高中数学教研活动应该重点研讨的话题有哪些?本次调查共回收有效问卷177份,有效问题504条,统计结果如下表所示.

类别	教学理念	教学策略	教学手段	学法指导	教师成长
条数	24	151	184	89	56
占比	4.76%	29.96%	36.51%	17.66%	11.11%

从表中可以发现,排在第一位的是关于教学手段方面的主题,占比36.51%,其次是教学策略方面的主题,占比29.96%,两者合计占比66.47%,这提醒课题组活动主题的选择应侧重于教学手段与教学策略这两个方面.

1.3　实践活动

在课题研究过程中,课题组共举行了22次学科主题教研活动,研讨了“问题串的设计与运用”“问题情境的设计”“探究性问题的设计”“显化教学目标的课堂问题之设计”“围绕教学目标设计课堂问题的策略”“新授课中用问题显化教学目标的策略”“课堂提问中教师的主导作用”“问题在高三数学第一轮复习课中的导学作用”“高中数学课堂中的合作学习”“高中数学课中‘留白’技巧的运用”“高中数学课堂上的师生互动”“数学课堂中的情感教育”“高三第二轮复习中学生主体作用的发挥”“高三数学第一轮复习课中预习成果的运用”等主题.

1.4　案例研究

在实践活动中,课题组先后形成22个活动案例和79节课例,有2500多人次参与听课,参与主题研讨的老师达279人次,在研究这些活动案例和课例的基础上,课题组撰写了22篇活动纪要,达14万字.

1.5　主要结论

1.5.1　主题的引入是提升教研活动质量的有效途径

缺乏主题的教研活动也能深入地讨论一些问题,但内容较散,抓不住重点,一次活动下来,不能形成一些较有价值的参考意见或共识.而主题的引入,使得每次教研活动的研究方向和目的更加明确,能找到研讨的抓手和着力点,形成思维的聚焦点.实践表明,老师们依据主题设计教学、带着问题来进行研讨能使教研活动开展得更加细腻,更加深入,更加有效.

为了凸显主题，每次开展教研活动时应力求做到以下两点：

(1) 研讨工作要向会前延伸. 活动前，组织者就应与每位与会老师进行充分的沟通，表明活动的意图，提出一些具体要求. 与会老师们要查阅诸多相关参考文献，征求学校教研组其他老师的意见，并进行自我思考，然后带着问题与体会走进会场，做到有感而发，这样才能使研讨更加深入. 同时，特别要提高开课老师的认识水平，使得公开课能起到应有的示范作用.

(2) 研讨中要重主题、轻评课. 活动中，只需指定 1～2 位老师对公开课进行点评，其他老师围绕主题发表自己的见解，特别是要指出公开课中的亮点与不足，这样做才能突出重点，取得预期效果.

1.5.2　主题的合理选择是提升教研活动质量的前提条件

实践表明，主题是否适宜会直接影响教研活动的质量，太大的主题一次活动不可能讨论到位，离老师们教学实际太远的主题又产生不了共鸣. 在实践中笔者体会到主题的选择应力求做到以下“四化”：

(1) 主题要实际化. 要想教研活动的成果能对平常的教学工作有真正的借鉴意义和价值，主题的选择要避免大而空，要选择一些贴合教学实际且操作性强的主题.

(2) 主题要系列化. 可把预设的主题先理一理，分门别类，然后按一定的系列来实践. 例如，可按教学策略系列、教学手段系列、教学研究系列、课堂组织系列等选择主题.

(3) 主题要微观化. 每次研讨的主题最好能就某个方面做深入的观察与研讨，有时针对同一个主题，可分若干次活动，而每次活动只观察其中的一个方面，这样能把活动与研讨搞得更透彻一些. 例如，通过实践笔者发现，“问题串的设计与运用”这个主题还有点偏大，在某次活动中，可就“问题串的设计中目前存在的问题”来实践与研讨.

(4) 主题可重复化. 一次活动之后，暂时有点想法和研究成果了，过段时间后可再重复实践，即还是同样的主题与课题，让老师们运用已有的研究成果在新的背景与新的班级里再次实践，这样不仅可以观察前面研究的成果是否真的有效，还可以发现新的问题与不足，得到新的启示.

1.5.3　具体的案例是保证研讨能够深入的重要载体

学科主题教研活动能否取得预期成果，一个关键的衡量指标是研讨是否深入，而空洞的泛泛而谈是不能将研讨深入下去的，所以研讨环节宜依托公开课中的具体案例. 活动中，宜采用同课异构的形式开设三节以上的公开课，研讨时就以这些公开课为载体，针对主题谈其做得好的方面、不足的方面，以及对平时教学工作的启示等.必要时，要把公开课中的一些片断拿出来进行剖析，或对不同课上的处理方法进行比较，进而得出结论.为了能更精确地研究案例，宜做到以下两点：

(1) 研究角度微点化.由于单个课题组的精力与能力有限，不可能将一些大的问题研究得很到位，所以选择的角度要小，可针对某几个点进行扎实的研究，进行深入的实践与思考.

(2) 研究过程数据化.为了使得研究成果更加科学和可信，在研究过程中一定要拿出具体的事实和令人信服的数据，而不是单凭直觉得到结论.

1.5.4 研讨的延续是发挥教研活动效能的有力保障

因条件的限制，县级学科主题教研活动只能是短时的，一般是一天时间，上午开设公开课，下午研讨.但活动结束了，并不意味着主题研讨的结束，还要设法将研讨延续下去，以指导老师们的日常教学工作.笔者认为应力求做到以下两点：

(1) 撰写活动纪要.撰写活动纪要是延续研讨的一个有效方式，一方面可以从与会老师们的发言中提炼出一些有价值的建议，同时撰写者还可以做进一步的思考与反思，挖掘活动中没有涉及的地方，进行必要的补充；另一方面，活动纪要的撰写可为老师们的后续学习与思考提供直观的载体.

(2) 争取人人参与.有效教研呼唤人人参与，个个行动.为了能让更多的老师参与进来，在活动开展时，可让每个学校的与会老师带着学校教研组集体研讨的成果到会上来交流；活动结束后，可让学校教研组再对活动纪要进行研读和讨论.这样多层次地研讨，不仅参与的老师多了起来，而且老师们的感悟要深得多.

主要成果

1. 高中数学主题教研活动的实践研究.数学教育学报，2015年第6期.

2. 开展学科主题教研活动的一次尝试与反思——关于"问题串的设计与运用"的研讨.中学数学教学参考，2011年第1/2期.

3. 在停顿中蓄势　在等待中迸发——关于"教学留白"的主题研讨纪要.数学通讯，2012年第1期.

4. 高中数学新授课有效教学刍议.数学通讯，2010年第4期.

5. 解开高中数学新授课中思的情结.中学数学教学参考，2010年第4期.

6. 让知识自然生长起来.中学数学教学参考，2012年第11期.

7. 让直观演示也散发出理性的光芒——"直线与平面垂直(1)"的听课反

思.数学通讯,2013年第8期.

8. 在教育价值的视角下设计教学.中学数学教学参考,2013年第12期.

9. 立足“最近发展区”设计教学的策略初探.中学数学教学参考,2012年第1/2期.

10. 问题与现象　分析与建议——高三数学复习中需要克服的一些问题.数学通讯,2012年第3期.

11. “生动”课堂的一种诠释是生“动”.中学数学教学参考,2011年第4期.

12. 随机变量及其概率分布的课例与点评.中学数学教学参考,2010年第8期.

13. 基于“曲轴”的弧度制的教学实践与反思.数学通讯,2010年第8期.

14. 创设文化氛围,促进知识生长——“向量的概念及表示”的教学设计的一些体会.中学数学教学参考,2012年第12期.

15. 余弦定理几个生成案例的分析与感悟.中学数学教学参考,2011年第11期.

16. 问题与案例　设想与设计——“数系的扩充”竞赛课的听后反思.数学通报,2010年第11期.

17. 思想与文化并重　探究与体验并行——再上“数系的扩充”的体会与感悟.中学数学教学参考,2013年第1/2期.

2. 高中数学教学“问题驱动”的探索与实践

本研究是分两条线进行的:

第一条线侧重理论层面的研究,采用了主题教研活动的形式.组织了若干次全县范围内的学科主题教研活动,如“课堂问题如何设计”“课堂问题解决的有效途径”等.每次活动明确主题,以课堂教学为载体,对相关主题进行充分研讨,达成一些共识,形成课堂教学的指导性建议.

第二条线侧重实践层面的研究,即在第一条线有关研究成果的指导下,侧重按序列编写高中数学新授课与复习课的配套教学资料,如教案、学案、课件等,在教学实践的基础上,反馈并改进上述有关指导性意见.

本研究探索与实践的主要内容如图2所示:

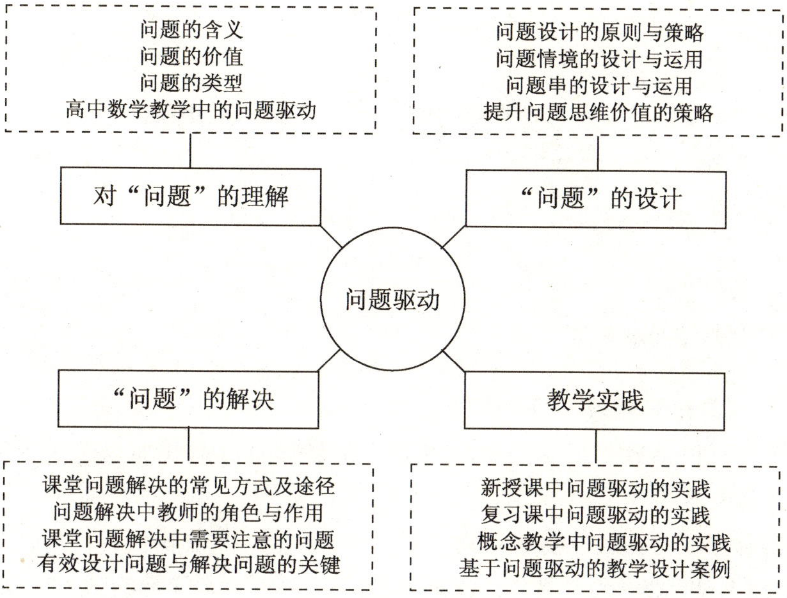

图 2

主 要 成 果

1. 在问中悟　在问中探　在问中明——以问促学的做法点滴. 数学通报，2013 年第 9 期.

2. 高三数学复习课中“问题导学”的实践. 数学通报，2015 年第 3 期.

3. 从一次关于“问题情境的设计”的主题教研活动中获得的启示. 中学数学教学参考，2016 年第 3 期.

4. 数学教学目标问题化策略初探. 教育研究与评论(课堂观察)，2016 年第 9 期.

5. 课堂问题的设计与解决应凸显知识本质——一次主题教研活动中“三角函数的诱导公式”的教学体会. 数学通报，2017 年第 5 期.

6. 提升课堂问题思维价值的策略初探——从两次县高中数学主题教研活动中获得的启示. 数学通报，2017 年第 2 期.

7. 还原数学概念自然性的策略初探. 数学通报，2016 年第 10 期.

8. 定位要紧扣主题　探究须立足学情——“数系的扩充”教学实录与感悟. 中学数学月刊，2015 年第 5 期.

9. 原创实际应用题遭遇的种种尴尬. 数学通报，2016 年第 3 期.

10. 例谈试题改编的常用手法. 数学通报，2016 年第 6 期.

11. 课例：三角函数的诱导公式(一). 中学数学教学参考，2017 第 3 期.

12. 抛物线定义的教学. 数学通报，2017 年第 5 期.

第二章 “问题”与“问题驱动”

一、“问题”的含义

1. 问题是有疑难性的

现代汉语词典对“问题”的解释是：须要研究讨论并加以解决的矛盾、疑难.

波利亚认为：困难就是问题.“哪里没有困难，哪里就没有问题.”他说，“一个涌上脑际的念头，倘若毫无困难地通过一些明显的行动就达到了所求的目标，那就不产生问题.然而，倘若我想不出这样的行动来，那就产生了问题.”

2. 问题是有可解决性的

希尔伯特认为：一个数学问题应该是困难的，但却不应是完全不可解决而致使我们白费力气的.在通往那隐藏真理的曲折道路上，它应该是指引我们前进的一盏明灯，并最终以成功的喜悦作为对我们的报偿.希尔伯特关于数学问题的这段论述对我们的教学有一定的指导意义.

3. 问题是有思维性的

张乃达先生在文①中提到：所谓数学思维，就是以数学问题为载体，通过发现问题、解决问题的形式，达到对现实世界的空间形式和数量关系的一般性认识的过程.所以，问题为思维指出了方向，解决问题则成为思维的目的.数学思维过程就是不断提出问题、解决问题的过程，数学知识是数学问题的结果，数学知识体系则是数学问题的体系.因此，数学问题对思维活动的全过程都起着决定性的作用，离开了数学问题，就无所谓数学思维了.

4. 问题是有驱动性的

李善良先生在文②中提到：“问题”在数学学习中是十分重要的.然而，

---

① 张乃达.数学：数学文化背景下的思维活动[J].中学数学月刊，2009(2)：17－20.

② 李善良.高中数学课程改革探索与实践[M].南京：江苏教育出版社，2012.

许多教师对"问题"含义的理解却十分模糊.有些老师把问题等同于数学习题,等同于提问.实际上,在数学教学中,"数学问题"是为引导学生发现数学、探究数学、建立数学、运用数学而营造的一种心理困境,这种困境的状态是学生有目的地追求而尚未找到适当手段解决.所以,数学教学中的"问题"是有驱动性的.

二、"问题"的价值

李善良先生在文中提到:在数学教学中,数学问题是引发学生思维与探索活动的向导.有了问题,学生的好奇心才能激发;有了问题,学生的思维才开始启动;有了问题,学生的探究才真正有效;有了问题,学生的学习动力才能持续.

1. 问题是创新的起点

美国心理学家吉尔福特说:"科学家成功与否很大程度上取决于他提出问题的能力."由此可见创新的起点是问题.只有发现问题和提出问题,才能有目的、有步骤地提出解决问题的方法,得出相应的结论.所以说问题的提出是创造过程中的第一阶段,没有问题就迈不出第一步,创新精神和创新能力也就无从谈起.纵观人类社会,认识的发展、技术的创新以及科学的发明无一不是从发现问题开始的,所以培养学生的创新精神当然要从问题开始.

2. 问题是兴趣的动因

孔子曰:"知之者不如好之者,好之者不如乐之者."不同的人在同样的学习环境下学习效果不一样,自身的素质固然是一个方面,更加重要的还在于学习者对学习内容的态度或感觉.正所谓"兴趣是最好的老师",当你对一门科目产生了兴趣之后,自然会学得比别人好.而问题最易激发学生的学习兴趣.学生感到有兴趣,学起来就积极主动,满腔热情.可以说,创新精神的前提是兴趣,而兴趣的动因却是问题."学起于思,思源于疑",疑即是问题,是引起思考的动因,是激起学生学习欲望和探究精神的最积极因素.

3. 问题是数学课堂的心脏①

哈尔莫斯说:"问题是数学的心脏."其实,这不仅指在数学的研究过程中,也包括在数学的教学过程中.在数学课堂上,没有了问题,学生便没有了

① 李善良.高中数学课程改革探索与实践[M].南京:江苏教育出版社,2012.

思维.当那种简单的“是不是”“对不对”等没有思维含量的问题充斥数学课堂时,学生的智力只会逐步弱化.只有通过问题,才能把知识的逻辑结构与学生的思维过程有机地联系起来,使知识的逻辑结构转化为学生的认知结构.也只有通过问题,学生才能主动探究、发现数学的内在规律,认识、理解数学本质,并在活动中建构数学.

4. **问题是数学活动的载体**①

可以说,数学课堂是在教师引导下学生思维活动的场所.然而,现实的课堂往往是以简单的记忆、训练、操作来替代学生的思维.事实上,目前许多所谓的课堂活动都不是有效的数学活动,因为没有学生思维的参与,或者说没有学生思维的深度参与.那么,该怎样引导学生进行有效的活动呢?笔者认为要设计合理、恰当的问题.问题是数学活动的载体.没有问题、没有思维参与的外在操作活动,只能是“假活动”.

有了问题,就需要解决问题.这样,学生的思维就动起来了.在解决问题的过程中,又会不断地产生新的问题,并且促进原来问题的进一步解决.同时,随着新问题的提出,思维又向前推进.因此,问题是数学思维活动的结果.思维从问题开始,思维活动又导致新的问题的产生.这样,循环往复,思维得以发展.

三、高中数学课堂“问题”的常见类型②

按功能进行分类,高中数学课堂常见的“问题”有以下几种:

1. **铺垫性问题**

在一节数学课或课中某个教学环节的开始,有时需要设置一些铺垫性问题.例如:

(1) 回顾性问题.回顾已学的知识或方法,为新知识或新方法的出现做好铺垫.

(2) 情境性问题.为了配合情境的创设而提出的一些问题,它不同于情境创设之后提出的让学生充分思考与探究的问题,所以归属于铺垫性问题.

(3) 过渡性问题.在课题引入,或不同内容、不同教学环节之间进行衔接时,为了实现自然过渡而提出的问题.过渡性问题虽然没有多少思维量,但往往也不可缺少,它可使得课堂教学更加自然流畅.

---

① 李善良.高中数学课程改革探索与实践[M].南京:江苏教育出版社,2012.

② 节选自笔者2015年在江苏省中小学教学研究室“教学新时空”中的讲稿,收录时略有改动.

2. **统领性问题**

在课题引入之前或之后，可设置统领性问题，以明确后面研究的思想、方向、内容或方法等. 例如：

(1) 总起性问题. 在苏教版普通高中课程标准数学实验教科书中，每一小节的情境之后通常有一个前面带圆点的问题，这个问题可认为是本小节的总起性问题. 这些问题，开始学生往往是难以回答的，也正因为如此，它留下了悬念，可以激发起学生进一步探究的兴趣，想看个究竟的冲动. 而当整节课结束时，这个总起性问题会自然得到解决，学生也会从该问题的内涵及解决过程中领悟到本节课的要义所在.

(2) 思想性问题. 有时，也可以直接提出有关研究思想与方法的问题，起到居高临下的指导作用.

3. **探究性问题**

新课程强调要让学生经历知识的形成过程，所以在生成数学概念、定理、性质、法则、公式等新知识的过程中，通常宜设置一些探究性问题. 例如：

(1) 概括性问题. 在一些可见的实例后，可设置概括性问题，以抽象出新的数学概念.

(2) 发现性问题. 在问题情境或一些数学事实后，可设置发现性问题，让学生自己发现相关数学结论.

(3) 直接性问题. 有时可针对课上的一些知识性目标，将其直接设置为问题，让学生探究.

(4) 类比性问题. 在数学概念或数学结论生成时，有时可依据类似的知识或方法来设置类比性问题让学生探究.

(5) 领悟性问题. 在问题情境后，可设置领悟性问题让学生探究，以感悟其包含的深刻内涵，并自然生成新知.

(6) 递进性问题. 有时可针对一个新知识来设置一组问题，这些问题相互关联，逐步递进，构成递进性问题. 这组问题解决后，能比较自然地生成新的知识. 通常，这样的递进性问题也称为“问题串”.

(7) 核心性问题. 在一节数学课中，通常要设置一两个最为核心的问题让学生探究，以突出本节课的要点，核心性问题通常是一节课的命脉.

(8) 发散性问题. 有时，为了体现思维的广阔性，在新知生成或数学应用中可设置发散性问题让学生探究，以培养学生多角度的思维能力.

(9) 追问性问题. 在问题探究过程中，为了暴露学生的思维过程或增强思维过程的缜密性等，可设置一些追问性问题，以促使师生之间进行思维交流.

4. **理解性问题**

在新的数学知识生成之后，有时可设置一些理解性问题，促进学生对新知识的内化与掌握. 例如：

(1) 辨析性问题. 围绕新知识的内涵或外延设计一些命题让学生判断，引导学生深刻理解相关知识，明确注意点等.

(2) 比较性问题. 将不同的新知识，或新知识与旧知识等放在一起进行比较，让学生找出它们的联系与区别.

5. **应用性问题**

在数学新授课上，当新知建构之后，通常会设置一些应用性问题，让学生在应用中体验，在体验中进一步感悟. 例如：

(1) 示范性问题. 类似于教材中的例题，给学生作示范如何应用所学知识来解决问题.

(2) 巩固性问题. 用类似的题目进行练习，进一步巩固相关解题原理与方法.

(3) 变式性问题. 适当改变题目的条件或设问方式，引导学生看清问题与方法的本质.

(4) 题组性问题. 将一些有关联的题目放在一起，形成题组，引导学生体会它们之间的联系与区别.

6. **反思性问题**

在课的某个教学环节之后或课的结尾处，可设置反思性问题，引导学生回头看，以从中归纳与引申. 例如：

(1) 提炼性问题. 引导学生提炼出相应的解题原理、方法与步骤.

(2) 总结性问题. 引导学生对本节课的知识要点、思想与方法等进行回顾.

(3) 提升性问题. 引导学生从更高的角度来看本节课中的知识与方法，以期进一步提升学生的数学素养，促进学生的发展.

四、高中数学教学中的“问题驱动”

数学的研究和发展离不开实际问题的驱动. 恩格斯曾经说过：“和其他所有学科一样，数学是从人们的实际需要中产生的.”“纯数学是以现实空间的形式和数量的关系为对象的. 这些资料表现于非常抽象的形式之中，这一事实只能表面地掩盖它的来自现实世界的根源.”①郑兰先生在《基于问题驱动的数学建模教学理念的探索与实践》②中提到：现代认知心理学关于思维的研究成果表明，思维通常是由问题情境产生的，而且以解决问题情境为目的.学生的创新意识正是在问题情境中得到激发的.所以，教师在进行教学时，要精心设计问题情境，引导学生自觉、主动地去探索与分析问题直到最后解决问题.

美国数学教授 Davis 在一篇题为《我们所做的数学是我们所教的数学吗?》中尖锐地指出：现在多数数学教学中通常采取的授课路线是“演讲—记忆—测试”.这种数学教学已经严重偏离数学的本质.那么，什么才是数学教学的本质呢？我们认为数学教学的本质是以不断地提出问题并解决问题的方式来获取新的知识，培养学生的创新思维和创新能力的过程.③

所以，数学教学离不开问题的驱动.换言之，基于问题驱动的课堂才是真正的数学课堂.

苏霍姆林斯基说过：“让学生体验到一种自己亲自参加与掌握知识的情感，乃是唤起少年特有的对知识的兴趣的重要条件.”陶行知先生也说过：“发明千千万，起点是一问，智者问得巧，愚者问得笨.”我们不难发现，问题驱动正是这些教学思想的体现.

建构主义学习理论强调：学生的学习活动必须与任务或问题相结合，以探索问题来引导和维持学生的学习兴趣和动机，创设真实的教学情境，让学生带着真实的任务学习，以使学生拥有学习的主动权.学生的学习不单是知识由外到内的转移和传递，更应该是学生主动建构自己知识经验的过程，通过新经验和原有知识经验的相互作用，充实和丰富自身的知识、能力.④所以，问题驱动也顺应了这一学习理论的要求.

问题驱动可以理解为一种教学方法，也可以理解为一种教学策略，它是一种以学生为主体、以各种问题为学习起点、以问题为核心规划学习内容、让学生围绕问题寻求解决方案的学习方法.

在高中数学课堂上，问题驱动就是指教师在课堂教学中以一系列问题

---

① 李大潜.关于大力提倡和推动以问题驱动的应用数学研究的建议[J].中国科学基金，2006，20(4).

② 郑兰，肖文萍.基于问题驱动的数学建模教学理念的探索与实践[J].武汉船舶职业技术学院学报，2012(4)：101—103.

③ 林浩.用数学本原性问题驱动数学概念教学[D].浙江师范大学，2007.

④ 郑毓信，梁贯成.认知科学 建构主义与数学教育——数学学习心理学的现代研究[M].上海：上海教育出版社，1997.

为载体,通过学生的独立思考、自主探究、合作讨论等方式来解决问题,从而达到学习数学知识、掌握相关方法、提高学生数学思维能力等的一种教学方法与策略.

高中数学课堂上的问题驱动通常包括创设情境、提出问题、探究交流、解决问题、意义建构、知识应用、拓展提升等主要环节.因为有明确问题的提出,所以这种教学方法与策略给学生的课堂学习提出了明确的要求,能增强课堂教学的目的性,对学生的学习具有导向性.同时,在问题解决的过程中,需要通过师生之间、学生之间的思维交流,把学生对问题的认识、理解、解法等都表达出来,从而能发挥学生的主体作用.所以,这种教学方法与策略能提高学生学习的主动性,提高学生在教学过程中的参与度.

实施问题驱动,要求教师在课前备课时将要学习的内容转化为一个个的问题,课堂上让学生在解决问题的过程中自然掌握所要学的知识、方法与思想.与传统教学中讲授者角色不同的是,教师在此教学方法中的角色是问题的设计者、问题解决的参与者和意义建构的引导者.所以,这种教学方法与策略对教师的要求更高,需要教师具备较强的知识理解能力和课堂掌控能力.

第三章　数学教学中“问题”的设计

“问题驱动”离不开课堂问题这一重要的载体.亚里士多德有一句名言：“思维从疑问和惊讶开始.”苏霍姆林斯基也说过：“你要尽量使你的学生看到、感觉到、触摸到他们不懂的东西，使他们面前出现疑问.如果你能做到这一点，事情就成功了一半.”由此可见，问题在数学的学习中有着举足轻重的作用.

一、“问题”的设计原则

为了达到设置课堂问题的初衷，课堂问题的设计一般要遵循以下一些原则：

(1) 目标性.课堂问题的设计应紧紧围绕每节课的教学目标和学生的实际，要有助于新的数学概念和数学结论的生成，有助于学生理解概念、辨析疑难、纠正错误、完善认知结构等.

(2) 科学性.课堂问题的设计，从情境素材到具体内容都应是真实可信的，不违背科学规律，要注重体现科学思想，易于构建数学模型.同时，问题的表述要清楚精练，没有歧义，便于学生理解与探究.

(3) 发展性.课堂问题的设计要符合学生的一般认知规律、身心发展规律，要在学生思维的最近发展区内，既不能让学生有望而生畏之感，又不能让学生有不动脑筋就能轻易答出的懈怠，要让学生感到“三分生，七分熟，跳一跳，摘得到”，让学生在探究问题的过程中发展自己的能力.

(4) 启发性.课堂问题的设计要抓住教学内容的内在矛盾，把握时机，在新旧知识的结合点处设疑置问，使学生达到心求通而不解、口欲言而不能的“愤”“悱”状态，从而激发学生积极地进行思维活动.

(5) 思维性.数学课上的问题，特别要体现其思维价值，要克服问题“多”“浅”“碎”的常见不足，要让学生有所思、有所想，以培养学生的思维能力.

(6) 逻辑性.数学课上的问题，通常要遵循由特殊到一般再到特殊的认知顺序.设计问题时,要结合教学内容的层次性和系统性,尽量做到由浅入深、由简到繁、环环相扣、层层递进,以体现其内在的逻辑性.

(7) 统领性.作为一节课的总起性问题,通常要有统领全局的功能,能站在一个较高的高度来引领本节课的教与学.

(8) 挑战性.课堂问题要能引起学生的认知冲突和学习心向,能激发学生的学习兴趣,促进学生积极参与,接受问题的挑战.

(9) 层次性.课堂问题要面向全体学生,注重调动每一个学生的学习积极性,尽量做到人人参与、个个有收获.同时,问题也要体现层次性,让不同的学生能得到不同的发展.

二、问题情境的设计与运用

1. 问题情境的含义①

关于问题情境,目前出现的理解较多,概括起来有两大类:问题—情境,情境—问题."问题—情境"是指:先有数学问题,然后是数学知识产生或应用的具体情境;"情境—问题"是指:先有具体的情境,由情境提出数学问题,为了解决问题而建立数学.其实,两种理解没有截然的区别,核心都是通过问题情境提出问题,情境与问题融合在一起,问题是教学设计的核心.

从教学内容看,问题情境大致可以分为实际背景、数学背景、文化背景等.实际背景包括现实生活的情境—数学模型(概念、公式、法则);数学背景包括数学内部规律、数学内部矛盾;文化背景可以分解为上面两类.

从呈现方式看,问题情境包括叙述、活动、实物、问题、图形、游戏、欣赏等.

从所处的教学环节看,问题情境包括引入新课的情境、过程展开的情境、回顾反思的情境等.

2. 问题情境的创设策略②

数学具有丰富的内容、无限的包容、广泛的应用、现实的背景、悠久的历史、巧妙的方法、和谐的美感……这些都为问题情境的创设提供了得天独厚的条件.

(1) 就地取材,创设亲近型情境.从学生的实际出发,运用学生身边的素材来创设情境.例如,校容校史、班级特色、熟人熟事、家庭状况等.这类情

① 李善良.高中数学课程改革探索与实践[M].南京:江苏教育出版社,2012.

② 王克亮.高中数学新授课有效教学刍议[J].数学通讯(下半月,教师),2010(4):1-3.

境最能引起学生的共鸣.

(2) 提供实例,创设载体型情境.给出具体或特殊的实例,让学生亲眼看见生动的形象、鲜活的事实或真实的变化过程,从中获得感悟.例如,在“平均变化率”这节课中,我们可创设气温陡增、煮蛙实验、股指跳水、房价暴涨、GDP猛增、火车提速、投资收益、汽车性能等一些实例情境.这类情境可为后续探究提供素材.

(3) 对比联系,创设引导型情境.给出想当然的错误结论,为正确的知识留下对比的素材;或提供可类比的情境,便于知识的迁移;或提供有矛盾的情境,以引起学生的认知冲突.例如,在“对数的运算性质”这节课中,我们可先给出 $\log_a(M\cdot N)=(\log_a M)\cdot(\log_a N)$,$\log_a(M+N)=\log_a M+\log_a N$ 等一些想当然的较“美观”的公式让学生来判断.这类情境能激发学生的探求欲望.

(4) 活动演示,创设体验型情境.结合教学内容创设游戏、竞赛或演示的情境,让学生在活动或观察中体验与感悟新知识.例如,在“三视图”的教学中,可创设让一位学生对着模型描述三个视图的形状,其他同学闭着眼睛想象原图的游戏情境.这类情境能引导学生积极参与.

3. **问题情境的使用**①

如何有效地使用问题情境?对此,笔者有以下几点认识:

(1) 服从实际需要.情境的创设不一定都在课的开头,同时一节课中也可能不止一处需要创设情境.例如,课题引入时需要创设,给出概念时需要创设,揭示原理时也可能需要创设.

(2) 控制展示时间.每个情境展示的时间不宜过长,通常在5分钟之内比较适宜,否则有冲淡主题之感.

(3) 尽量重复使用.为了提高使用率,应尽可能地在不同阶段使用同一个问题情境,必要时可将相关情境适当改造一下.这样显得既经济,又有前后呼应之感.

(4) 利于教学实效.创设情境的最终目的是为了提高教学效果,便于教学的开展.如果使用某一问题情境有牵强附会之感,或者因为该情境的给出可能会削弱探究活动的思维价值,那么这个情境就不如不用.

---

① 王克亮.高中数学新授课有效教学刍议[J].数学通讯(下半月,教师),2010(4):1—3.

三、从教材中寻找创设问题情境的灵感①

前面提到,课堂问题的提出离不开合理的情境,把教学内容寓于合适的问题情境中将易于被学生所接受,所以问题情境的创设在教学中有着举足轻重的作用.为此,2014 年 11 月我县高中数学教研活动的主题就是“问题情境的设计”,活动中开设了四节公开课,课题同为苏教版普通高中课程标准实验教科书必修 4 第 1.2.3 节“三角函数的诱导公式(第 1 课时)”,以下是对这次主题教研活动的简要回顾和从中获得的一些启示.

1. 几节公开课呈现的问题情境及反思

在本次活动中,四节公开课上创设的问题情境大致如下:

公开课 1 直接以问题的形式给出了问题情境,共 10 个具体的小问题,如“在平面直角坐标系中,怎样画出 $390°$ 角?”“如何求 $390°$ 的正弦、余弦、正切?”“能用公式一求解 $\frac{31\pi}{6}$ 的三角函数吗?”“$\frac{7\pi}{6}$ 和 $\frac{\pi}{6}$ 的终边有什么关系?”等,通过对这 10 个问题的逐个解决,即可得到四组诱导公式.

公开课 2 也是以问题的形式给出了问题情境,共 6 个问题,只不过其间设置了像“你能将此推广为一般性的结论吗?”这样的抽象性问题.

公开课 3 将问题情境寓于复习与回顾之中,开始的“终边相同的角的表示、任意角的三角函数的定义、三角函数的符号、同角三角函数的基本关系式”这四个概念的回顾为后面问题的探究埋下了伏笔.另外,除了一些具体的小问题外,还设计了像“公式一有什么作用?”“这四组公式如何记忆?”等问题.

公开课 4 用学生熟悉的 $30°,45°,60°$ 这几个锐角的三角函数值,引出“$390°,225°,-60°$ 的三角函数值分别是多少?”这些学生不熟悉的问题作为情境,通过回顾任意角的三角函数的定义,引导学生通过寻找上述角的终边之间的对称关系来解决问题.

应该说,这四节公开课中的问题情境简单而直接,起到了引发学生认知冲突、激发学生探究欲望的效果.但也存在着一些不足之处,如问题情境总体比较单一;有的问题较零碎且思维量较小,牵着学生的鼻子走;有的问题之间过渡得不够自然;对三角函数诱导公式的本质揭示得还不够;等等.

---

① 王克亮.从教材中寻找创设问题情境的灵感——从一次关于“问题情境的设计”的主题教研活动中获得的启示[J].中学数学教学参考,2016(3):9-12.

2. **教材研读与问题情境的改进设想**

如何更合理地创设本节课的问题情境呢？在公开课之后的主题研讨中，与会老师们又认真研读了教材，在吸取上述四节公开课优点的基础上，经过共同商讨，对本节课中问题情境的创设有了如下改进设想.

2.1 受教材“边注”的启发，创设用表查表情境，引出核心问题

苏教版教材在本节的一个边注中写道：如何将任意角的三角函数转化为$\left[0,\frac{\pi}{2}\right]$内的角的三角函数？试总结出一般算法，并画出算法流程图. 这个边注虽然在例题中才出现，但却点明了三角函数的诱导公式的作用，讨论时大家认为可以此作为创设本节课的问题情境的一个依据. 设想让学生在已有知识经验的基础上自主地提出新问题，激发学生的参与热情，同时借机引出本节课的核心问题，现设计如下.

师：在初中，我们学过锐角的三角函数，知道了一些特殊锐角的三角函数值，如$\sin30°=\frac{1}{2}$，$\cos45°=\frac{\sqrt{2}}{2}$，$\tan60°=\sqrt{3}$，等等. 那么对于任意的一个锐角，你有办法求出它的三角函数值吗？

生1：把这些角输入电脑或函数计算器，运行相应的程序，答案就出来了.

图1

师：这是一个很快捷的方法. 可老师自己当年读中学的时候，没有这些工具，但也能求解任意一个锐角的三角函数值，法宝就是这本《中学数学用表》（显示图1）. 大家请看，表中的第八部分就是正弦和余弦（如图2所示），从该表的左上角看起，最左一列是“度”数，从上向下依次为0°，1°，2°，3°，…，90°，表格的最上面一行是“分”数，从左向右依次为0′，6′，12′，18′，…，60′，这样我们就可以查到每一个锐角（含0°与90°）的正弦值或其近似值. 类似地，从该表的右下角看起，利用最右边一列（不含附加的3列）和最下面一行可查找每一个锐角（含0°与90°）的余弦值或其近似值. 同样，利用这本《中学数学用表》中的第九部分我们还可以查到每一个锐角的正切值或其近似值.

八、正弦和余弦表

正　弦

A	0′	6′	12′	18′	24′	30′	36′	42′	48′	54′	60′		1′	2′	3′
											0.0000	90°			
0°	0.0000	0.0017	0.0035	0.0052	0.0070	0.0087	0.0105	0.0122	0.0140	0.0157	0.0175	89°	3	6	9
1°	0.0175	0.0192	0.0209	0.0227	0.0244	0.0262	0.0279	0.0297	0.0314	0.0332	0.0349	88°	3	6	9
2°	0.0349	0.0366	0.0384	0.0401	0.0419	0.0436	0.0454	0.0471	0.0488	0.0506	0.0523	87°	3	6	9
3°	0.0523	0.0541	0.0558	0.0576	0.0593	0.0610	0.0628	0.0645	0.0663	0.0680	0.0698	86°	3	6	9
4°	0.0698	0.0715	0.0732	0.0750	0.0767	0.0785	0.0802	0.0819	0.0837	0.0854	0.0872	85°	3	6	9
5°	0.0872	0.0889	0.0906	0.0924	0.0941	0.0958	0.0976	0.0993	0.1011	0.1028	0.1045	84°	3	6	9
6°	0.1045	0.1063	0.1080	0.1097	0.1115	0.1132	0.1149	0.1167	0.1184	0.1201	0.1219	83°	3	6	9
7°	0.1219	0.1236	0.1253	0.1271	0.1288	0.1305	0.1323	0.1340	0.1357	0.1374	0.1392	82°	3	6	9
8°	0.1392	0.1409	0.1426	0.1444	0.1461	0.1478	0.1495	0.1513	0.1530	0.1547	0.1564	81°	3	6	9
9°	0.1564	0.1582	0.1599	0.1616	0.1633	0.1650	0.1668	0.1685	0.1702	0.1719	0.1736	80°	3	6	9
10°	0.1736	0.1754	0.1771	0.1788	0.1805	0.1822	0.1840	0.1857	0.1874	0.1891	0.1908	79°	3	6	9
11°	0.1908	0.1925	0.1942	0.1959	0.1977	0.1994	0.2011	0.2028	0.2045	0.2062	0.2079	78°	3	6	9
12°	0.2079	0.2096	0.2113	0.2130	0.2147	0.2164	0.2181	0.2198	0.2215	0.2233	0.2250	77°	3	6	9
13°	0.2250	0.2267	0.2284	0.2300	0.2317	0.2334	0.2351	0.2368	0.2385	0.2402	0.2419	76°	3	6	9
14°	0.2419	0.2436	0.2453	0.2470	0.2487	0.2504	0.2521	0.2538	0.2554	0.2571	0.2588	75°	3	6	9
15°	0.2588	0.2605	0.2622	0.2639	0.2656	0.2672	0.2689	0.2706	0.2723	0.2740	0.2756	74°	3	6	8
16°	0.2756	0.2773	0.2790	0.2807	0.2823	0.2840	0.2857	0.2874	0.2890	0.2907	0.2924	73°	3	6	8
17°	0.2924	0.2940	0.2957	0.2974	0.2990	0.3007	0.3024	0.3040	0.3057	0.3074	0.3090	72°	3	6	8
18°	0.3090	0.3107	0.3123	0.3140	0.3156	0.3173	0.3190	0.3206	0.3223	0.3239	0.3256	71°	3	6	8
19°	0.3256	0.3272	0.3289	0.3305	0.3322	0.3338	0.3355	0.3371	0.3387	0.3404	0.3420	70°	3	6	8
20°	0.3420	0.3437	0.3453	0.3469	0.3486	0.3502	0.3518	0.3535	0.3551	0.3567	0.3584	69°	3	5	8
21°	0.3584	0.3600	0.3616	0.3633	0.3649	0.3665	0.3681	0.3697	0.3714	0.3730	0.3746	68°	3	5	8
22°	0.3746	0.3762	0.3778	0.3795	0.3811	0.3827	0.3843	0.3859	0.3875	0.3891	0.3907	67°	3	5	8
23°	0.3907	0.3923	0.3939	0.3955	0.3971	0.3987	0.4003	0.4019	0.4035	0.4051	0.4067	66°	3	5	8
24°	0.4067	0.4083	0.4099	0.4115	0.4131	0.4147	0.4163	0.4179	0.4195	0.4210	0.4226	65°	3	5	8
25°	0.4226	0.4242	0.4258	0.4274	0.4289	0.4305	0.4321	0.4337	0.4352	0.4368	0.4384	64°	3	5	8
26°	0.4384	0.4399	0.4415	0.4431	0.4446	0.4462	0.4478	0.4493	0.4509	0.4524	0.4540	63°	3	5	8
27°	0.4540	0.4555	0.4571	0.4586	0.4602	0.4617	0.4633	0.4648	0.4664	0.4679	0.4695	62°	3	5	8
28°	0.4695	0.4710	0.4726	0.4741	0.4756	0.4772	0.4787	0.4802	0.4818	0.4833	0.4848	61°	3	5	8
29°	0.4848	0.4863	0.4879	0.4894	0.4909	0.4924	0.4939	0.4955	0.4970	0.4985	0.5000	60°	3	5	8
30°	0.5000	0.5015	0.5030	0.5045	0.5060	0.5075	0.5090	0.5105	0.5120	0.5135	0.5150	59°	3	5	8
31°	0.5150	0.5165	0.5180	0.5195	0.5210	0.5225	0.5240	0.5255	0.5270	0.5284	0.5299	58°	2	5	7
32°	0.5299	0.5314	0.5329	0.5344	0.5358	0.5373	0.5388	0.5402	0.5417	0.5432	0.5446	57°	2	5	7
33°	0.5446	0.5461	0.5476	0.5490	0.5505	0.5519	0.5534	0.5548	0.5563	0.5577	0.5592	56°	2	5	7
34°	0.5592	0.5606	0.5621	0.5635	0.5650	0.5664	0.5678	0.5693	0.5707	0.5721	0.5736	55°	2	5	7
	60′	54′	48′	42′	36′	30′	24′	18′	12′	6′	0′	A	1′	2′	3′

余　弦

八、正弦和余弦表

正　弦

A	0′	6′	12′	18′	24′	30′	36′	42′	48′	54′	60′		1′	2′	3′
35°	0.5736	0.5750	0.5764	0.5779	0.5793	0.5807	0.5821	0.5835	0.5850	0.5864	0.5878	54°	2	5	7
36°	0.5878	0.5892	0.5906	0.5920	0.5934	0.5948	0.5962	0.5976	0.5990	0.6004	0.6018	53°	2	5	7
37°	0.6018	0.6032	0.6046	0.6060	0.6074	0.6088	0.6101	0.6115	0.6129	0.6143	0.6157	52°	2	5	7
38°	0.6157	0.6170	0.6184	0.6198	0.6211	0.6225	0.6239	0.6252	0.6266	0.6280	0.6293	51°	2	5	7
39°	0.6293	0.6307	0.6320	0.6334	0.6347	0.6361	0.6374	0.6388	0.6401	0.6414	0.6428	50°	2	4	7
40°	0.6428	0.6441	0.6455	0.6468	0.6481	0.6494	0.6508	0.6521	0.6534	0.6547	0.6561	49°	2	4	7
41°	0.6561	0.6574	0.6587	0.6600	0.6613	0.6626	0.6639	0.6652	0.6665	0.6678	0.6691	48°	2	4	7
42°	0.6691	0.6704	0.6717	0.6730	0.6743	0.6756	0.6769	0.6782	0.6794	0.6807	0.6820	47°	2	4	7
43°	0.6820	0.6833	0.6845	0.6858	0.6871	0.6884	0.6896	0.6909	0.6921	0.6934	0.6947	46°	2	4	7
44°	0.6947	0.6959	0.6972	0.6984	0.6997	0.7009	0.7022	0.7034	0.7046	0.7059	0.7071	45°	2	4	7
45°	0.7071	0.7083	0.7096	0.7108	0.7120	0.7133	0.7145	0.7157	0.7169	0.7181	0.7193	44°	2	4	6
46°	0.7193	0.7206	0.7218	0.7230	0.7242	0.7254	0.7266	0.7278	0.7290	0.7302	0.7314	43°	2	4	6
47°	0.7314	0.7325	0.7337	0.7349	0.7361	0.7373	0.7385	0.7396	0.7408	0.7420	0.7431	42°	2	4	6
48°	0.7431	0.7443	0.7455	0.7466	0.7478	0.7490	0.7501	0.7513	0.7524	0.7536	0.7547	41°	2	4	6
49°	0.7547	0.7559	0.7570	0.7581	0.7593	0.7604	0.7615	0.7627	0.7638	0.7649	0.7660	40°	2	4	6
50°	0.7660	0.7672	0.7683	0.7694	0.7705	0.7716	0.7727	0.7738	0.7749	0.7760	0.7771	39°	2	4	5
51°	0.7771	0.7782	0.7793	0.7804	0.7815	0.7826	0.7837	0.7848	0.7859	0.7869	0.7880	38°	2	4	5
52°	0.7880	0.7891	0.7902	0.7912	0.7923	0.7934	0.7944	0.7955	0.7965	0.7976	0.7986	37°	2	4	5
53°	0.7986	0.7997	0.8007	0.8018	0.8028	0.8039	0.8049	0.8059	0.8070	0.8080	0.8090	36°	2	4	5
54°	0.8090	0.8100	0.8111	0.8121	0.8131	0.8141	0.8151	0.8161	0.8171	0.8181	0.8192	35°	2	4	5
55°	0.8192	0.8202	0.8211	0.8221	0.8231	0.8241	0.8251	0.8261	0.8271	0.8281	0.8290	34°	2	3	5
56°	0.8290	0.8300	0.8310	0.8320	0.8329	0.8339	0.8348	0.8358	0.8368	0.8377	0.8387	33°	2	3	5
57°	0.8387	0.8396	0.8406	0.8415	0.8425	0.8434	0.8443	0.8453	0.8462	0.8471	0.8480	32°	2	3	5
58°	0.8480	0.8490	0.8499	0.8508	0.8517	0.8526	0.8536	0.8545	0.8554	0.8563	0.8572	31°	2	3	5
59°	0.8572	0.8581	0.8590	0.8599	0.8607	0.8616	0.8625	0.8634	0.8643	0.8652	0.8660	30°	2	3	4
60°	0.8660	0.8669	0.8678	0.8686	0.8695	0.8704	0.8712	0.8721	0.8729	0.8738	0.8746	29°	1	3	4
61°	0.8746	0.8755	0.8763	0.8771	0.8780	0.8788	0.8796	0.8805	0.8813	0.8821	0.8829	28°	1	3	4
62°	0.8829	0.8838	0.8846	0.8854	0.8862	0.8870	0.8878	0.8886	0.8894	0.8902	0.8910	27°	1	3	4
63°	0.8910	0.8918	0.8926	0.8934	0.8942	0.8949	0.8957	0.8965	0.8973	0.8980	0.8988	26°	1	3	4
64°	0.8988	0.8996	0.9003	0.9011	0.9018	0.9026	0.9033	0.9041	0.9048	0.9056	0.9063	25°	1	3	4
65°	0.9063	0.9070	0.9078	0.9085	0.9092	0.9100	0.9107	0.9114	0.9121	0.9128	0.9135	24°	1	2	4
66°	0.9135	0.9143	0.9150	0.9157	0.9164	0.9171	0.9178	0.9184	0.9191	0.9198	0.9205	23°	1	2	3
67°	0.9205	0.9212	0.9219	0.9225	0.9232	0.9239	0.9245	0.9252	0.9259	0.9265	0.9272	22°	1	2	3
68°	0.9272	0.9278	0.9285	0.9291	0.9298	0.9304	0.9311	0.9317	0.9323	0.9330	0.9336	21°	1	2	3
69°	0.9336	0.9342	0.9348	0.9354	0.9361	0.9367	0.9373	0.9379	0.9385	0.9391	0.9397	20°	1	2	3
	60′	54′	48′	42′	36′	30′	24′	18′	12′	6′	0′	A	1′	2′	3′

余　弦

八、正弦和余弦表

正　弦

A	0′	6′	12′	18′	24′	30′	36′	42′	48′	54′	60′		1′	2′	3′
70°	0.9397	0.9403	0.9409	0.9415	0.9421	0.9426	0.9432	0.9438	0.9444	0.9449	0.9455	19°	2	2	3
71°	0.9455	0.9461	0.9466	0.9472	0.9478	0.9483	0.9489	0.9494	0.9500	0.9505	0.9511	18°	2	2	3
72°	0.9511	0.9516	0.9521	0.9527	0.9532	0.9537	0.9542	0.9548	0.9553	0.9558	0.9563	17°	2	2	3
73°	0.9563	0.9568	0.9573	0.9578	0.9583	0.9588	0.9593	0.9598	0.9603	0.9608	0.9613	16°	2	2	3
74°	0.9613	0.9617	0.9622	0.9627	0.9632	0.9636	0.9641	0.9646	0.9650	0.9655	0.9659	15°	2	2	3
75°	0.9659	0.9664	0.9668	0.9673	0.9677	0.9681	0.9686	0.9690	0.9694	0.9699	0.9703	14°	1	1	2
76°	0.9703	0.9707	0.9711	0.9715	0.9720	0.9724	0.9728	0.9732	0.9736	0.9740	0.9744	13°	1	1	2
77°	0.9744	0.9748	0.9751	0.9755	0.9759	0.9763	0.9767	0.9770	0.9774	0.9778	0.9781	12°	1	1	2
78°	0.9781	0.9785	0.9789	0.9792	0.9796	0.9799	0.9803	0.9806	0.9810	0.9813	0.9816	11°	1	2	2
79°	0.9816	0.9820	0.9823	0.9826	0.9829	0.9833	0.9836	0.9839	0.9842	0.9845	0.9848	10°	1	2	2
80°	0.9848	0.9851	0.9854	0.9857	0.9860	0.9863	0.9866	0.9869	0.9871	0.9874	0.9877	9°	0	1	1
81°	0.9877	0.9880	0.9882	0.9885	0.9888	0.9890	0.9893	0.9895	0.9898	0.9900	0.9903	8°	0	1	1
82°	0.9903	0.9905	0.9907	0.9910	0.9912	0.9914	0.9917	0.9919	0.9921	0.9923	0.9925	7°	0	1	1
83°	0.9925	0.9928	0.9930	0.9932	0.9934	0.9936	0.9938	0.9940	0.9942	0.9943	0.9945	6°	0	1	1
84°	0.9945	0.9947	0.9949	0.9951	0.9952	0.9954	0.9956	0.9957	0.9959	0.9960	0.9962	5°	0	1	1
85°	0.9962	0.9963	0.9965	0.9966	0.9968	0.9969	0.9971	0.9972	0.9973	0.9974	0.9976	4°	0	0	1
86°	0.9976	0.9977	0.9978	0.9979	0.9980	0.9981	0.9982	0.9983	0.9984	0.9985	0.9986	3°	0	0	0
87°	0.9986	0.9987	0.9988	0.9989	0.9990	0.9990	0.9991	0.9992	0.9993	0.9993	0.9994	2°	0	0	0
88°	0.9994	0.9995	0.9995	0.9996	0.9996	0.9997	0.9997	0.9997	0.9998	0.9998	0.9998	1°	0	0	0
89°	0.9998	0.9999	0.9999	0.9999	0.9999	1.0000	1.0000	1.0000	1.0000	1.0000	1.0000	0°	0	0	0
90°	1.0000														
	60′	54′	48′	42′	36′	30′	24′	18′	12′	6′	0′	A	1′	2′	3′

余　弦

图 2

师：前面，我们把锐角的三角函数又推广到了任意角的三角函数，那么这个时候你想到了什么问题？

生 2：给出一个任意角，能不能查到它的某个三角函数值？

师：这是一个非常自然而实际的问题，下面请每位同学在草稿纸上任意写出一个角来.

（老师从中挑选四个不同象限的角写在黑板上，为后面的讨论做铺垫，如 390°，$-36^\circ 11'$，596°，$873^\circ 57'$ 等. 接着，老师在每个角的前面加上某个三角函数，如 $\sin 390^\circ$，$\cos(-36^\circ 11')$，$\tan 596^\circ$，$\sin 873^\circ 57'$ 等）

师：现在我们回看一下刚才的正、余弦用表，发现它一共只有三页，这说明了什么？

生 3：这些表已经够用了.

师：但表中并没有提供锐角以外角的三角函数值，所以用该表不能直接查到上述角的三角函数值，这又说明了什么呢？

生 3：要将这些角的三角函数转化为锐角的三角函数.

师：你真太聪明了！（显示如下核心问题）

问题　如何将任意角的三角函数转化为锐角的三角函数呢？

师：这是我们今天这节课将要研究的核心问题，转化的依据是“三角函数的诱导公式”——板书课题.

2.2　受教材“内容”的启发，创设知识回顾情境，生成一组公式

本节教材的第一句话是“由三角函数的定义可以知道：终边相同的角

的同一三角函数值相等，即有公式一(此略).”所以讨论中大家认为，生成公式一时，创设回顾任意角的三角函数的定义的情境是最合理的，现设计如下.

师：“诱导”公式，顾名思义，就是把任意角的三角函数“诱导”到其他角(特别是锐角)的三角函数身上，说白了，就是给出两个角的三角函数之间的关系，而这显然离不开任意角的三角函数的定义.

回顾 首先，请大家叙述一下终边相同角的概念和任意角的三角函数的定义.

生4：略.

问题1 你发现角 $2k\pi+\alpha(k\in\mathbf{Z})$ 与角 α 的三角函数值有何关系？为什么？

生5：因为角 $2k\pi+\alpha(k\in\mathbf{Z})$ 与角 α 的终边相同，所以根据任意角的三角函数的定义，有 $\sin(2k\pi+\alpha)=\sin\alpha$，$\cos(2k\pi+\alpha)=\cos\alpha$，$\tan(2k\pi+\alpha)=\tan\alpha$ $(k\in\mathbf{Z})$ 成立.

师：完全正确！

追问 那么，利用这组公式能解决刚才所写的几个问题吗？请大家试试看.

生6：因为 $\sin390°=\sin30°=\frac{1}{2}$，$\cos(-36°11')=\cos323°49'$，$\tan596°=\tan236°$，$\sin873°57'=\sin153°57'$，所以 $\sin390°$ 的值可求了，其他的还不行.

师：尽管其他的几个问题还没有能够求出最终的结果，但在转化的过程中我们已能体会到这组公式的魅力了，你发现这组公式有什么作用呢？

生7：可以把任意角的三角函数转化为 $[0,2\pi)$ 内角的三角函数.

师：非常好！所以我们把这组公式称为三角函数的诱导公式一. 对于这组公式，下面我们再借助一个动画来理解一下.

(展示多媒体动画，角 α 的终边 OP 绕着坐标原点 O 不停地旋转，如图3所示)

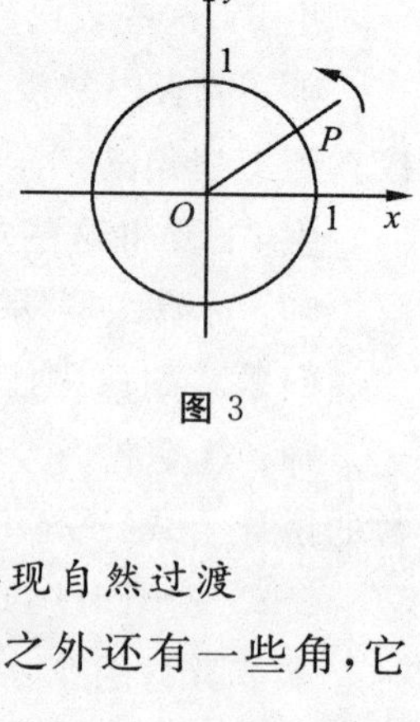

图3

师：从这个动画中我们可以看出，尽管角的范围很广，但很多角的终边实际上是重合的. 因为所有角的终边可看成在 $[0,2\pi)$ 这一圈之内，所以任意一个角的三角函数都可以转化为 $[0,2\pi)$ 内的角的三角函数. 从而，对于第一象限角的三角函数，根据公式一就可以转化为锐角的三角函数了.

2.3 受教材“情境”的启发，创设特殊旋转情境，实现自然过渡

在给出公式一之后，教材本身创设的情境是“除此之外还有一些角，它

们的终边具有某种特殊关系,如关于坐标轴对称、关于原点对称等. 那么它们的三角函数值有何关系呢?"讨论中大家认为,三角函数的诱导公式与图形的对称性实际上是同一个性质在两个方面的不同表现而已,教学中要向学生揭示这一本质,所以生成公式二、三、四时一定要抓住"终边对称"这一思想. 为了能和前面的讨论相衔接,设想不按课本介绍的顺序进行操作,而是在上面"整圈旋转"的背景下创设"旋转一个半圈"的情境,先生成公式四,并自然过渡到终边对称的话题,进行思想提炼之后再让学生自己类似地探究出另外两组公式,现设计如下.

师:刚才的动画表明,公式一的实质就是"当角的终边转整圈时,同名三角函数是周而复始的". 如果角的终边不是转整圈,那么在一些特殊条件下,是否也能得到一些有用的结论呢?

问题 2 如果角的终边只旋转一个"半圈",那么旋转前后的两个角的三角函数有何关系?

师:具体地,如图 4 所示,设角 α 的终边 OP 按逆时针方向旋转 $180°$ 到 OP_1 这个位置,则以 OP_1 为终边的角与角 α 的三角函数有何关系?

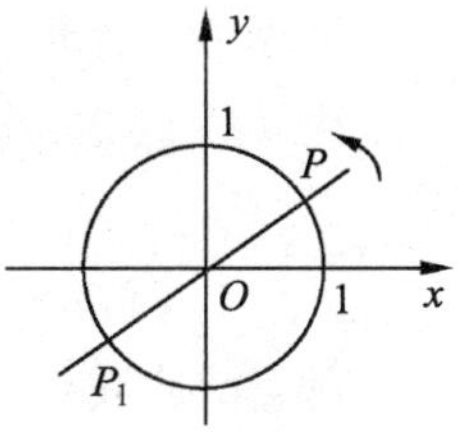

图 4

(给足时间让学生自己探究)

生 8:因为点 P 是角 α 的终边与单位圆的交点,所以点 P 的坐标为$(\cos\alpha, \sin\alpha)$;而角 α 的终边按逆时针方向旋转 $180°$ 到 OP_1 时对应的角为 $180°+\alpha$,故其终边与单位圆的交点 P_1 的坐标为$(\cos(180°+\alpha), \sin(180°+\alpha))$. 又点 P 与点 P_1 关于坐标原点对称,从而有 $\cos(180°+\alpha)=-\cos\alpha$, $\sin(180°+\alpha)=-\sin\alpha$.

追问 1 如果角 α 的终边 OP 是按顺时针方向旋转 $180°$ 到 OP_1 这个位置的,得到的结果又是什么呢?

生 9:角 α 的终边按顺时针方向旋转 $180°$ 到 OP_1 时对应的角为 $\alpha-180°$,所以点 P_1 的坐标为$(\cos(\alpha-180°), \sin(\alpha-180°))$,再根据点 P_1 与点 P 的对称性,即可得 $\cos(\alpha-180°)=-\cos\alpha$, $\sin(\alpha-180°)=-\sin\alpha$.

追问 2 这两个结果在本质上是一致的吗?

生 10:由上述公式一可知,$\cos(\alpha-180°)=\cos(\alpha+180°)$,
$\sin(\alpha-180°)=\sin(\alpha+180°)$,所以两个结果是一样的.

追问 3 那么,$\tan(180°+\alpha)$ 与 $\tan\alpha$ 又是何关系呢?

生 11:将 $\sin(180°+\alpha)=-\sin\alpha$ 与 $\cos(180°+\alpha)=-\cos\alpha$ 两式相除,得

$\tan(180°+\alpha)=\tan\alpha$.

追问 4 利用这组公式能求解刚才所写的另外几个问题吗?

生 12:第三个可解了,即 $\tan 596°=\tan 236°=\tan 56°$,查表即可得到结果.

师:也就是说,利用这组公式可把第三象限角的三角函数转化为第一象限角的三角函数,最终转化为锐角的三角函数. 当然,也可以反过来将第一象限角的三角函数转化为第三象限角的三角函数,还可以利用这组公式对第二象限与第四象限角的三角函数进行相互转化,所以这也是一组诱导公式,即教材中的公式四.

追问 5 你认为公式四的推导过程中,关键点有哪些?

生 13:我认为关键点有两个:一是点 P 与点 P_1 的坐标如何表示;二是点 P 与点 P_1 的位置恰好关于坐标原点对称.

师:非常好! 其中,点 P 与点 P_1 的对称性,归根结底是因为两个角的终边 OP 与 OP_1 关于坐标原点对称.

追问 6 由此,你能总结一下公式四的推导流程吗?

生 14:终边对称关系→两点对称关系

↓　　　　　↓

两角相互关系→两点坐标关系→三角函数关系(即诱导公式).

师:由此我们可以发现,这组诱导公式实际上就是角的终边对称关系的另一种表现形式而已,即在形的方面表现出来的是角的终边的对称性,而在数的方面表现出来的就是三角函数的诱导公式,其相互间的关系可用图 5 来表示.

图 5

那么,角的终边的其他对称关系能得到类似的诱导公式吗?

问题 3 当两个角的终边分别关于 x 轴、y 轴对称时,你能探究得到什么样的诱导公式呢? 这些诱导公式又有什么作用呢?

(让学生自主探究,以下略)

3. 从主题研讨中获得的启示

本次活动的主题是“问题情境的设计”,活动中与会老师就“如何充分运用教材,从教材中获得创设问题情境的灵感”这个话题做了认真的研讨与反思,获得了以下几点启示.

3.1 理解教材自身的问题情境,从中获得灵感

普通高中课程标准实验教科书本身就创设了许多问题情境,教学中要充分理解其含义,除了可以直接运用这些问题情境之外,还可以从中获得启

示，创设更切合本班学生实际的相近问题情境，或丰富教材中的问题情境，使得教学工作能得以顺利开展.

3.2 弄清教材内容的编写意图，从中获得灵感

众所周知，教材内容的表达方式通常隐含了教材的编写意图，弄清这些编写意图，可为问题情境的创设提供可靠的依据. 所以在阅读教材内容时，我们不仅要熟悉教材引用了哪些素材，设计了哪些活动，更重要的是要充分理解其每一个段落所表达的意思，把握前后文之间的逻辑关系，领悟每一个数学知识生成的前因后果，以从中获取创设问题情境的灵感.

3.3 领悟教材正文以外的暗示，从中获得灵感

苏教版教材除了正文之外，还设置了一定数量的思考与边注，对教材正文做了有益的补充. 这些思考与边注，是教材编写者经过深思熟虑之后加上去的，是对教学设计的一种暗示，也可作为创设问题情境的一个依据. 所以，教学中我们应尽量领悟这种暗示，以从中获取创设问题情境的灵感.

四、将教学目标转化为课堂问题的常用策略①

实现预期的教学目标是每节课教学的目的所在，而教学目标的达成既不是通过投影片的播放来实现的，也不是通过学生的朗读来实现的，应寓于教师设置的教学氛围及教学活动中自然实现.

在教学中，如果把教学目标转化为恰当的问题，用问题来驱动学生主动学习，能将学生推到解决问题的前台，凸显学生的主体地位，是值得肯定的一种教学方法. 那么如何将教学目标转化为有效的课堂问题呢？对此，笔者做了一些肤浅的探索，现归纳如下.

1. 知识型目标转化为课堂问题的常用策略

数学概念是数学的逻辑起点，是学生认知的基础，是学生进行数学思维的核心，在数学学习与教学中具有重要的地位. 数学概念的产生与发展应是合理的、水到渠成的. 如果直接将数学概念介绍给学生，将会掩盖其自然性，不能使学生在情感上产生共鸣. 另外，数学中有许多定理、性质、法则、公式等结论是解题的依据所在，如果直接将这些结论告诉学生，他们也能去解题，但那仅是肤浅的模仿与机械的运用，不利于学生数学素养的养成.

所以，对于数学概念与结论的教学，宜创设一定的问题情境，并配上合

① 王克亮. 将教学目标转化为课堂问题的常用策略[J]. 教育研究与评论(课堂观察)，2016(9)：52—55(收录时有较大改动).

理的问题，以促使相关知识的自然生成.

数学概念与结论的教学目标不妨统称为知识型目标. 通常，将知识型目标转化为课堂问题有以下一些策略.

1.1 转化为概括性问题

数学概念的教学，很多情况下可先列举几个具体的例子，然后提出问题，让学生从中抽象出其共同属性或特征，进而得到相关的数学概念. 这时，常见的设问手法是“它们有何共同的特征？”

案例1 向量的概念

“向量的概念”是“向量的概念及表示”这节课的一个知识目标，此教学目标的达成可通过设置如下实例情境及概括性问题来实现.

引例1 早晨上班时我从家里出发骑车行了4 km路到了学校，中午下班时我将再从学校出发骑车行4 km路回到家里. 请问：我这两次运动的效果一样吗？

生：不一样.

追问 不一样在何处？

生：方向不一样.

师：对，它们虽然距离一样，但方向不同(如图1所示)，这在物理上通常称为位移.

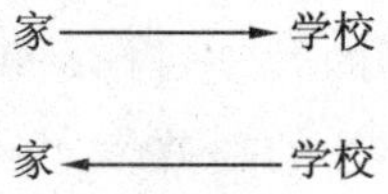

图1

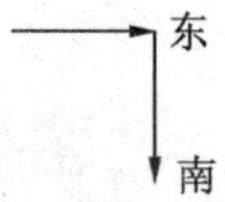

图2

引例2 在早晨我从家里来学校的过程中，前20 min内我一直向东匀速骑车，每分钟行300 m；在接下来的5 min内我是向南匀速骑车的，也是每分钟行300 m. 请问：这两个时间段内我骑车的速度一样吗？

生：不一样.

追问 不一样在何处？

生：方向不同.

师：对，在物理上，速度是有方向的(如图2所示).

引例3 如图3所示，点P是角α的终边与单位圆的交点，过点P作x轴的垂线，垂足为M，则$\sin\alpha=MP$. 请问：如果写成$\sin\alpha=PM$对吗？

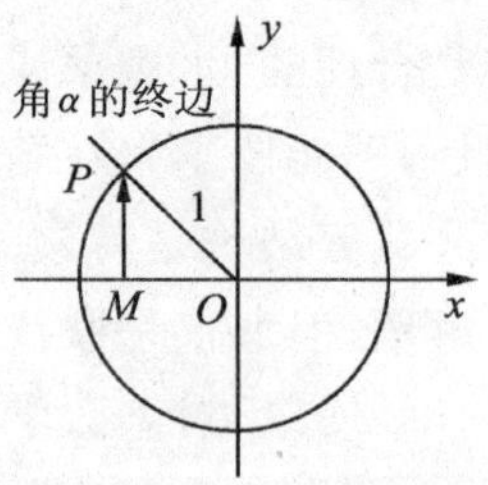

图3

生：不对.

追问 为何？

生：MP与PM的方向相反.

师：对，这里线段需要加上箭头，我们称之为有向线段.

问题 位移、速度、有向线段，这三者有何共同特征？

生：它们都与方向有关.

追问 与大小有关吗？

生：也有关.

师：所以它们是既有大小又有方向的量，你能再举一些例子吗？

生：力、加速度等.

师：看来这种量有着广泛的实际背景，我们有必要建立一种新的数学模型来专门研究它，这正是必修4第二章“平面向量”将要研究的问题，今天这节课我们先来学习一下向量的概念及表示——引入课题.

师：对于一个新的数学模型，通常我们是如何来研究它的呢？这里，我们不妨一起回顾一下刚进入高一的时候，我们是如何研究“集合”这一全新的数学模型的？

（与学生一起回顾）我们首先研究了集合的含义，然后给出集合的几种表示方法，如列举法、描述法、文氏图法等，接着给出了空集、全集等特殊集合，之后研究了子集、相等集合等集合间的关系，接下来研究了交集、并集等，这是集合间的运算.

（在回顾的过程中，作如下板书）

数学概念—表示方法—特殊概念—特殊关系—定义运算

师：下面我们也按照这个模式来研究平面向量，首先是数学概念. 根据上述讨论，你认为该如何给“向量”下个定义呢？

生：既有大小又有方向的量.

师：大小离不开“数”的属性，方向离不开“形”的属性，所以向量兼有“数”和“形”的属性.

1.2 转化为直接性问题

有些知识目标本身就可以直接转化为问题，只需改变一下表述语气即可.

案例2 直线与圆的位置关系

掌握直线与圆之间的位置关系是“直线与圆的位置关系”这节课的一个知识目标，这里可直接将该知识目标转化为课堂问题，即：

问题 直线与圆有哪几种位置关系？

为了提升该问题的思维含量，还可以进行如下追问：

追问 每种位置关系各有什么特点？

1.3　转化为类比性问题

数学同一知识块甚至不同知识领域内存在着一些结构相同或意义相近的概念或结论，在教学中，有时可寻找已学过的旧知识作为参照对象，通过类比的手法得到新的知识. 常见的设问手法是“你能类比××的定义给出××的定义吗？”或“在××的基础上，你能类似得到××吗？”.

案例3　零向量与单位向量的概念

零向量与单位向量的概念是“向量的概念及表示”这节课的知识目标，对于该目标的达成，可通过如下类比性问题来实现.

问题　向量有数的属性，类比特殊的数，你想到了哪几种特殊的向量？

师：你想到什么特殊的数？

生：0.

师：0表示什么也没有，这个数字非常特殊，历史上，0比1，2，3，…等数字迟了两千多年才出现. 那么类比0这个数字，能得到什么特殊的向量呢？

生：零向量.

师：怎么定义？

生：长度为零的向量.

建构1　零向量：长度为0的向量，记为$\mathbf{0}$.

追问1　$\mathbf{0}$与数0有什么不同？

生：$\mathbf{0}$既有大小又有方向，而0只有大小.

追问2　$\mathbf{0}$的方向如何？

生：是任意的.

师：对，因为零向量的起点与终点是重合的，所以它的方向是不确定的.

师：除了0这个特殊的数字以外，还有什么数字比较特殊呢？

生：1.

师：对，我们小时候认识的第一个数字通常就是1. 我国古代著作《易经》提到“一元之始，九九归一”，说明1是所有数字的基础，是衡量其他数字大小的基本单位，可以称之为单位数字. 那么类比单位数字1，能得到什么特殊的向量呢？

生：单位向量.

建构2　单位向量：长度等于1个单位长度的向量.

追问3　若$\boldsymbol{a}$为单位向量，你首先想到什么？

生：$|\boldsymbol{a}|=1$.

追问 4 在平面直角坐标系内，起点在坐标原点的单位向量的终点的轨迹是什么图形？

生：是圆.

师：什么样的圆？

生：圆心在原点、半径为 1 的单位圆.

1.4 转化为领悟性问题

有些数学概念与结论比较抽象，蕴涵着一定的道理，而这些道理并不是很直白，需要学生去深刻理解与体会. 对这种数学知识的教学，宜在给出问题情境后设置一些领悟性问题，引导学生建构出相关的知识.

案例 4 直线与平面平行的判定定理

直线与平面平行的判定定理是“直线与平面平行”这节课的一个重要知识目标，对于该目标的达成可通过下面的问题情境以及一个领悟性问题来实现.

师：有了直线与平面平行的定义之后，它就成了判断直线与平面平行的一个基本依据. 但要说明直线与平面没有公共点是一件挺麻烦的事儿，所以下面我们一起来寻找一个简单便捷的判断方法.

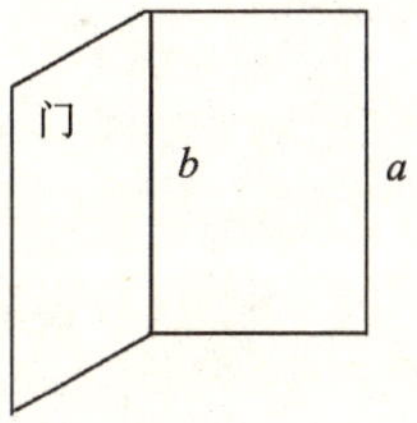

图 4

（老师走到教室前门处，来回转动门几次，让学生观察门面与边框的位置关系）

师：（结合图 4）大家请看，当门开着的时候，无论它转到什么位置，门所在平面总是与边框 a 所在直线平行，是什么原因保证了这种平行关系？

生：因为门总经过门框 b，而门框 b 与门框 a 平行.

师：当门关上时，门所在平面还与门框 a 平行吗？

生：不平行，这时门框 a 恰好在门所在的平面内.

问题 由此，你能给出一个判定直线与平面平行的简单方法吗？

生：如果平面外的一条直线与这个平面内的一条直线平行，那么这条直线和这个平面平行.

师：这个判断方法由“线线平行”到“线面平行”，操作起来比较便捷，我们称之为直线与平面平行的判定定理.

1.5 转化为递进性问题

有些数学概念与结论的生成并不是很简单的事，需要老师作必要的引导才能得出. 对这些数学知识的教学，可设置一连串问题，层层递进，当所有问题都得到解决时，相关的数学知识也随之而生．此时，可用“问题1、问题2、…”的形式来设计问题．

案例5　弧度制的概念①

弧度制的相关概念是“弧度制”这节课的重要知识目标，教学中如果直接给出定义，学生也能接受并加以运用，但缺少了概念的自然性．如果创设“曲轴”的情境，再配上一些递进性问题，则可让学生充分感知这个定义的合理性，以下是本节课的部分教学设计．

[1] 情境创设　提出问题

师：最近我做了一次体检，结果显示我的身高是0.00168 km，体重是646.8 N，大家对这个结果有何感受？

众生：挺别扭的．

师：如果换一下单位，说我的身高是1.68 m，体重是66 kg，是不是更习惯些？

众生：对．

师：那第一种说法能不能正确反映我的身高与体重呢？

众生：能．

师：这就说明了单位通常有以下几个特性：

(1) 多样性：同一个状态可用不同的单位来表示；

(2) 同一性：不同的单位能表示相同的状态，而且有关结果之间可以相互换算；

(3) 选择性：有些单位用起来比较习惯与方便．

师：上一节课我们学习了任意角，那么对于角的大小，前面常用“度、分、秒”这些单位来度量，我们把这种度量角的制度称为角度制．

请大家回忆：1度、1分、1秒是如何定义的？

生1：把周角的$\frac{1}{360}$作为1度，同时规定1度等于60分，1分等于60秒．

师：你能说出$24°136'840''$是多少度吗？

生2：26.5°．

师：答案正确．相信大家一定有这样的感受，因为度、分、秒之间是60进制，换算起来要费点周折，因而我们有必要探索一种度量角的更为方便的单位制．

---

① 王克亮．基于“曲轴”的弧度制的教学实践与反思．数学通讯（下半月，教师），2010(8)：16－18．

所以,本节课我们将要研究的核心问题是:

问题 如何建立度量角的一种新的单位制?它与角度制关系如何?

[2] 问题探究 形成定义

师:表示一个角的大小,我觉得最理想而又简单的方式莫过于就用一个实数来表示.

问题1 从两者的范围看,用实数来表示角的可行性在哪里?

生3:角有正角、零角和负角,实数有正实数、零和负实数,而且两者的正负都没有尽头,应该能一一对应起来.

师:很好!事实上,我们可以通过数轴来直观地来说明这一点.(如图5所示)这是一条数轴,现作如下设想(动画显示):以数轴的原点为基点将其两侧向上弯曲并逐步圈成半径都为1的弹簧状螺旋圆,其中正半轴按逆时针方向螺旋,负半轴按顺时针方向螺旋,如此无限下去,圆与圆之间的空隙忽略不计. 不妨把变形后的数轴称为"曲轴",那么数轴的原点可称为"曲轴"的原点,单位圆的圆心可称为"曲轴"的圆心. 因为数轴上的点和实数是一一对应的,所以弯曲后数轴上的数就保留在"曲轴"的圆周上.

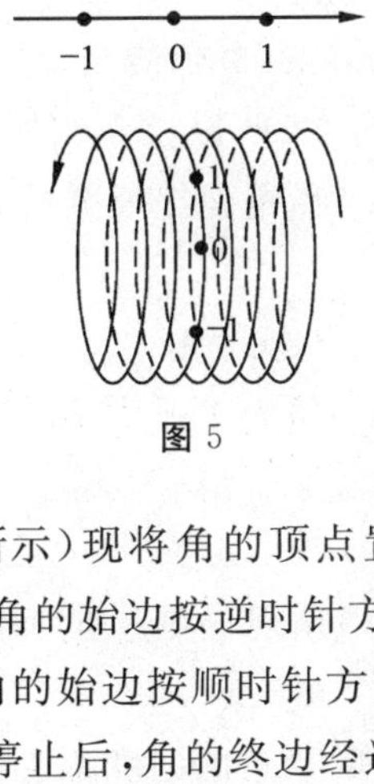

图5

图6

(如图6所示)现将角的顶点置于"曲轴"的圆心处,角的始边通过"曲轴"的原点,当角的始边按逆时针方向旋转时,就看成是按"曲轴"的正方向进行螺旋;当角的始边按顺时针方向旋转时,就看成是按"曲轴"的负方向进行螺旋. 旋转停止后,角的终边经过"曲轴"上的哪个实数,就用这个数来表示该角的大小,这样就能把角与实数对应起来了.

问题2 在这样的"曲轴"上,表示角大小的数实际上是什么几何量?

生4:弧长.

师:对,弧的一个端点就是"曲轴"的原点,另一个端点是角的终边与"曲轴"的交点.

问题3 在这样的"曲轴"上,$90°$,$-60°$,$180°$这些角分别对应哪个实数？

生 5：$\frac{\pi}{2}$，$-\frac{\pi}{3}$，π.

师：因为这些数据与弧长有关，所以我们不妨把这种度量制的单位记作“弧度”，这种度量角的方法就是我们今天要学习的弧度制（板书课题）.由刚才的结果知道：$90°$，$-60°$，$180°$的角所对应的弧度数分别为$\frac{\pi}{2}$弧度，$-\frac{\pi}{3}$弧度和 π 弧度.

问题 4　1 弧度的角有什么样的特性？

生 6：它是长度为 1 的弧所对的圆心角.

师：很好！这样一来，我们就可以把单位圆中长度为 1 的圆弧所对的圆心角称为 1 弧度角.换句话说，在单位圆中可以把长度等于半径的弧所对的圆心角称为 1 弧度角.

问题 5　改变圆的半径的大小，1 弧度角所对的弧长发生变化吗？变化时有什么规律吗？

生 7：发生变化，但总与新圆的半径相等.

师：非常好！我们借助几何画板来看一下（老师演示，略）.另外，我们可以这样来解释：因为角的大小没有发生改变，所以该角所对弧的长度占整个周长的比也没有发生改变，从而弧长与半径是同比增减的，故弧长总保持与半径相等的关系.

问题 6　在一般的圆中，该如何来定义 1 弧度角？

生 8：长度等于半径的圆弧所对的圆心角为 1 弧度角.

师：很好！

[**3**] **知识建构 概念内化**

（1）1 弧度的角：长度等于半径的圆弧所对的圆心角叫作 1 弧度角，记作 1 rad.

（2）弧度制：用弧度作为角的单位来度量角的制度称为弧度制.

说明　（1）用弧度表示角的大小时，只要不产生误会，单位可以省略，就用一个实数来表示.

（2）用弧度为单位度量角时，当弧度数用 π 来表示时，不必把 π 写成小数，就保留 π.

（3）引入弧度制之后，就可以在角的集合与实数集之间建立一一对应关系：每一个角都对应唯一的实数；反过来，每一个实数也都对应唯一的角

（如图 7 所示）.

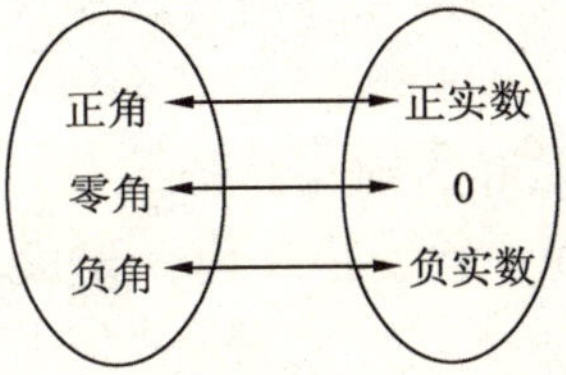

图 7

问题 7 运用上述 1 弧度角的定义，我们该如何来度量一个角的大小呢？

生 9：用等于半径长的弧来截被度量的圆心角所对的弧，量数是多少就记这个角是多少弧度.

师：很好！也就是说，若圆的半径为 r，圆心角 $\angle AOB$（正角）所对的圆弧长为 $2r$，则 $\angle AOB$ 的弧度数就是 2. 更一般地，就是用所要度量的角所对弧的长度除以半径所得的商再加上适当的符号即是角的大小.

问题 8 周角的弧度数是多少？由此能得到弧度与度有着什么样的换算关系？

生 10：周角的弧度数为 2π，则有 $2\pi\ \text{rad}=360°$.

1.6 转化为发现性问题

对于一些学生能够独立完成或合作完成的探究活动，创设问题情境之后，可直接提出“你从中发现了什么？”或“你从中发现，××？”或“你能得到什么样的结论？”以生成相关的数学结论.

案例 6 对数的运算性质

“对数的运算性质”这节课的核心知识目标就是对数运算的三个公式，它们与指数的运算性质有着密切的联系，实际上是同一个结论的不同表现形式而已. 所以，对于该目标的达成，可在复习指数运算性质的基础上，通过几个发现性问题的引导让学生自己探究出对数的运算性质.

师：前面我们学习了指数幂的运算及对数的概念，这里不妨先回顾一下.

回顾 1 指数幂运算的常用性质有哪些？

生：$a^m a^n=a^{m+n}$；$\dfrac{a^m}{a^n}=a^{m-n}$；$(a^m)^n=a^{mn}$.

回顾 2 对数与指数是有何关系？

生：对数运算是指数运算的逆运算，即若 $a^b=N$，则 $b=\log_a N$（$a>0$，

$a\neq1$).

追问 那么指数运算是对数运算的逆运算吗?

生:也是的.

师:既然指数和对数是互为逆运算的关系,那么对数运算也应该有类似的一些性质,具体如何呢?这就是我们今天这节课要研究的问题——对数的运算性质.

问题1 在指数的运算性质1(可简称Z1)$a^m a^n=a^{m+n}$中,若将指数式改写成对数式,你能得到什么样的结论?

生:$\log_a(a^m a^n)=m+n$.

追问1 若再令$a^m=M,a^n=N$,代入并消去m,n,结果如何?

生:$\log_a(M\cdot N)=\log_a M+\log_a N(a>0,a\neq1)$.

追问2 这个式子说明了什么?

生:积的对数,等于对数的和.

师:对,我们通常称这个等式为对数的运算性质1(可简称D1).

追问3 你发现D1与Z1的联系了吗?

生:D1实质上就是Z1改写的结果,是将指数式改成了对数式而已,所以它们是同一个性质的两个不同表现形式.

问题2 将Z2“$\frac{a^m}{a^n}=a^{m-n}$”进行类似的改写,其结果是什么呢?

生:$\log_a\frac{M}{N}=\log_a M-\log_a N(a>0,a\neq1)$.

追问 这个式子又说明了什么?

生:商的对数,等于对数的差.

师:对,这个等式我们通常称为对数的运算性质2(可简称D2).

问题3 在对Z3“$(a^m)^n=a^{mn}$”进行类似的改写时,若保持n不变,其结果是什么?

生:$M^n=a^{n\log_a M}$.

追问1 将其再改写为对数形式,如何?

生:$\log_a M^n=n\log_a M(a>0,a\neq1)$.

追问2 该等式能由D1得到吗?

生:只要令$M=N$,并多次运用D1即可得到D3.

师:非常好!这好比由加法得到乘法一样,所以这个等式通常称为对数的运算性质3(可简称D3).

由此可见，对数的运算性质并不是凭空而来的，它们都是从相应的指数幂的运算性质演变而来的，当我们感悟到其本质之后就能体会到一种内在的美.

1.7　转化为比较性问题

为了让学生更好地把握数学知识之间的关系，弄清它们的联系与区别，有时可将多个类似或相近的数学知识放在一起进行比较.

案例 7　向量的相关概念

"向量的概念及表示"这节课中有多个概念，学生较容易混淆. 为了达成这些概念性的知识目标，可设置如下比较性问题，并用表格的形式呈现出来.

问题　根据刚才讨论的结果，你能完成下列表格吗？

类别	记法	方向	大小
零向量			
单位向量			
相等向量			
相反向量			
平行向量/共线向量			

1.8　转化为辨析性问题

为了让学生更好地理解数学概念或结论，揭示数学知识的内涵，警示一些注意点，在知识生成之后，可设置一些辨析性问题让学生判断.

案例 8　向量的相关概念(续)

师：刚才一下子学习了这么多的概念，大家真的理解了吗？为了检验同学们的学习成果，请看下面的问题.

问题　你能判断下列命题的真假吗？

(1) $|\boldsymbol{a}|=|\boldsymbol{b}|\Rightarrow\boldsymbol{a}=\boldsymbol{b}$.(×)

追问　反过来对吗？(√)

(2) 相反向量的模相等.(√)

(3) 互相平行的两个单位向量相等.(×)

(4) 互为相反向量的两个向量是共线向量.(√)

(5) $\overrightarrow{AB}/\!/\overrightarrow{CD}\Rightarrow AB/\!/CD$.(×)

(6) $AB/\!/CD\Rightarrow\overrightarrow{AB}/\!/\overrightarrow{CD}$.(√)

(7) 若$\overrightarrow{AB}$与$\overrightarrow{CD}$共线，则 AB 与 CD 共线.（×）

追问 反过来对吗？（√）

(8) $\boldsymbol{a}=\boldsymbol{b},\boldsymbol{b}=\boldsymbol{c}\Rightarrow\boldsymbol{a}=\boldsymbol{c}$.（√）

师：这说明向量相等具有传递性.

(9) $\boldsymbol{a}/\!/\boldsymbol{b},\boldsymbol{b}/\!/\boldsymbol{c}\Rightarrow\boldsymbol{a}/\!/\boldsymbol{c}$.（×）

师：不正确的原因是什么？

生：当 $\boldsymbol{b}=\boldsymbol{0}$ 时，$\boldsymbol{a}$ 与 $\boldsymbol{c}$ 就不一定平行了.

师：这说明向量平行不具有传递性，原因出在零向量身上. 零向量是一个很特殊的向量，它与以前研究的数 0、空集$\varnothing$等一样，一不小心，就会在此处犯错误，所以应成为我们思维的一个警戒点.

2. 解题型目标转化为课堂问题的常用策略

一般地，数学学习的成果通常是通过解题来实现的，所以学会解题是数学课堂教学的重要目标. 解题能力的提高很大程度上依赖于对解题原理与方法的提炼与领悟，而这离不开课堂问题的引导与驱动. 通常，将解题型目标转化为课堂问题有以下一些策略.

2.1　转化为提炼性问题

运用新知识解决问题、一题多解或解决多个类似的问题之后，宜设置一个提炼性问题，帮助学生构建运用新知识解决某些问题的常用方法与策略. 此时，常见的设问手法有“运用××知识来解决问题的常用方法与策略有哪些？”“解决××类问题的常用方法有哪些？”等.

案例 9　二项式定理的应用

二项式定理的应用主要体现在求展开式的指定项、证明整除问题、求余问题、近似计算、代数等式或不等式的证明、比较大小等方面，对于该方法型目标的达成，在体验了一些例题之后，可用下面的提炼性问题引导学生构建方法体系.

问题 运用二项式定理解决问题，常用的策略有哪些？

课上，可引导学生做如下提炼：

(1) “展”：在遇到求$(a\pm b)^n$ 展开式中的指定项，或与$(a\pm b)^n$ 有关的代数证明等问题时，常采用“展”的策略，即利用二项式定理将其展开，然后用展开式的通项公式或整个展开式来处理问题.

(2) “赋”：在遇到与$(a\pm b)^n$ 展开式的系数或二项式系数有关的问题时，常采用“赋”的策略，即赋给变量一些特殊的数值，以达到求和或证明等式的目的.

(3)"拆":在遇到含有 a^n 式子的整除、求余、求近似值等问题时,常采用"拆"的策略,即将 a 拆成两数的和或差的形式,构造出二项式,再用二项式定理来处理.

(4)"弃":在遇到含有 a^n 式子的比较大小、不等式的证明等问题时,常采用"弃"的策略,即将 a 拆成两数的和或差的形式,构造出二项式,展开后弃掉部分项,以达到放缩的目的.

2.2 转化为巩固性问题

学生对新方法的接受与领悟通常需要一个过程,需要一定的训练与强化,所以在提炼了一类问题的解题原理与方法之后,宜设置类似的问题让学生及时巩固,促使学生内化.

案例 10 曲线上存在两点关于某条直线对称的问题①

"已知曲线上存在两点关于某条直线对称,反求参数的取值范围"是解析几何中的一类重要问题,在例题教学之后,可做如下提炼.

若圆锥曲线 C 上存在两点 $P(x_1, y_1)$,$Q(x_2, y_2)$关于直线 l 对称,首先因为 P,Q 两点都在圆锥曲线 C 上,故直线 PQ 与曲线 C 有两个不同的交点;其次,因为 P,Q 两点关于直线 l 对称,所以直线 PQ 与直线 l 垂直,且线段 PQ 的中点一定在直线 l 上.

由此,得到这类问题的解题原理是:

(1)"交":直线 PQ 与圆锥曲线 C 相交于不同的两点;

(2)"垂":直线 $PQ\perp$ 直线 l;

(3)"中":线段 PQ 的中点 $M(x_0, y_0)$在直线 l 上,其中 $x_0=\frac{x_1+x_2}{2}$,$y_0=\frac{y_1+y_2}{2}$.

对于这三个原理,分别有以下一些应对策略:

"交":策略1——联立直线 PQ 与圆锥曲线 C 的方程,该方程组应有两组解,消元后所得到的一元二次方程的判别式大于零(二次项系数不等于零);策略2——直线 PQ 上存在一点(通常取线段 PQ 的中点)在圆锥曲线 C 的内部.

"垂":策略1——直线 PQ 的斜率与直线 l 的斜率互为负倒数;策略2——直线 PQ 的方向向量与直线 l 的方向向量的乘积为零.

① 刘飚,王克亮."一交二垂三中"解题策略[J].中学数学月刊,2006(4):32—33.

“中”：策略1——用韦达定理求出线段 PQ 的中点 $M(x_0,y_0)$ 的坐标，再代入直线 l 的方程；策略2——点差法，将 P,Q 两点的坐标代入曲线 C 的方程中，两式相减，利用平方差公式得到 x_0,y_0,k_{PQ} 的等式，同时将 $M(x_0,y_0)$ 代入直线 l 的方程中.

将上述解题原理中的策略进行适当组合，即可得到解决此类问题的一些常用方法.

应该说，这类问题的解题原理和方法是比较复杂的，要想学生真正理解和掌握，提炼之后还需要提供一些巩固性问题让学生强化. 例如：

问题 你能用不同的方法解决下列问题吗？

题1 在平面直角坐标系 xOy 中，设直线 l 过点 $(0,-1)$，且与 x 轴的交点为 D，若椭圆 M：$\frac{x^2}{9}+\frac{y^2}{5}=1$ 上存在不同的两点 P,Q 关于直线 l 对称，试求点 D 横坐标的取值范围.

题2 设直线 l：$y=k(x-1)+1$，要使抛物线 C：$y^2=x$ 上存在关于直线 l 对称的两点，试求 k 的取值范围.

题3 设直线 $y=ax+1$ 与双曲线 $3x^2-y^2=1$ 交于 A,B 两点，是否存在这样的实数 a，使得 A,B 两点关于直线 $y=\frac{1}{2}x$ 对称？若存在，求出 a 的值；若不存在，请说明理由.

2.3 转化为变式性问题

为了促使学生真正掌握有关解题原理与方法，还可以适当改变题目的条件或设问方式，给出变式性问题. 变式的意图应是明确的，要努力揭示解题方法的本质与内涵，引导学生形成高位视角，提高对问题与方法的认识.

案例11 对可化为 $f(x)e^x+g(x)$ 型问题的思考

题目 求证：对于任意的 $x\in\mathbf{R}$，都有 $e^x\geqslant x+1$.

变式 你能类似处理下列问题吗？

求证：当 $x\geqslant 0$ 时，都有 $\frac{1}{e^x}+\frac{4x}{x+4}\geqslant 1$.

分析 原题与变式题的解题思想都是合理构造函数，将证明不等式的问题转化为求函数的最值问题.

对于原题，可构造函数 $f(x)=e^x-(x+1)$，然后进行求导和讨论.

给出上述变式题，其意图有以下几点：

(1) 可将要证的不等式进行合理变形，转化为证明 $e^x(3x-4)+(x+$

4)$\geqslant 0$,然后构造函数 $f(x)=e^x(3x-4)+(x+4)$ 来处理问题,体现转化思想.

(2) 也可直接构造 $f(x)=\frac{1}{e^x}+\frac{4x}{x+4}$,求导得 $f'(x)=\frac{16e^x-(x+4)^2}{(x+4)^2e^x}$,然后把导函数的分子作为新函数 $g(x)=16e^x-(x+4)^2$ 进行求导和讨论.

(3) 引导学生做如下思考:为什么上述两个思路都能行得通?结合原题的解决,你发现了什么?然后揭示一个隐含的规律:即形如 $f(x)e^x+g(x)$(其中 $f(x)$,$g(x)$均为多项式型函数)的函数,若干次求导后可将其化为 $t(x)e^x$ 的形式,进而只需讨论 $t(x)$就可以了.

评注 如此变式,意图非常明确,揭示了方法的本质与内涵,对学生较有启迪意义.

2.4 转化为题组性问题

有时,为了让学生更好地掌握有关解题原理与方法,或感悟类似题目之间的联系与区别,还可以设置一些题组性问题,如“异题同质问题”“多题一法问题”等.

案例 12 涉及恒成立(或有解)的单、双变量问题

恒成立(或有解)的单变量与双变量问题在各类考试中出现的频率较高,学生经常会混淆. 为了便于学生理解与掌握这两类不同问题的解题原理与方法,可设置下面的题组进行教学.

问题 你能解决下列问题吗?

已知函数 $f(x)=2x^2-2m(m\in\mathbf{R})$,$g(x)=\frac{1}{3}x^3+x^2-3x$.

(1) 是否存在这样的实数 m,使得对任意的 $x\in[-4,2]$,有 $f(x)\leqslant g(x)$成立?

(2) 是否存在这样的实数 m,使得存在 $x\in[-4,2]$,有 $f(x)\leqslant g(x)$成立?

(3) 是否存在这样的实数 m,使得对任意的 $x_1,x_2\in[-4,2]$,都有 $f(x_1)\geqslant g(x_2)$成立?

(4) 是否存在这样的实数 m,使得存在 $x_1,x_2\in[-4,2]$,有 $f(x_1)\geqslant g(x_2)$成立?

(5) 是否存在这样的实数 m,使得存在 $x_1\in[-4,2]$,对任意的 $x_2\in[-1,2]$,有 $f(x_1)>g(x_2)$成立?

(6) 是否存在这样的实数 m,使得对任意的 $x_1\in[-4,2]$,存在 $x_2\in[-1,$

2]，有 $f(x_1)>g(x_2)$ 成立？

(7) 是否存在这样的实数 m，使得存在 $x_1\in[-4,2]$，对任意的 $x_2\in[-1,2]$，都有 $f(x_1)=g(x_2)$ 成立？

(8) 是否存在这样的实数 m，使得存在 $x_1,x_2\in[-4,2]$，有 $f(x_1)=g(x_2)$ 成立？

(9) 是否存在这样的实数 m，使得存在 $x_1,x_2\in[-4,2]$，有 $|f(x_1)-f(x_2)|\geqslant 1$ 成立？

(10) 是否存在这样的实数 m，使得对任意的 $x_1,x_2\in[-4,2]$，都有 $|f(x_1)-f(x_2)|\leqslant 1$ 成立？

3. 素养型目标转化为课堂问题的常用策略

培养学生的数学素养，促进学生发展是数学教学的立足点. 数学素养的培养，应贯穿整个课堂教学的始终，侧重教会学生如何分析问题与解决问题，并在适当的时机给学生创设提出问题的平台. 数学课上，将素养型目标转化为课堂问题的常用策略有：

3.1 转化为思想性问题

《普通高中数学课程标准（实验）》明确指出：“高中数学课程对于认识数学与自然界、数学与人类社会的关系，认识数学的科学价值、文化价值，提高提出问题、分析问题、解决问题的能力，形成理性思维，发展智力和创新意识具有基础性的作用.”日本著名数学教育家米山国藏说过：“在学校学的数学知识，毕业后若没什么机会去用，一两年后，很快就忘掉了. 然而，不管他们从事什么工作，唯有深深铭刻在心中的数学的精神、数学的思维方法、研究方法、推理方法和看问题的着眼点等，却随时随地发生作用，使他们终身受益.”所以，揭示研究思想是数学课教学的一个重要目标，而这有赖于一些思想性问题的设计与运用.

案例 13 “椭圆的标准方程”的引入

对于解析几何这门学科，掌握其用代数的方法来解决几何问题，使得问题的处理更加精确化和细微化这种研究思想是很重要的素养目标，虽然学生在“直线与圆”中对此已有初步体会，但到学习椭圆时大多数学生已淡忘了，需要在本节课上再度唤醒与强化. 对此素养目标，可通过以下一些思想性问题的引导来达成.

问题 1 解析几何这门学科研究问题的基本思想是什么？

问题 2 基于上述研究思想，解析几何这门学科的两大主要任务是什么？

问题 3 你是如何理解直线(圆)的方程的?

问题 4 我们是如何建立圆的方程的?

(详见第六章教学设计案例 17)

3.2 转化为追问性问题

学会理性思维是数学学习的一个重要的素养目标,为了促使学生养成理性思维的习惯,让学生更多地介入分析问题与解决问题的过程,课堂上应不失时机地设置一些追问性问题,以促使师生之间与生生之间有更多的思维交流.

案例 14 “椭圆的标准方程”的推导

推导椭圆的标准方程的过程可培养学生的综合素质,是本节课的素养型目标,对于这一目标的达成,可通过下列众多的追问性问题的引导来实现.

问题 1 求曲线方程的第一步是建系,你认为这里怎样建立平面直角坐标系比较合理呢?

追问 1 为什么这么想呢?

追问 2 对称是美的,还有其他的对称的建系方式吗?

追问 3 不对称的建系方式可以吗?

问题 2 根据求曲线方程的第二、三、四步,这里你能得到什么样的等式?

追问 $\sqrt{(x+c)^2+y^2}+\sqrt{(x-c)^2+y^2}=2a$ 这个等式是椭圆的方程吗?

问题 3 如何化简方程 $\sqrt{(x+c)^2+y^2}+\sqrt{(x-c)^2+y^2}=2a$?

追问 1 方程 $(a^2-c^2)x^2+a^2y^2=a^2(a^2-c^2)$ 能化得更简洁些吗?

追问 2 $\frac{x^2}{a^2}+\frac{y^2}{a^2-c^2}=1$ 中分母 a^2-c^2 仍有点复杂,能再简洁些吗?

追问 3 要想确定 $\frac{x^2}{a^2}+\frac{y^2}{b^2}=1$ 是所求的椭圆方程,我们还要做什么样的工作?

追问 4 你能猜想一下方程 $\sqrt{x^2+(y+c)^2}+\sqrt{x^2+(y-c)^2}=2a$ 的化简结果吗?

问题 4 椭圆的两种标准方程有哪些共同的特点?

追问 1 它们表示的椭圆有何特点?

追问 2 如何根据椭圆的标准方程判断其焦点所在的坐标轴?

追问 3 如果把圆心在坐标原点、半径为 r 的圆的方程 $x^2+y^2=r^2$ 改写为 $\frac{x^2}{r^2}+\frac{y^2}{r^2}=1$，你发现了什么？

（详见第六章教学设计案例 17）

3.3 转化为发散性问题

发散性思维能力是数学素养的一个重要方面，该能力的培养离不开发散性问题的设置. 数学课上，应适时提出“你有哪些想法”“还有其他想法吗”等发散性问题，以促使学生进行多角度思维.

案例 15 点到直线的距离公式

在“点到直线的距离公式”这节课中，公式的推导方法是一个重要的素养目标. 对于该目标的达成，可通过以下发散性问题的引导来实现.

师：对于距离问题，前面我们研究了两点之间的距离，还可以研究什么样的距离呢？

生：点与线的距离、线与线的距离.

师：线与线的距离指的是两条平行线间的距离，它可以转化为点与线的距离，所以今天我们着重研究点到直线的距离（引入课题）. 首先，请同学们考虑一道具体的问题.

问题 1 求点 $P(1,2)$ 到直线 l：$x+y-5=0$ 的距离，你有哪些想法？

（课前老师准备好多种解法，课上当学生提到什么思路时，老师随即给出相应的过程. 此问题既是为了培养学生的发散性思维能力，也是为后面一般性问题的解决提供思路）

生 1：由点 P 向直线 l：$x+y-5=0$ 作垂线，垂足为点 Q，则线段 PQ 的长即为所求的距离（如图 8 所示）.

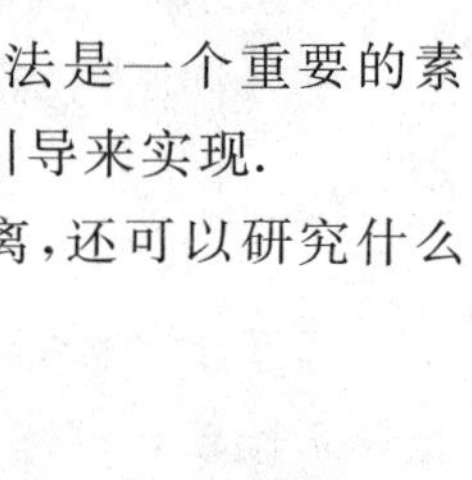

图 8

追问 那么如何求线段 PQ 的长呢？

生 1：先求出直线 PQ 的方程，然后解方程组求出点 Q 的坐标，再用两点间的距离公式即可求得.

师：直线 PQ 的方程为 $y=x+1$，可得 $Q(2,3)$，所以 $PQ=\sqrt{2}$.

提炼 生 1 运用了“求交点法”.

生 2：过点 P 作 x 轴的平行线，交直线 l 于点 M（如图 9 所示）. 在 $\mathrm{Rt}\triangle PQM$ 中，根据 PM 和 $\angle PMQ$ 的大小可求得 PQ 的长.

师：可得 $M(3,2)$，$\angle PMQ=45^\circ$，所以

$PQ=PM\cdot\sin\angle PMQ=(3-1)\cdot\sin45^\circ=\sqrt{2}$.

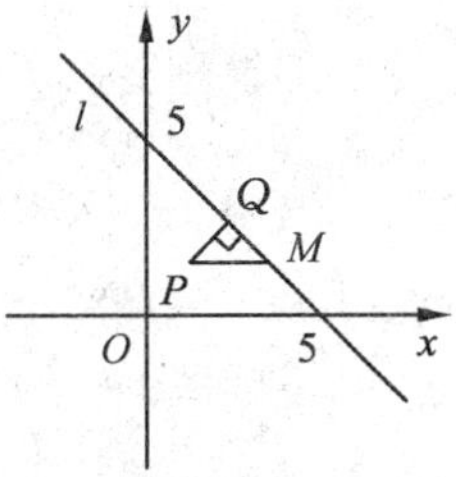

图 9

提炼 生 2 运用了“构造直角三角形法”.

生 3：过点 P 作 x 轴的平行线，交直线 l 于点 M，再过点 P 作 y 轴的平行线，交直线 l 于点 N（如图 10 所示）.

在 Rt△PNM 中，利用两种不同方法算面积，可求出 PQ 的长.

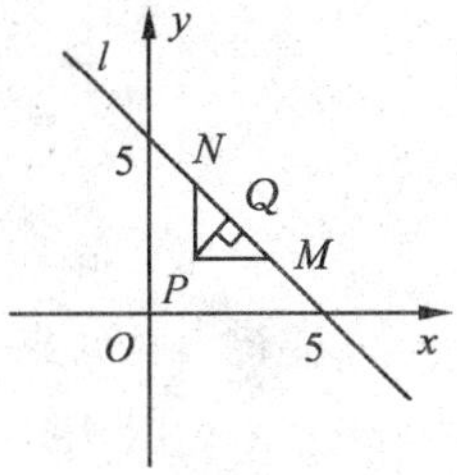

图 10

师：可求得 $PM=2,PN=2,MN=2\sqrt{2}$，

则 $PQ=\dfrac{PM\cdot PN}{MN}=\dfrac{2\times2}{2\sqrt{2}}=\sqrt{2}$.

提炼 生 3 运用了“等面积法”.

生 4：根据直线 l 的方程，可设点 Q 的坐标为 $(x,5-x)$，用两点间的距离公式表示出 PQ^2，则可转化为求函数的最小值问题.

师：因为 $PQ^2=(x-1)^2+(y-2)^2=(x-1)^2+(3-x)^2=2x^2-8x+10=2(x-2)^2+2\geqslant2$（当且仅当 $x=2$ 时取等号），所以 $PQ_{\min}=\sqrt{2}$.

提炼 生 4 运用了“目标函数法”.

师：同学们非常善于动脑筋，一下子给出了四种方法.

问题 2 一般地，如何求点 $P(x_0,y_0)$ 到直线 l：$Ax+By+C=0(A^2+B^2\neq0)$ 的距离呢？

（给足时间让学生自己去探究）

生 5：我运用的是等面积法.

过点 P 作 x 轴的平行线，交直线 l 于点 M，再过点 P 作 y 轴的平行线，交直线 l 于点 N（如图 11 所示）.

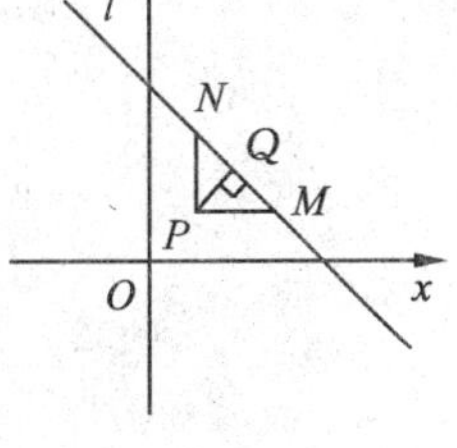

图 11

在直线 l：$Ax+By+C=0$ 中，

令 $y=y_0$，得 $M\left(-\dfrac{By_0+C}{A},y_0\right)$；令 $x=x_0$，得 $N\left(x_0,-\dfrac{Ax_0+C}{B}\right)$.

则 $PM=\left|\dfrac{Ax_0+By_0+C}{A}\right|$，$PN=\left|\dfrac{Ax_0+By_0+C}{B}\right|$，

所以，在 Rt△PNM 中，可得 $MN=\left|\dfrac{Ax_0+By_0+C}{AB}\right|\times\sqrt{A^2+B^2}$，

则根据等面积原理，得 $PQ=\frac{PM\cdot PN}{MN}=\frac{|Ax_0+By_0+C|}{\sqrt{A^2+B^2}}$.

追问 1 该求解过程有什么不严密的地方？

生：当 $A=0$ 或 $B=0$ 时，会出现分母为零的情况.

追问 2 如何完善？

生：这两种情况单独求解.

师：当 $A=0$ 时，如何？

生：此时 $B\neq 0$，直线 l：$y=-\frac{C}{B}$，所以 $PQ=\left|y_0+\frac{C}{B}\right|=\frac{|By_0+C|}{|B|}$，适合上式.

师：那么同理可说明当 $B=0$ 时，也适合上式.

追问 3 如果点 P 就在直线 l 上，上述结论还适用吗？

生：此时 $PQ=0$，还适用.

追问 4 有用其他方法解出结果的吗？

生 6：我用的是求交点法.

设直线 PQ 的方程为 $Bx-Ay+k=0$，将点 $P(x_0,y_0)$ 代入，得 $k=Ay_0-Bx_0$，所以直线 PQ 的方程为 $Bx-Ay+Ay_0-Bx_0=0$，目标是求 $PQ^2=(x-x_0)^2+(y-y_0)^2$.

令 $x-x_0=m$，$y-y_0=n$，$Ax_0+By_0+C=T$，则问题可转化为：

已知 $\begin{cases}Am+Bn+T=0,\\Bm-An=0,\end{cases}$ 求 $PQ^2=m^2+n^2$ 的值.

由方程组 $\begin{cases}Am+Bn+T=0,\\Bm-An=0,\end{cases}$ 解得 $\begin{cases}m=-\frac{AT}{A^2+B^2},\\n=-\frac{BT}{A^2+B^2},\end{cases}$

所以 $PQ^2=\left(-\frac{AT}{A^2+B^2}\right)^2+\left(-\frac{BT}{A^2+B^2}\right)^2=\frac{(A^2+B^2)T^2}{(A^2+B^2)^2}=\frac{T^2}{A^2+B^2}$,

从而 $PQ=\frac{|T|}{\sqrt{A^2+B^2}}\frac{|Ax_0+By_0+C|}{\sqrt{A^2+B^2}}$.

师：非常棒！这里巧妙地运用了代换法，不仅简化了运算，还省去了分类讨论. 相信同学们还有别的求解方法，这里不再一一展示了.

3.4 转化为反思性问题

对学习新知识、掌握新方法、解决问题等过程进行反思可促使学生的认识从懵懂走向清晰，从接受走向内化，从模仿走向自觉. 其间，既可以提炼思想、总结方法，也可以警示注意点等，从而可提升学生的数学素养．所以，数学教学中宜经常设置反思性问题．

案例 16 “随机变量及其概率分布”的小结①

本节课中研究问题的一些思想与方法对学生认识问题与解决问题有着重要的借鉴意义，需要把它们提炼出来，这是本节课的一个重要的素养目标．对于该目标的达成，可通过以下一些反思性问题的引导来实现．

问题 1 课上实现了一次从定性到定量的飞跃，体现在哪里？

问题 2 课上又实现了一次从静态到动态的飞跃，体现在哪里？

问题 3 课上还实现了一次从孤立到联系的飞跃，又体现在哪里？

(详见第六章教学设计案例 18)

总之，将教学目标转化为课堂问题应是值得提倡的一种做法．但上述种种转化策略仅是笔者的一孔之见，尚不完备，还有待进一步研究．同时，在实际教学中，要根据具体情况进行合理选用，这样才能达到较好的教学效果．

五、问题串的设计与运用②

2010 年 11 月 4 日我县举行了主题为“问题串的设计与运用”的高中数学教研活动．上午开设了四节公开课，课题为苏教版必修 1 第 2.5.1 节“函数的零点”；下午以这四节课为载体，围绕“问题串的设计与运用”这个主题进行了研讨．以下是本次活动的研讨纪要．

1. 问题串及其使用价值

所谓问题串，是指在教学中围绕具体知识目标，针对一个特定的教学情境或主题，按照一定的逻辑结构而设计的一连串问题．问题串也称问题链，是指满足以下三个条件的问题系列：(1) 指向一个目标或围绕同一个主题，并成系列；(2) 符合知识间内在的逻辑联系；(3) 符合学生自主建构知识的条件．在课堂教学中，针对具体的教学内容和学生实际，设置恰时恰点且适度合理的问题串，不仅可以引导学生步步深入地分析问题、解决问题、建构知识、发展能力，而且能优化课堂结构，提高课堂效率．

---

① 王克亮，徐卫东．随机变量及其概率分布的课例与点评[J]．中学数学教学参考(上旬刊)，2008(8)：5—9．

② 王克亮．开展学科主题教研活动的一次尝试与反思——关于“问题串的设计与运用”的研讨[J]．中学数学教学参考(上旬刊)，2011(1/2)：117—120．

在本次活动中,射阳中学孙宏坤老师面向三星级高中普通班开设的一节公开课,在学生的数学基础并不好的情况下,孙老师通过一些问题的引导,不仅顺利地完成了教学任务,而且学生表现得非常出色. 这节课上得很成功,应该说问题串的功劳不可抹杀. 所以,我们认为问题串在常态课的教学中也有较高的使用价值.

2. 本次活动中运用问题串的两个成功案例

案例 1 "函数的零点"概念的给出

对于"函数的零点"这个概念,孙老师的课上是通过下列四个问题的引导自然给出的.

问题 1 从不同的角度看 $y=2x-1$,你有什么样的理解?

问题 2 在 $y=2x-1$ 中,令 $y=0$,得 $x=0.5$,你对 $x=0.5$ 又有怎样的理解?

问题 3 对于一般的函数 $y=f(x)$,你认为该如何定义它的零点呢?

问题 4 已知函数 $y=f(x)$ 的图象如图 1 所示,你能说出这个函数的零点是什么吗?有两种答案可供选择:(1)$x_1=0,x_2=1,x_3=2$;(2)(0,0),(1,0),(2,0).

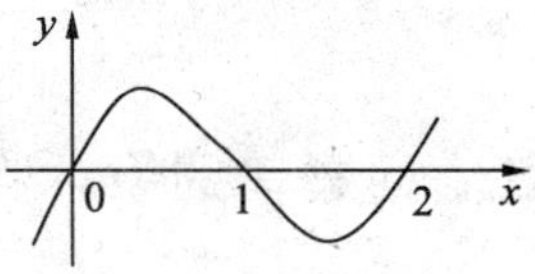

图 1

(详见第六章教学设计案例 8)

评注: 上述 4 个问题的设置不仅蕴含了从特殊到一般的研究思想,还包含了对概念的辨析,更强化了函数的零点的几种等价理解,使得该概念的教学自然、到位、深刻.

案例 2 "零点的存在性定理"的生成

对于"零点的存在性定理",孙老师是在现场实验的基础上,运用几个问题驱动学生理性思考而自然生成的.

师:下面我们来探究函数在什么条件下有零点. 请大家做一个实验:每位同学的桌上都有一支笔芯和一条细线,如果我们把笔芯所在直线假想成 x 轴,把细线当成函数的图象,现请你将细线和笔芯放在桌面内,保持笔芯固定不动,活动细线的两个端点(记为 A,B),观察细线与笔芯的交点的个数,思考下列问题:

问题 1 如果 A,B 在笔芯的异侧,那么细线和笔芯所在直线的交点有几个?

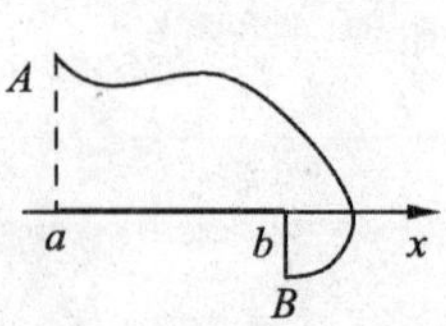

图 2

生 1:一个.

追问 为何?

生 1：因为细线的两个端点在笔芯的异侧，所以细线必定要穿过笔芯所在直线．

师：图 2 这种情况算不算？

生 1：不算，因为这不是一个函数的图象．

师：所以，细线穿过笔芯所在直线的点应该落在哪里？

生 1：落在 a，b 之间．

师：很好！那么图 3 这种情况算不算？

生 1：算的．噢，应该是至少有一个交点．

师：也就是说，此时函数在 a，b 之间一定有零点．

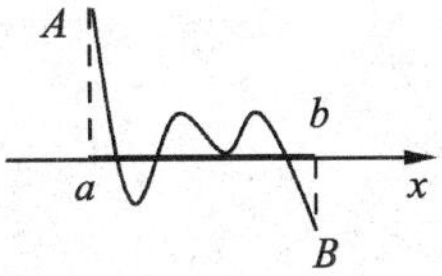

图 3

问题 2　如果 A，B 在笔芯的同侧，那么细线和笔芯所在直线的交点有几个？

生 2：不能确定，可能没有，也可能有．

追问　如果有，交点个数能确定吗？

生 2：也不能确定．

师：很好！

问题 3　满足什么条件时，细线和笔芯所在直线一定有交点？

生 3：细线的两个端点在笔芯的异侧．

师：如果细线断了，还能保证吗？

生(众)：不能．

师：那还得加上什么条件？

生(众)：细线要是连着的．

师：这个状态我们可以用一个数学术语来描述，叫作“不间断”．

问题 4　结合函数的零点的概念，我们可以用怎样的数学语言来表达上述结论？

生 4：如果函数 $y=f(x)$ 满足 $f(a)$ 与 $f(b)$ 为一正一负，且函数 $y=f(x)$ 在区间 $[a,b]$ 上的图象不间断，那么该函数在区间 $[a,b]$ 上一定有零点．

师：很好！现在我们用一个不失一般性的具体函数 $f(x)=\frac{2}{3}x^3+\frac{1}{2}x^2-2x+1$ 来验证一下该结论是否正确(老师用几何画板取多个不同的区间来验证，略)．至此，我们可以确定刚才的结论是正确的，这正是函数零点的存在性定理(板书定理，略)．下面我们对该定理做一个反思：

(1) “不间断”这一条件能去掉吗？

(2) 在这个条件下，得到的零点唯一吗？

(3) 反过来，有零点一定能推出 $f(a)\cdot f(b)<0$ 吗？

(4) 如果 $f(a)\cdot f(b)>0$，就一定没有零点吗？

(学生充分思考后，组织交流，略)

评注 在实验的基础上，教者利用 4 个问题引导学生建构出了函数零点的存在性定理，毫无疑问，这个过程是直观的，结论是自然的，理解是深刻的.

3. 本次活动中使用问题串存在的一些问题

3.1 未能以显性形式给出问题串

个别课上，问题串的给出只是老师口头上的一带而过，让人感觉不到这是问题串.既然是问题串，还是以显性的形式给出比较好，如标出问题 1，问题 2，…，这样做的好处是比较醒目，以便学生能集中注意力来思考这个问题.同时，还能便于学生感悟到问题间的递进关系.

3.2 未能区分问题串与一般问题

问题是数学的心脏，应该说每节数学课都离不开问题. 问题串不同于一般的数学问题，它是围绕一个主题或一个大问题而设计的一连串子问题，应体现出“链”. 一节课可能有一个或几个大问题，为了解决这些问题，我们可以在每个大问题下设置问题串. 活动中的个别课上，教者只是设置了一些大的问题，没有针对这些问题设计相应的问题串.

3.3 问题的设置脱离了学生实际

在其中的一节课上，出现的第一个问题是：已知 $f(x)=x^2+x+2$，$g(x)=3x+1$，(1) 方程 $f(x)=g(x)$ 的实数解为________；(2) 函数 $y=f(x)$，$y=g(x)$ 两图象交点的横坐标为________.

对于这里的第(2)小题，尽管老师及时给出了提示，但不少学生仍对方程组 $\begin{cases}f(x)=x^2+x+2,\\ g(x)=3x+1\end{cases}$ 一筹莫展. 究其原因，是因为学生缺乏必要的认知基础.

3.4 问题的表述欠明确或欠妥帖

活动中，出现了这样的问题：函数 $y=f(x)$ 在某个区间上是否一定有零点？在怎样的条件下，$y=f(x)$ 一定有零点？因为这个问题的条件欠明确，学生不易抓住着力点，所以就缺少了相应的引导功能.

又如，像“我们如何对方程 $f(x)=0$ 的根与函数 $y=f(x)$ 的图象的关系作进一步的阐述？”这个问题提问的对象似乎不是学生而是老师自己，表述的语气欠妥帖.

3.5　把问题串异化为灌输的载体

活动中，有的课上出现了这样的问题串：

观察二次函数 $f(x)=x^2-2x-3$ 的图象，请思考：

问题 1　函数 $f(x)$ 在区间 $(-2,0)$ 上是否有零点？________；$f(-2)=$ ________，$f(0)=$ ________，$f(-2)\cdot f(0)$ ________ 0（填“$>$”或“$<$”）.

问题 2　函数 $f(x)$ 在区间 $(2,4)$ 上是否有零点？________；$f(2)=$ ________，$f(4)=$ ________，$f(2)\cdot f(4)$ ________ 0（填“$>$”或“$<$”）.

问题 3　通过以上计算，你能得到什么样的结论？

是怎么想到计算这些函数值并考察两个函数值乘积的正负的？让人听了有强行入轨的感觉．有时，课堂看上去轰轰烈烈，但学生没有任何的思维量，只是被老师当成运算的工具而已．可以说，这样的问题串已异化为灌输的载体．

4．对设计与使用问题串的几点感悟

4.1　问题串的使用要立足学生实际

设计与运用问题串是一种教学策略，意图是要搭建一个平台，把学生推到解决问题的前台．既然是以学生为主体，问题串的设计当然得要针对学生的实际．一是要立足学生的认知基础，问题的提出要建立在学生已有知识与方法的基础之上；二是要立足学生的数学基础，不同层次的学校与班级，围绕同一个主题而设计的问题串应有所不同，对于基础比较薄弱的学生，在设计问题串时则要做到起点低些、步子慢些、难度小些、答案少些．

4.2　根据需要设计多样化的问题串

在实际教学中，我们可以根据不同的教学环节或不同的教学需要来设计多样化的问题串．例如，在课题引入中可设计生活化的问题串，把问题串与学生实际或学生已有的生活经验联系起来，为问题串提供生活背景，这样不仅能营造轻松的教学氛围，还有利于激发学生旺盛的求知欲；在知识建构中可设计精细化的问题串，把问题化大为小，化抽象为具体，精细成具有一定梯度和逻辑结构的问题串，使学习的目标具体化，知识的构建层次化，思维的活动缜密化，以获得较为清晰的新知；在概念辨析中可设计比较性的问题串，引导学生分析与对比，抓住知识的共性和个性，有利于学生甄别知识之间的细微差别；在问题解决中可设计探究性的问题串，对问题提供的信息进行重组或深度加工，引导学生挖掘问题的本质特征，不断探索解决问题的方法和策略；在例题教学中可设计变式性的问题串，改变问题的结构、条件或设问方式等，通过对一系列“新”问题的解决，培养学生的发散性思维能力与提炼归纳能力等.

4.3　把握好设计问题串的几个原则

首先是难度的适宜性. 问题不能太难,要符合学生的一般认知规律、身心发展规律,要在学生思维的最近发展区内,不能让学生有望而生畏之感;问题也不能太简单,不能让学生有不动脑筋就能轻易答出的懈怠,要让学生感到“三分生,七分熟,跳一跳,摘得到”. 其次是层次的递进性. 设置问题串的目的是引导学生思考,问题与问题之间应有一种层层递进的关系. 再次是目标的指向性. 从教者的角度来看,每组问题串要有明确的意图,围绕某个主题展开. 通过对一系列问题的解决,要能够让学生自我建构出相关的数学概念或原理. 最后是设问的自然性. 问题的设置不能过于生硬,让人感受不到其自然性,琢磨不透是怎么想到这个问题的.

4.4　把握好问题串几个方面的“度”

首先,要把握好子问题的梯度与密度. 问题串中子问题的梯度过大或密度过小,容易造成思维障碍,影响教学的顺利推进;相反,子问题的梯度过小或密度过大,容易造成思维量过小,使得思维价值缺失. 其次,要把握好问题的启发与暗示度. 问题的启发与暗示度过大,则其思维含量就会降低;相反,问题的启发与暗示度过小,则可能造成课堂气氛沉闷,影响教学效果. 最后,要把握好问题的开放与封闭度. 问题过于开放,答案五花八门,甚至可能连老师自己都无法界定其正误,则会难以收场;但如果全都是封闭性的问题,学生的创新思维就得不到应有的训练与提高.

六、提升课堂问题思维价值的常用策略①

为了透视当前高中数学课堂中老师们所设计的问题存在着哪些不足,并寻找其优化与改进的策略,2016 年 4 月和 5 月我县先后举行了两次这样的主题教研活动,依托“圆与圆的位置关系” 和“等差数列”这两节课分别开设了 6 节观摩课,以下是我们的一些研讨纪要与共识.

1. 当前课堂问题存在的一些不足

1.1　碎问

有些课堂问题接二连三地出现,偏多偏碎,学生被动地跟着老师走,思维没有机会深入,学生的主体地位不能得到充分凸显,问题的思维价值有点

① 王克亮. 提升课堂问题思维价值的策略初探——从两次县高中数学主题教研活动中获得的启示[J]. 数学通报,2017(2):30－32(转 61).

缺失.

案例 1　圆与圆的位置关系

在这节课上，就两个圆有哪几种位置关系，有的老师设置了如下一些问题：

问题 1　圆与圆的位置关系有哪几种?

问题 2　圆与圆的位置关系与它们的公共点个数之间有何关系?

问题 3　两圆的位置关系与它们的圆心距及两个半径之间有何关系?

问题 4　两圆公切线的条数与它们的位置关系之间有何关系?

问题 5　两圆相切时，切点与两个圆心的位置有何特殊性?

问题 6　两圆相交时，公共弦所在直线与两圆心的连线的位置关系如何?

评注　这里的 6 个问题都限于讨论两个圆的位置关系及其特征，不少问题比较接近，思维的跨度与发散度不大，显得有些多而碎.

1.2　浅问

有些课堂问题简单浅显，学生一看便知，或者学生不需要作深入思考即可得到答案. 可有时这恰恰又是本节课的一个重要内容，不得不为之专门设置一个问题.

案例 2　等差数列

对于等差数列概念的给出，在 6 节观摩课上，老师们都是这样处理的：即先列举几个实例，然后提出一个问题，引导学生从多个实例中抽象出等差数列的概念. 例如：

(1) 第 26 届到第 31 届奥运会举行的年份依次为

1996，2000，2004，2008，2012，2016.

(2) 一堆钢管共 5 层，最下面一层是 5 根，上面一层总比下面一层少 1 根，则从下往上数，每层的根数分别为

5，4，3，2，1.

(3) 某电信公司的一种计费标准是：通话时间不超过 3 分钟，收话费 0.2 元，以后每分钟收话费 0.1 元，则通话费按从小到大的次序排列依次为

$0.2, 0.2+0.1, 0.2+0.1\times 2, 0.2+0.1\times 3, \cdots$.

(4) 如果 1 年期储蓄的月利率为 1.65‰，那么将 10000 元分别存 1 个月，2 个月，3 个月，…，12 个月，所得的本利和依次为

$10000+16.5, 10000+16.5\times 2, 10000+16.5\times 3, \cdots, 10000+16.5\times 12$.

问题 上面这些数列有什么共同的特点？

评注 该问题是苏教版教材中提供的范问，有较好的启发性与过渡作用. 但该问只涉及特征观察与简单抽象，尚未涉及深层次的思维，因而相对比较浅显. 教学中如果仅限于此问，似乎还没有发挥其应有的价值.

1.3 浮问

有些课堂问题本身并不缺少思考与探究的价值，但在具体教学中，老师只是做一般性的处理就结束了，浮光掠影，未能将问题继续引向深入.

案例 3 圆与圆的位置关系

在本节课上，明确了两个圆具有哪几种位置关系之后，接下来的任务就是借助解析几何的方法来判断两个圆的位置关系了，这是本节课的核心内容. 在 6 节观摩课上，老师们都提出了如下问题或类似问题：

问题 如何判断两个圆的位置关系？试以下面的两题为例进行探究.

(1) $(x+2)^2+(y-2)^2=1$ 与 $(x-2)^2+(y-5)^2=16$；

(2) $x^2+y^2+6x-7=0$ 与 $x^2+y^2+6y-27=0$.

对此，学生容易想到的方法是“判断圆心距 d 与两圆半径 R，r 之间的关系”. 在一些观摩课上，当学生回答出这样的方法之后，老师引导学生将上述问题一般化就过去了.

评注 解析几何中处理与圆相关的问题通常有两类方法，即几何法与代数法. 因为圆的特殊性，在运算上通常是几何法更为简便，所以很多老师习惯上只重视几何法的教学，对代数法往往只是提及或者就略去不讲. 事实上，代数方法更能体现解析几何的本质，可为后面进一步学习圆锥曲线埋下伏笔，所以上述处理方法欠妥，未能将问题推向高潮，留下了一些遗憾.

1.4 缺问

有些课堂，教者有明确的问题意识，也能用问题贯穿整个课堂，但在一些需要升华的地方却缺少问题的支撑.

案例 4 等差数列

在苏教版教材中，等差数列的通项公式是本大节中第 2 小节的内容，所以按教材的编写意图，在等差数列第 1 课时的教学中不一定要进行通项公式的教学. 但在 6 节观摩课中，有 5 位老师讲了通项公式的推导方法及公式的应用，或许这些老师认为，第 1 小节的内容较少且较简单，没有什么嚼头，只有讲解等差数列的通项公式才能体现出精彩.

评注 事实上，所有与会老师都认为，没有讲解第 2 小节内容的那节课反而是最精彩的. 对比之后我们发现，上述 5 节课留有遗憾的原因是他们在一些可提升的点上没有置问，未能对相关知识及时进行升华.

2. 提升问题思维价值的策略初探

2.1　多问融成一问

优化碎问的策略是对一些零碎问题进行恰当整合，尽量把多个性质相同或相近的问题融合成一个大问题. 问题变少变整了，其提示的因素就减少了，自然可发散学生的思维. 当然，对一些问题进行融合也是需要技巧的，要将它们的共同属性抽出来.

案例 5　案例 1 的改进

因为案例 1 中的 6 个问题都是关于两个圆的位置关系及其几何特性的，所以可将其融合为下面的一个问题：

问题　两个圆的位置关系有哪几种？它们分别有哪些特性？

评注　问题的前一半是按教学目标设定的，它起到了回顾的作用，因为初中已讨论过两个圆的位置关系；问题的后一半融合了案例 1 中的问题 2～问题 6，因为它没有给学生指明回答的方向，所以在探究过程中学生可能会从多个角度来思考这个问题，甚至还可能出现上述几个问题中没有涉及的几何性质，这样就大大提高了问题的思维含量.

2.2　合理添加缀问

优化浅问的策略自然是加深问题的难度，但如果某个浅问是经典的，不便轻易改动，那么不妨在其后缀上一问，以提升思维含量. 当然，缀上什么样的问题是需要教者好好设计的，既要保证问题前后的和谐性，又要能引发学生的思考与探究.

案例 6　案例 2 的改进

在列举案例 2 中同样几个实例的基础上，可提出如下问题：

问题　上述数列有何共同特点？如何表示出这样的特点？

评注　因为前一半问题是教材提供的范问，而且它又具有很好的引导作用，所以教学中应该坚持使用. 当缀上“如何表示出这样的特点？”这个问题之后，就能给学生创设一定的思考与探究的空间，因为至少有以下几种方法可表示出这样的特点：

(1) 文字表示法：从第二项起，每一项与前一项的差为常数. 这种表示方法可自然引出等差数列的定义.

(2) 符号表示法：当 $n\in \mathbf{N}^*$ 时，$a_{n+1}-a_n=d$(常数)；或者当 $n\in \mathbf{N}^*$ 且 $n\geqslant 2$时，$a_n-a_{n-1}=d$(常数). 这种表示方法是等差数列定义的数学符号语言的直译形式，是证明一个数列为等差数列最直接的依据.

(3) 连等表示法：当 $n\in\mathbf{N}^*$ 时，$a_{n+1}-a_n=a_{n+2}-a_{n+1}$. 这种表示方法是等差数列定义的等价表示形式，是证明一个数列为等差数列的又一依据.

(4) 中项表示法：当 $n\in\mathbf{N}^*$ 时，$a_{n+1}=\dfrac{a_n+a_{n+2}}{2}$. 这种表示方法是连等表示法的变形，与后面等差中项的知识相对应，也是证明一个数列为等差数列的常用依据.

2.3　适时进行追问

既然浮问对问题的处理不够深入，犹如蜻蜓点水，未能将问题的价值尽可能地发挥出来，因而其优化的策略是在解决问题的过程中适时地加以追问，在不断的追问中将问题的价值尽可能地释放出来.

案例 7　案例 3 的优化

在学生给出了解决问题的几何方法之后，老师可做如下追问：

追问 1　类比直线与圆的位置关系的处理方法，还有其他想法吗？

意图　引导学生运用代数方法来处理，即联立 $\begin{cases}(x+2)^2+(y-2)^2=1,\\(x-2)^2+(y-5)^2=16,\end{cases}$ 两式相减，得 $4x+3y-3=0$，将此式代回到方程组中某个圆的方程，消元后，得一元二次方程，看其判别式 Δ 的正负情况.

对于第(1)小题，可得 $\Delta=0$，即两圆有且只有一个公共点，相切是肯定的，但还不能判定是外切还是内切. 类似地，当 $\Delta<0$ 时，两圆无公共点，但还不能判断是外离还是内含，即这两种情况下位置关系的判定还要结合图形的具体情况. 对于第(2)小题，因为 $\Delta>0$，两圆有两个不同的交点，可断定两圆是相交的. 所以，代数方法是可行的，但对于有些位置关系来说还要结合其他手段来判断.

课堂上，如果仅提到这样的代数方法就结束了，还是有点遗憾，此时，我们可以做如下进一步的追问：

追问 2　对于第(1)小题，两圆的方程相减，所得结果是一条直线，无论其代回到哪一个圆的方程中，结果都是相切的，说明该直线有什么样的特殊性？

意图　引导学生发现这条直线就是两圆的公切线，在此基础上，可再做如下追问：

追问 3　在第(2)小题中，两圆的方程相减所得直线方程无论代回到哪个圆的方程中，所得结果都是相交的，此时你有什么样的猜想？如何验证你的猜想？

意图 引导学生猜想这条直线是两个圆的公共弦所在直线，并通过设出两圆交点坐标的方法来验证.

评注 这里通过三次适时的追问，不仅介绍了代数方法，完善了方法体系，体现了解析几何的本质，还顺利地过渡到了后面常用的结论中，可借机处理一下教材中的类似问题.

2.4 升华处可置问

改进缺问的策略自然是补上重要之问，即当课堂进行到可以对相关内容进行合理升华的时候，老师要及时置问，将研讨引向更高境界. 当然，在什么地方升华与置问，还是需要教者在课前备课时认真研究与设计的.

案例 8 案例 4 的优化

在介绍了等差数列的定义之后，可从其定义的符号语言出发提出如下问题：

问题 1 你能判断下列数列是否为等差数列吗？你从中发现了什么？

(1) $a_n=0$；(2) $a_n=n^2$；(3) $a_n=-2n+4$；(4) $a_n=3n+1$.

意图 问题的前一半是想让学生运用等差数列定义的符号语言来判断所给数列是否为等差数列；问题的后一半是想借机做一个升华，引导学生猜想出"$a_n=pn+q$(p,q 为常数)型的数列一定是等差数列"这个结论.

为了给下节课做铺垫，这里还可以顺势介绍如下结论：

事实上，反之也是成立的，即等差数列的通项公式一定也是 $a_n=pn+q$ (p,q 为常数)型的，所以其图象是一群孤立且共线的点. 下节课我们将要学习这个内容，这里先了解一下.

另外，在课堂的总结阶段也有升华的契机，可提出如下问题：

问题 2 通过本节课的学习，请总结一下，判断等差数列的常用方法有哪些？

意图 将本节课的前后内容串联起来，明确判断等差数列的三类常用方法：

(1) 定义型方法：即验证 $a_{n+1}-a_n(n\in\mathbf{N}^*)$ 或 $a_n-a_{n-1}(n\in\mathbf{N}^*$ 且 $n\geqslant 2)$ 是否为常数(与 n 无关的数).

(2) 性质型方法：即验证 $a_{n+1}-a_n=a_{n+2}-a_{n+1}$ 或 $a_{n+1}=\dfrac{a_n+a_{n+2}}{2}(n\in\mathbf{N}^*)$ 这些等式是否成立.

(3) 特征型方法：即看其通项公式是否为 $a_n=pn+q$(p,q 为常数)型，或其图象是否为直线型[将来还可以看其前 n 项和是否为 $S_n=An^2+Bn$

(A,B 为常数)型].

总之,碎问、浅问、浮问、缺问这些存在的不足及其改进的策略仅是笔者对当前高中数学课堂问题的肤浅认识,更多存在的不足还有待于我们进一步观察与探讨,其优化的策略还有待于我们不断地进行思考与实践.

第四章　数学教学中“问题”的解决

有了好的课堂问题还远远不够，问题价值的体现还要看问题解决的过程能否将其充分发挥出来，所以问题的解决也是课堂教学的重要一环．本章主要阐述课堂问题解决的常见方式与途径，以及一些教学体会．

一、课堂问题解决的常见方式及途径①

一般意义下的“问题解决”指的是按照一定的目标，应用各种认知活动，经过一系列的思维操作，使问题得以解决的过程．用认知心理学的术语来说，问题解决就是在问题空间中进行搜索，以便从问题的初始状态达到目标状态的思维过程．所谓问题空间，是指问题解决者对所要解决的问题的初始状态和目标状态，以及如何从初始状态过渡到目标状态的认识．

笔者认为，基于“问题驱动”的课堂教学中的问题解决，是指当老师或学生提出问题后，学生（或师生共同参与）思考问题、探究问题，直至解决问题的过程，通常要得到明确的答案与结果．

1．课堂问题解决的途径与方式的含义

所谓课堂问题解决的途径与方式，即指在课堂教学中，当问题明确后，教师如何引导学生进入思维状态，问题的答案与结果如何展示，教师的角色与作用又是什么，怎样做才能尽可能地发挥学生的主体作用，如何处理比较有效，等等．

2．课堂问题解决的常见途径与方式

在高中数学课堂上，课堂问题解决的途径与方式主要有以下几种：

（1）学生独立解决．这种解决方式通常是老师明确问题后，不做任何提示，学生通过独立思考、自主学习、自我演算、独自探究等途径解决问题．常见的方式有：集体回答、个别回答、学生板演、学生展示、投影成果等．

（2）师生共同解决．这种解决方式通常是老师明确问题后，学生独立思

① 节选自2015年笔者在江苏省中小学教学研究室“教学新时空”中的讲稿．

考与老师启发相结合，最终解决问题．常见的方式有：师回答生呼应、师启发生回答、生回答师追问、生回答师板书、生回答师纠错、生回答师改进等．

(3) 学生合作解决．这种解决方式通常是老师明确问题后，学生先独立思考一会儿，然后小组内合作交流，直至解决问题．常见的方式有：生回答生补充、生回答生纠错、生板演生纠错等．

3．**课堂问题解决的途径与方式的合理选用**

在实际教学中，课堂问题解决的途径与方式的选择取决于以下几个方面的因素：

(1) 学生的基础．通常，如果学生的数学基础较好，那么更多地应选择学生独立解决问题的方式；而如果学生的数学基础一般或较差，那么更多地应选择师生共同解决或学生合作解决问题的方式．

(2) 问题的难度．如果问题难度较小，通常可一带而过；如果问题难度中等，通常可让学生“跳一跳”，尽量让他们自己去解决问题；如果问题难度较大，则宜共同解决，甚至可以分散难点，或做必要的铺垫或启发等．

(3) 问题的思维价值．对于有较高思维价值的问题，如一节课当中的核心问题，最好让学生独立解决或合作解决，只有当学生遇到困难且无法解决时，老师才做适当的提示以搭建必要的“脚手架”，但最终仍由学生自己解决问题．

二、教师在问题解决过程中的角色与作用①

笔者认为，在“问题驱动”下的课堂教学中，教师的主导作用不是削弱了而是提高了，其角色与作用主要体现在以下几个方面：

(1) 营造氛围．“问题驱动”下的课堂教学是以学生主动参与学习为前提的，这有赖于团结互助的学习环境．为此，老师要营造民主、宽松、和谐的课堂氛围，以有利于学生主体的活化与能动性的发挥．

(2) 调控启发．在课堂教学中，教师不仅要运用各种途径和手段启发学生的思维，还要能“眼观六路，耳听八方”“听其言，观其行”，接收从学生身上发出的反馈信息，并及时做出相应的控制调节．对于学生普遍感到有困难的问题，老师要给予恰当的启发．

(3) 个别指导．因学生个体存在差异，在自主学习的过程中，有的学生

---

① 节选自2015年笔者在江苏省中小学教学研究室“教学新时空”中的讲稿．

会出现这样或那样的困难，此时，教师可以进行个别指导．个别指导的过程要体现出教师的爱心、真心，这有助于师生之间的沟通交流，有助于形成民主和谐的课堂气氛，这样做往往能产生意想不到的教学效果．

（4）反馈评价．对于从学生那里获得的反馈信息，教师应做出及时而准确的评价．教师恰到好处的表扬与赞许能使学生的思维活动得到强化，而教师恰如其分的批评或否定，也会使学生的错误思维得到及时纠正．

三、课堂问题解决过程中通常需要注意的问题①

笔者认为，在课堂问题解决的过程中，通常要注意以下几个方面的问题：

（1）迟现课题．在新授课中，课题的过早出现有时对学生会有提示作用，会削弱问题的探究价值．所以在课堂上，建议等到相关概念与原理生成之后才将课题逐步示出．若制作课件，开头也尽量不要出现课题．

（2）不要预习．对于新授课来说，课前预习了，不仅会出现学生不用动脑筋就能知道一些问题的结果，而且还会出现在时机未成熟之前就有学生说出新的概念或原理的现象，破坏了知识的自然生成．所以，教学新授课不宜布置学生预习．

（3）明确问题．要达到探究的效果，首先要引起学生的充分注意，老师可以说“下面请大家思考这样的一个问题”或“请看问题×”；其次，问题的给出要清楚醒目，表达要干脆，尽量不重复，有条件的可用投影显示出来．

（4）充分思考．问题给出后必须留有足够的时间让学生思考，一般地，有探究价值的问题的思考时间应不少于20秒钟．学生思考时，老师尽量不作任何提示，以免干扰和束缚学生的思维．若采用合作学习的方式，则应在个人充分思考的基础上再进行互相交流．

（5）及时评价．对于学生的回答，老师要及时做出点评．除了要明确学生的答案是否正确外，通常还要深层次地评价学生的思维状况，如其想法是否合理、哪些具有可行性等．更多的，老师要从鼓励的角度来肯定学生的见解．

---

① 节选自2015年笔者在江苏省中小学教学研究室“教学新时空”中的讲稿．

四、问题探究要建立在充分体验的基础之上①

如何有效开展课堂的探究活动的确是困扰我们广大一线教师的实际问题. 众所周知,从学生长远发展的角度来看,要经常组织一些课堂探究活动,但这样做会影响正常的教学进度,因为探究活动组织得不好就会出现冷场的现象. 那么,如何做才能使得探究活动得以顺利进行呢?

“数系的扩充”这节课,笔者上过多次,最初是在四星级高中强化班上了县教研员开放日示范课,然后是在三星级高中上了市教研员课堂教学展评课,后来又在省“教学新时空”中上了公开课. 几次重复授课,笔者从中获得的最大体会是问题探究要建立在充分体验的基础之上,具体有以下一些启示.

1. 找准合适的探究切入点

普通高中数学课程标准指出:“学生的数学学习活动不应只限于接受、记忆、模仿和练习,高中数学课程还应倡导自主探究、动手实践、合作交流、阅读自学等学习数学的方式.” 所以在教学过程中,我们应尽量设置一些探究活动,使学生的学习过程成为在教师引导下的“再创造” 过程. 但抽象的思考往往会使学生感到无从下手,所以课堂探究活动必须依赖于直观的载体作为探究的切入点.

在“数系的扩充”这节课上,笔者选用的探究的切入点是几个无解的一元二次方程,如 $x^2+1=0$, $x^2-2x+5=0$, $2x^2+x+2=0$ 等,这些方程学生非常熟悉,易于验证它们在实数集内无解,因而“数集受限与方程有解”的矛盾显而易见,能很快激发起学生的探究兴趣与探究欲望. 而且,让学生感觉到伸手可触,真实可信.

2. 确定给力的探究着力点

学生是探究的主体,让绝大多数学生能参与进来的探究才是真正的探究. 所以问题的设计要从保护学生的积极性与提升学生的信心入手,不能刚开始就一棍子把学生打闷. 为此,我们老师需要确定好探究着力点. 笔者认为,探究宜从体验开始,让学生在体验中找感觉,并逐步感悟到其中的道理.

在“数系的扩充”这节课上,笔者确定的探究着力点是求解上述几个无

① 王克亮. 思想与文化并重 探究与体验并行——再上“数系的扩充”的体会与感悟[J]. 中学数学教学参考(上旬刊),2013(1/2):17-20(收录时有改动).

解的一元二次方程，这几个方程所有学生都很熟悉，人人都能上手. 在求解过程中，学生从解一元二次方程的一般步骤出发，通过配方发现，左边是完全平方，但右边却是一个负数，从而找到了这些方程在实数范围内无解的根源. 在老师的启发下，上述方程都可以变形为$(X)^2=-1$的形式. 这样，主要矛盾就出现了，只要该方程有解，上述所有方程有解的问题就迎刃而解了，如此可自然引出虚数单位 i，即引进一个新数 i，它就是方程$(X)^2=-1$的根. 所以，从解方程的角度出发，可保证这节课的探究活动得以顺利开展.

3. **突出切题的探究核心点**

学生的探究活动应围绕一节课的核心内容展开，即通过问题的引导，要让学生自己能够建构出相关的概念或结论.

“数系的扩充”这节课的核心内容是实数系的扩充，所以本节课上，笔者设置的核心探究点是：应该给虚数单位 i 做哪些合理的规定.

有专家直言，“数系的扩充”这节课，对于虚数单位 i 的几个规定，如果是老师直接讲给学生的，那就是一节失败的课；而如果是学生在老师的引导下自己探究出来的，那就是一节成功的课.

为了保证课上学生能探究出这些规定来，在一起回顾了数的发展简史之后，笔者引导学生提炼了数系扩充的三个原则：进步性——能解决在原有数集中不能解决的矛盾；引新性——引进一个新数来解决矛盾；可算性——新引进的数可以与原数集中的数进行加、减、乘、除运算，且加法和乘法的运算律保持不变. 其中，可算性比较难叙述，所以，在数系扩充原则的提炼中，笔者先示范叙述了“在自然数集中添加负整数”与“在整数集中添加分数”这两个例子，然后让学生对“在有理数集中添加无理数”做类似表述，这样到了学习“在实数集中添加虚数单位 i”时，学生说出相关规定就不成问题了. 引进了虚数单位 i 之后，上述方程就都有解了，从这些解中可自然地抽象出复数的代数形式，进而得到复数的相关概念.

4. **挖掘隐含的探究活力点**

有时，一个不起眼的内容也能激发学生的探究热情，增强课堂的探究活力. 所以，作为老师，一方面我们要更新自己的教学理念；另一方面也要善于挖掘这样的探究活力点.

在“数系的扩充”这节课上，对于复数的分类，笔者并没有直接告诉学生，而是让学生根据复数的代数形式写出一些复数来，然后再进行归类. 事实上，对于$a+bi(a,b\in\mathbf{R})$来说，让学生写出不同的复数时，学生的思维往往局限在a,b取什么数值上，如从取整数变成取分数，再变成取无理数等，而要写出"$a(a\in\mathbf{R})$"或"$bi(b\in\mathbf{R})$"这两种特殊的形式,需要多个同学不断补充才能完善. 所以不经意间一个课堂小高潮就出现了.

(以上教学实录,详见第六章教学设计案例10)

总之,只有让学生先行体验,课堂探究活动才能得以顺利开展. 另外,在实施问题探究时,我们既要相信学生,更要了解学生和顺应学生.

在盐城市教研员课堂教学展评课的前一天,笔者曾为要不要布置学生预习纠结了近半个小时. 如果不预习,担心有些问题学生可能答不出来,会影响教学的顺利开展;如果预习了,问题的探究价值将会明显降低,课堂的真实性会大打折扣. 最终,笔者还是决定不用已经印好的预习讲义,努力上一堂原生态的探究课. 实践表明,学生的表现远远超出我的想象,每个问题都探究得很到位,所以我们有充分的理由相信学生!

其实,上述担心也并非空穴来风. 赛前,笔者根据县教研员开放日公开课的教学设计进行试上时,发现不仅课堂严重超时,而且有些问题学生根本就答不出来. 后来经过认真反思,发现失败的根源还是自己的教学设计未能切合学生的实际. 所以决定通过先行体验、降低难度和增设铺垫等手段来解决这个问题. 比如,当发现大多数学生对"这几个方程在实数集里没有解的根源是什么"这个问题不知所措时,将其改成了体验性问题"试着求解这几个方程,你能发现它们在实数集里算不下去的原因吗";当发现很多学生对"要想这几个方程都有解,最终可归结为要求哪一个方程有解"这个问题一筹莫展时,就降低了其难度,改为"这些方程都能转化为$(X)^2=-1$这个基本的形式吗? 由此,你发现要想这些方程都有解,最终可归结为要求哪一个方程有解";又发现学生不能具体说出"i的可算性"这个合理规定时,就在历史回顾中对其作了详细的隐性提示;等等. 如此,保证了所设置的问题与学生的认知水平相匹配,都在学生的最近发展区内,这才使得探究活动得以顺利进行.

五、课堂问题的设计与解决应凸显知识本质①

2016年11月24日,在盐城市高中数学基础年级教学研讨会上,笔者开设了课题为苏教版普通高中课程标准实验教科书必修4第1.2.3节"三角函数的诱导公式(第1课时)"的公开课. 笔者的最大体会是课堂教学要凸

① 王克亮. 课堂问题的设计与解决应凸显知识本质——一次主题教研活动中"三角函数的诱导公式"的教学体会[J]. 数学通报,2017(5):11-14.

显知识本质.

1. 为什么要凸显知识本质

通常,提到一个数学知识,特别是法则与公式类的知识,老师们的第一反应往往是它们的作用. 正是基于这样的认知,平常所见的教学设计也大多数是从知识应用的需要入手的. 比如,对于三角函数诱导公式的教学,老师们往往会从任意角的三角函数的求解这一需要入手来进行设计,通常会在课的开始直接提出“如何求 390°的正弦、余弦、正切?”或者从学生熟悉的 30°,45°,60°这几个锐角的三角函数值,引出“390°,225°,－60°的三角函数值分别是多少?”这样的问题,进而给出各种类型的诱导公式.

应该说,这样做很适用,学生会知道怎么去运用这些知识. 但同时也会存在一个常见的缺憾,就是学生对这些知识是只知其然而不知其所以然,更谈不上认识上的提高. 其表现出来的现象就是学生对这些知识的记忆经常会出现偏差,而且是速记速忘. 比如,对于三角函数的诱导公式,很多学生只知道机械记忆“奇变偶不变,符号看象限”这个口诀,至于它怎么来的不太清楚,所以经常出现符号上的错误,而且一旦忘了,就不知如何去推导.

如果我们从知识的本质入手,在呈现知识的同时很自然地进行运用,则学生不仅知道了知识的来龙去脉,也掌握了它的用途,可谓一举两得. 而且,在这种背景下,即使学生出现了记忆上的暂时“短路”,也因为心中有底气,他们能够很快地把这些知识自行推导出来. 比如,对于三角函数诱导公式的知识本质,苏教版教材中有一句很明确的表述:“诱导公式的实质是将终边对称的图形关系‘翻译’成三角函数之间的代数关系.”教学中如果能凸显这一本质,学生在记忆这些公式时,脑海中自然会呈现出相应的图形,其相互关系就会很直观地表现出来,既记得扎实,也能够很快地再现推导过程,而且对诱导公式的认识也会达到一个新的高度,可大大提升学生的数学素养.

所以笔者认为,课堂教学应该凸显知识本质.

2. 如何才能凸显知识本质

众所周知,课堂问题的设计与解决是课堂教学的重中之重. 那么,如何进行课堂问题的设计与解决才能凸显知识本质呢? 对此,笔者在本次公开课的教学中获得了如下几点启示.

2.1 问题情境要选准角度,便于切入知识本质

为了凸显知识本质,宜弄清知识的来龙去脉及前后联系,寻找合适的切入角度,以便在提出问题时,创设贴合知识发生的情境.

在苏教版教材中，三角函数诱导公式的发生背景是两个角的终边具有某些特殊的对称关系，而这可以追溯到圆的对称性上，所以教材中运用了点在单位圆上的模型. 这一模型不仅贯穿了“三角函数”整章内容，而且还是本节课所需铺垫知识任意角的三角函数与同角三角函数关系的研究背景. 据此，在本次公开课中，笔者选择了图 1 作为本节课的起点，并创设了回顾几个相关知识的情境. 具体设计如下：

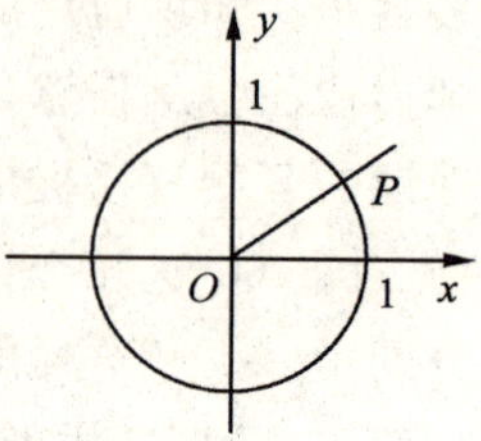

图 1

师：(出示图 1)请同学们看这张图，相信大家都不陌生，从学习“三角函数”这一章开始，它就和我们见过多次面，这里我们不妨一起来回顾一下.

回顾 1　章头语片断(如图 2 所示).

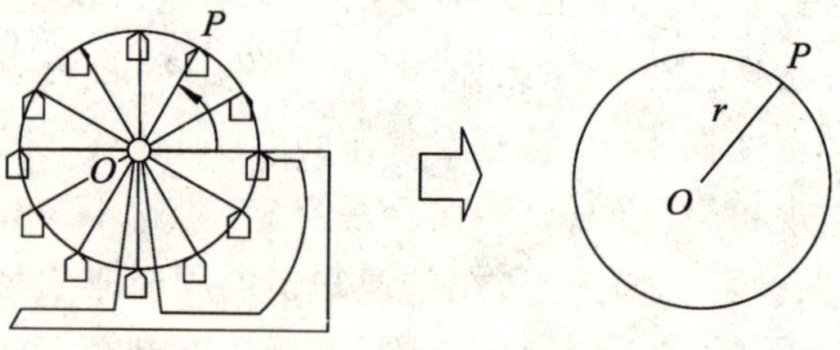

图 2

意图　明确“圆周上一点的运动”这一模型的重要性.

回顾 2　任意角的三角函数片断(如图 3 所示).

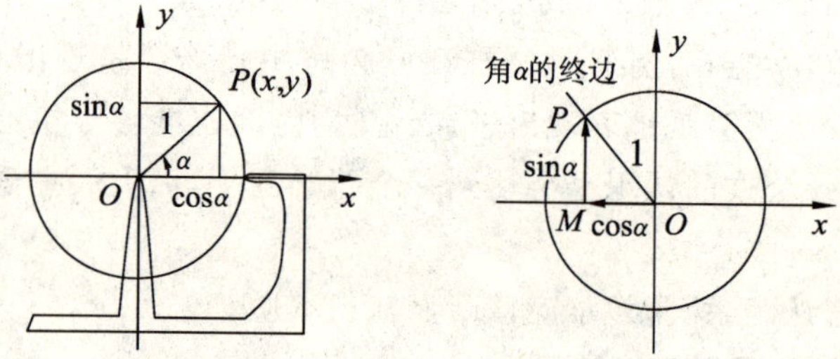

图 3

意图　感受上述模型的重要性，并反过来明确一个结论：若角 α 的终边与单位圆的交点为 P，则点 P 的坐标为 $(\cos\alpha, \sin\alpha)$.

回顾 3　同角三角函数关系片断(如图 4 所示).

意图　进一步感受上述模型的重要性，并回顾同角三角函数关系.

师：看来，这张图的作用真的不小. 所以，今天这节课我们再次回到这张图中，看能否有什么新的发现. 在这张图中，单位圆格外引人注目，因为它非常优美！那么，你认为它美在哪儿？

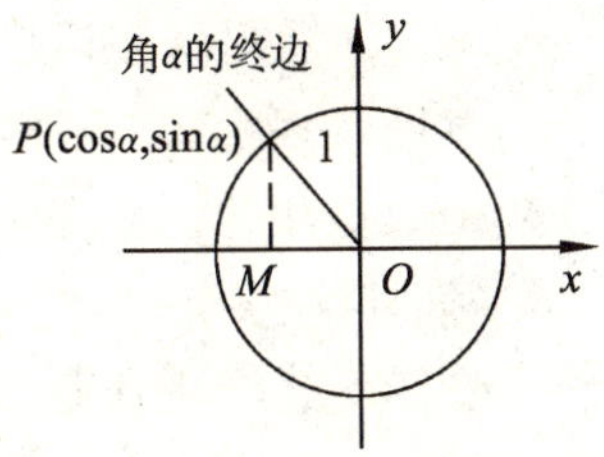

图 4

意图 感悟圆既是中心对称图形又是轴对称图形，而且圆有无数条对称轴.

师：既然圆有这么好的对称性，那么下面我们就从圆的对称性出发，看能得到哪些有用的结论？

意图 激发学习动机.

2.2 问题设计要自然递进，始终紧扣知识本质

问题是思维的载体，决定了思维的方向. 为了凸显相关的知识本质，课堂问题的设计应始终围绕知识本质，层层递进，将学生的思维逐步引向深入.

刚才提到，三角函数诱导公式的本质是图形的对称性，而这最终可归结为圆的对称性. 在本次公开课中，笔者就是基于这样的认识来设计课堂问题的. 首先拎出圆上两点重合这一特殊的对称情形作为问题 1 的背景；然后以平面直角坐标系 xOy 中关于 x 轴、y 轴、坐标原点 O 这三种对称情形作为问题 2 的背景，并将问题 2 细分为两个子问题，以降低其探究难度. 具体设计如下：

师：如图 5 所示，AB 是圆 O 的直径，则圆 O 关于 AB 对称. 若点 P 是圆 O 上任一点，则点 P 关于直径 AB 的对称点 P' 也一定在圆 O 上. 所以图形的对称性可归结为点与点之间的对称性.

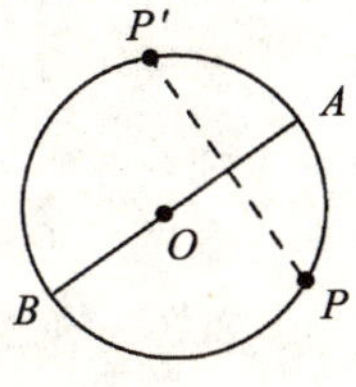

图 5

追问 如果点 P 恰好在点 A 处，那么它的对称点 P' 在哪儿呢？

意图 让学生感悟到圆上两点重合在任意位置上，它们都是对称的，为下面的问题 1 做铺垫.

师：下面回到三角函数这个主题. 现在给点 P 与点 P' 赋上角的位置，如图 6 所示，设点 P 与点 P' 分别是角 α，β 的终边与单位圆的交点，那么它们的坐标分别为 $P(\cos\alpha, \sin\alpha)$，$P'(\cos\beta, \sin\beta)$.

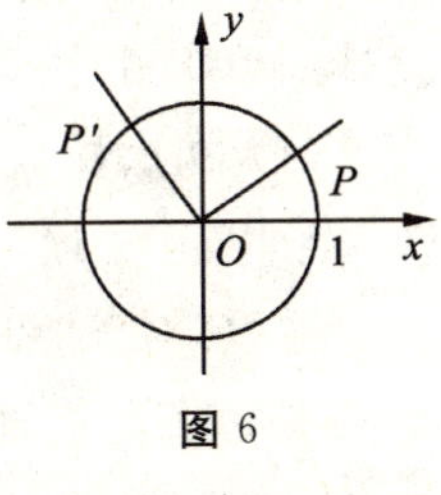

图 6

问题 1 若点 P' 与点 P 恰好重合（如图 7 所示），你能得到什么结论？

意图 生成诱导公式一（问题解决过程见后面）.

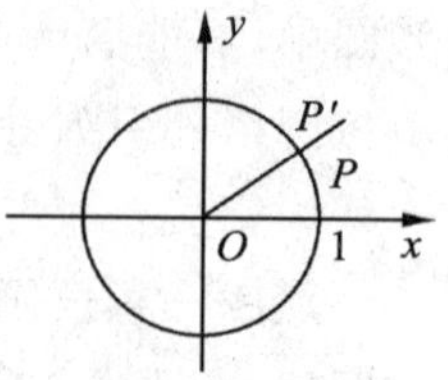

图 7

师：你能用一句话来概括一下这三个关系式吗？

意图 揭示公式一的实质：终边相同的角的同一三角函数值相等.

师：这些关系式有用吗？请举例说明.

意图 让学生体验其用途.

师：所以，这组公式具有一种功能，它可以把一个角的三角函数值转化为另一个角的三角函数值，进而能化难为易，化繁为简，化生为熟，所以我们称之为三角函数的诱导公式（板书课题）. 通常，我们把这组公式称为公式一.

问题 2 如图 6 所示，在平面直角坐标系 xOy 中，你还想到了点 P' 与点 P 之间的哪几种特殊的对称关系？在这些对称条件下，又能得到哪些结论呢？（将两个问题逐一示出）

意图 引出关于 x 轴、y 轴、坐标原点对称这几种情况.

问题 2.1 若点 P' 与点 P 关于 y 轴对称，能得到什么样的结论？

意图 生成公式三（问题解决过程见后面）.

师：公式三又有什么用途？请举例说明.

意图 明确公式三常用的应用方向.

问题 2.2 若点 P' 与点 P 关于 x 轴对称，或关于坐标原点对称，又能得到什么样的结论？

意图 生成公式二与公式四（问题解决过程见后面）.

师：公式二与公式四又有什么用途？

意图 明确公式二与公式四常用的应用方向.

2.3 问题解决要循序渐进，充分揭示知识本质

在问题解决的过程中我们要不断追问，充分暴露思维过程，并将知识的本质尽可能地用醒目的形式展示出来. 在本次公开课的问题解决中，笔者设计了以下几个步骤：

(1) 初次探究，侧重追问.

给出问题 1（见前，此略. 让学生自行探究 2～3 分钟后，请学生回答）.

这里，对于"点 P' 与点 P 坐标相同、角 β 与 α 的终边相同、$2k\pi+\alpha(k\in\mathbf{Z})$ 与 α 的正余弦值相等、$2k\pi+\alpha(k\in\mathbf{Z})$ 与 α 的正切值相等"这四点，通常要经过 2～3 次的追问"你还能得到什么结论？"才能解决完备.

(2) 及时提炼，形成思想.

在解决问题 1 的同时，笔者同步板书如下：

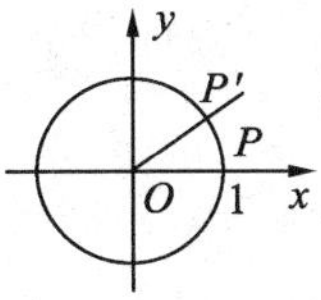

$$\Rightarrow\begin{cases}\sin\beta=\sin\alpha, \text{取 } \beta=\alpha+2k\pi \\ \cos\beta=\cos\alpha\ (k\in\mathbf{Z})\end{cases}\Rightarrow\begin{cases}\sin(2k\pi+\alpha)=\sin\alpha \\ \cos(2k\pi+\alpha)=\cos\alpha \\ \tan(2k\pi+\alpha)=\tan\alpha \\ \quad (k\in\mathbf{Z})\end{cases}$$ 公式一

师：现在回头反思一下，我们是怎样得到公式一的？

（在学生回答的同时，笔者在上述板书的上面再用彩笔对应板书）

对称关系——坐标关系，两角关系——诱导公式

(3) 再度体验，强化思想.

给出问题2(见前，此略).

师：我们先选择其中的一种对称关系一起来试试看.

给出问题2.1(见前，此略.师生共同完成，继续板书)

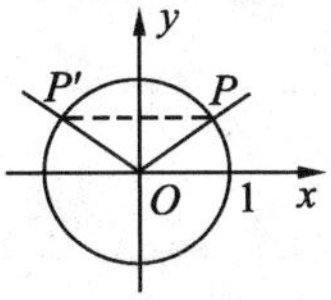

$$\Rightarrow\begin{cases}\sin\beta=\sin\alpha, \\ \cos\beta=-\cos\alpha,\end{cases}\text{取 } \beta=\pi-\alpha\Rightarrow\begin{cases}\sin(\pi-\alpha)=\sin\alpha \\ \cos(\pi-\alpha)=-\cos\alpha \\ \tan(\pi-\alpha)=-\tan\alpha\end{cases}$$ 公式三

(4) 独立体验，运用思想.

给出问题2.2(见前，此略).

这个问题让学生自己探究，并由学生在黑板上完成后续板书，具体如下.

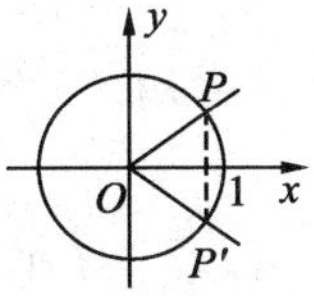

$$\Rightarrow\begin{cases}\sin\beta=-\sin\alpha, \\ \cos\beta=\cos\alpha,\end{cases}\text{取 } \beta=-\alpha\Rightarrow\begin{cases}\sin(-\alpha)=-\sin\alpha \\ \cos(-\alpha)=\cos\alpha \\ \tan(-\alpha)=-\tan\alpha\end{cases}$$ 公式二

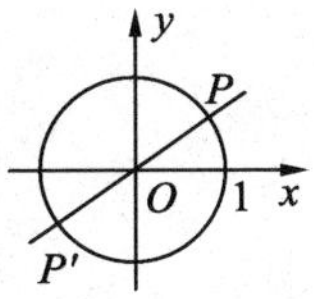

$$\Rightarrow\begin{cases}\sin\beta=-\sin\alpha, \\ \cos\beta=-\cos\alpha,\end{cases}\text{取 } \beta=\pi+\alpha\Rightarrow\begin{cases}\sin(\pi+\alpha)=-\sin\alpha \\ \cos(\pi+\alpha)=-\cos\alpha \\ \tan(\pi+\alpha)=\tan\alpha\end{cases}$$ 公式四

师：非常好！看来，只要抓住这里的推导思想与方法，所有情况都可以迎刃而解.

2.4 问题解决后要反思贯通，深度挖掘知识本质

在问题解决的过程中，学生已初步体会了知识本质，但认识尚不清晰，还不能融会贯通. 所以问题解决之后，特别是在课堂回顾阶段，还要引导学生反思贯通，进一步挖掘知识的本质内涵. 本节公开课中，在课的结尾，笔

者引导学生从诱导公式的内涵理解、相互联系、后继学习等几个方面进行了反思贯通. 具体如下：

师：今天我们学习了三角函数的诱导公式，通过学习，我们知道了诱导公式是由多组公式构成的.

提升1 请结合诱导公式的作用及其形成过程，谈一谈你是怎样理解诱导公式的.

意图 再度明确诱导公式的作用及其形成过程.

师：事实上，反过来，诱导公式反映的也正是圆的对称性. 比如，若点 $P(\cos\alpha, \sin\alpha)$ 是单位圆上任一点，则它关于 x 轴的对称点的坐标为 $P'(\cos\alpha, -\sin\alpha)$. 而由公式二知，点 P' 的坐标还可以写成 $P'(\cos(-\alpha), \sin(-\alpha))$，所以点 P' 也在单位圆上，从而由点 P 的任意性知单位圆是关于 x 轴对称的. 所以圆的对称性与诱导公式是等价的，只不过一个是形的表现形式，而另一个是数的表现形式(如图8所示). 从而，诱导公式的实质是将图形的对称关系“翻译”成了三角函数之间的代数关系.

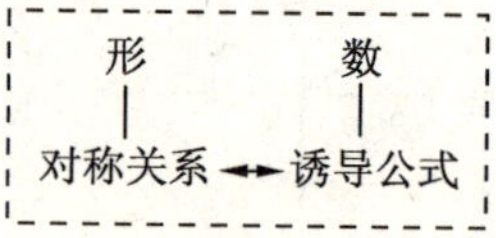

图8

师：大家有没有从中获得启发，这么多的诱导公式该如何记忆呢？

意图 引导学生按“两角关系，对称关系，坐标关系，诱导公式”的顺序来记忆.

提升2 公式二、三、四之间有联系吗？

师：因为公式二、三、四与上述三种对称性是等价的，所以我们不妨先从形的角度来找一下灵感.

形的结论 图形关于 x 轴、y 轴、坐标原点对称这三种对称关系，其中任意两种进行组合可以推出第三种.

师：类比到数上，你能得到什么样的结论？

意图 类比得到如下结论：

数的结论 将公式二、三、四中的任意两组进行组合，能推导另一组公式.

师：这个结论正确吗？我们一起来试一试(验证略)，所以上述结论是正确的.

新的问题 如果点 P' 与点 P 满足其他的特殊对称关系，如关于第一、三象限或第二、四象限的平分线对称，我们还能得到相应的诱导公式吗？

意图 承上启下，引出下节课将要研究的问题. 同时激励有兴趣的学生课后先行探究.

笔者认为,凸显知识本质,并没有弱化知识的应用.相反,是强化了知识的应用.因为只有真正理解与掌握,才能将知识用得更主动、更灵活、更到位.

六、课堂问题的设计与解决应立足最近发展区①

2011年6月,盐城市举行了高中数学优质课竞赛活动,比赛课题为苏教版普通高中课程标准实验教科书必修3第三章第3.3节“几何概型(第一课时)”,笔者作为评委听了十节课.江苏省射阳中学龚俊华与江苏省盐城中学沈巍龚两位老师的参赛课获得了评委的一致好评,从这两节课中笔者获得的最大启示是课堂问题的设计与解决应立足最近发展区.

心理学家维果茨基认为,学生有两种发展水平:一是学生的现有水平,即由一定的已经完成的发展系统所形成的学生心理机能的发展水平,如学生已经完全掌握了某些概念和规则;二是即将达到的发展水平,表现为学生还不能独立地完成任务,但在教师的帮助下,在集体活动中,通过模仿却能够完成这些任务.这两种水平之间的距离就是最近发展区.

最近发展区理论强调了教学在学生发展中的主导性、决定性作用,揭示了教学的本质特征不在于训练、强化业已形成的内部心理机能,而在于激发、形成目前还不存在的心理机能.这一理论启发我们:教学实际上就是一个搭建“脚手架”的过程,在“脚手架”的帮助下,学生能够跨越新旧发展水平间的距离,在原有发展水平的基础上,使自己在问题、知识、思维、思想等方面都能得到发展.那么,如何立足“最近发展区”进行教学呢?笔者有以下几点启示.

1. 立足最近发展区提出问题

首先请看龚老师的竞赛课片断.

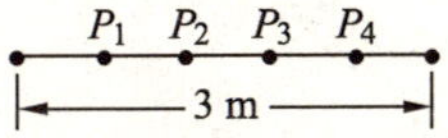

图1

问题1 如图1所示,在3 m长的绳子上有四个点P_1,P_2,P_3,P_4将绳子五等分,现在这四个点中任意一点处将绳子剪断,那么剪得的两段长都不小于1 m的概率有多大?

生:记“剪得的两段长都不小于1 m”的事件为A,因为可在四个点中任意一点处剪断,所以基本事件总数是4,而事件A包含的基本事件只有P_2,

① 李生,王克亮.立足“最近发展区”设计教学的策略初探——从一节“几何概型”竞赛课中获得的启示[J].中学数学教学参考,2012(1/2):11-14.

P_3 两点，故所求的概率为 $P(A)=\frac{2}{4}=\frac{1}{2}$.

师：这个问题属于我们前面所学的古典概型，其特征有两个：一是所有的基本事件只有有限个；二是每个基本事件的发生都是等可能的. 现在我把问题的条件稍微变化一下：

问题 2 取一根长度为 3 m 的绳子(如图 2 所示)，拉直后在任意位置剪断，那么剪得两段的长度都不小于 1 m 的概率有多大？

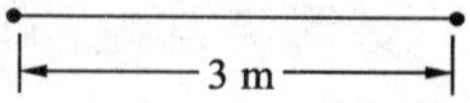

图 2

师：请问这个试验中的基本事件是什么？

生：是绳子上的点.

师：很好！从每一个位置剪断都是一个基本事件，剪断位置可以是绳子上除两端外的任意一点. 那么，每个基本事件的发生是等可能的吗？

生：是.

师：请再看一个问题.

问题 3 射箭比赛的箭靶是由涂有五种颜色的分环组成. 从外向内依次为白色、黑色、蓝色、红色，靶心是金色，金色靶心叫"黄心"(如图 3 所示). 奥运会的比赛靶面的直径为 122 cm，靶心的直径为 12.2 cm. 运动员在70 m外射箭，假设每箭都能中靶，且射中靶面内任一点都是等可能的，那么射中黄心的概率是多少？

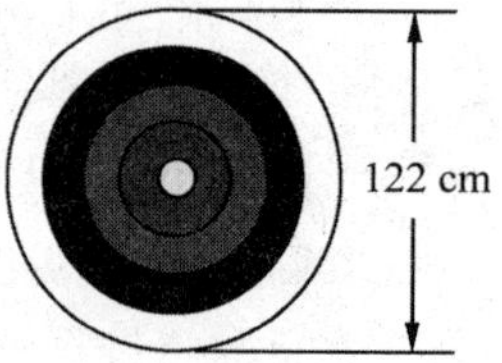

图 3

师：请问这个试验中的基本事件又是什么？

生：靶面上的点.

师：那么每个基本事件的发生是等可能的吗？

生：是.

师：问题 2 与问题 3 这两个试验是古典概型吗？

生：不是.

师：为何？

生：因为它们的基本事件都有无数个，这不符合古典概型的特征.

师：与古典概型相比，这两个试验中所有的基本事件都是无数个，而且基本事件的发生又都是等可能的，这是一种新的概率模型，也就是我们今天所要学习的几何概型(引入课题).

评注 问题 2 与问题 3 是苏教版教材中提供的两个情境问题，在比赛中，几乎所有参赛老师都直接运用了问题 3，但对问题 2 的处理方式却是多种多样：有的老师将其后移到应用当中，有的老师给出题目时就将线段三等分，有的老师直接放弃不用，也有的老师对其进行了改编.

教材设置这两个情境问题的意图是很明显的，问题 2 是一维图形，问题 3 是二维图形，它们的呈现与解决可为几何概型的概念及其概型计算公式的引入做铺垫. 相比之下，问题 2 与学生已有的发展水平之间距离的跨度较大，入手相对较难，这是很多老师做调整的根本原因.

实际的授课效果表明，将情境问题 2 向后移不太合理，因为概念的生成需要一维的例子，而且这又是一个很好的一维问题；给出题目时，就将线段分成三等份，虽然有了暗示，但也失去了应有的探究价值；直接跳过不用，更显得可惜；而对其进行合理改编，做到以旧引新，是一种很明智的选择.

龚老师从学生已经掌握的古典概型问题入手，借机回顾了古典概型的两个特征，然后经过适当改造得到新的问题，通过比较，凸显了其与古典概型的异同. 如此，问题发展的跨度适宜，符合最近发展区理论的要求.

所以，数学课上，如果一开始就直接抛出一些全新的问题，学生可能会感到唐突. 而立足最近发展区，从学生熟悉的问题出发，经过适当变化后引出新的问题是一种较好的教学策略. 而且，这种处理方式还能教会学生如何提出新的问题.

2. **立足最近发展区解决问题**

如何解决上述新的问题，并自然地建构出几何概型的概念及其概率计算公式呢？请看沈老师的教学片断.

问题 4　如何解决问题 2 呢？

问题 4.1　设拉直后的线段为 CD，记"剪得的两段长度都不小于 1 m"的事件为 A，则事件 A 包含的基本事件应落在线段 CD 的什么位置？

生：设线段 CD 的两个三等分点分别为 E，F（如图 4 所示），则符合要求的点应该落在线段 EF 上.

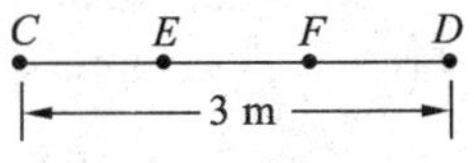

图 4

（教者一边听，一边做如下板书：所有的基本事件$\xrightarrow{\text{对应}}$线段 CD 上的点；事件 A 包含的基本事件$\xrightarrow{\text{对应}}$线段 EF 上的点）

问题 4.2　如果延用古典概型的概率计算公式，你认为该如何计算事件 A 发生的概率大小呢？

生：$P(A)=\frac{\text{线段 }EF\text{ 上点的个数}}{\text{线段 }CD\text{ 上点的个数}}$.

师：我们知道，线段 CD 与线段 EF 上都有无数个点，因而其结果是“$\frac{\text{无数}}{\text{无数}}$”，显然这是无法计算出结果来的.

问题 4.3 为了使这个结果可以计算，你认为该如何转化比较合理呢？

生：我觉得就用线段 EF 与线段 CD 的长度之比来计算比较合理.

师：太棒了！数学家们也是这么想的，答案是多少呢？

生：$\frac{1}{3}$.

问题 5 类似地，你能解决问题 3 吗？

生：在该试验中，因为“所有的基本事件”对应为“靶面上的点”，而“事件 A 包含的基本事件”对应为“黄心内的点”，所以 $P(A)=\frac{\text{黄心内点的个数}}{\text{靶面上点的个数}}$，但这个比值不能确定，故将其转化为 $P(A)=\frac{\text{黄心的面积}}{\text{靶面的面积}}$.

追问 按此想法，答案是多少呢？

生：$P(A)=\frac{\frac{1}{4}\times\pi\times 12.2^2}{\frac{1}{4}\times\pi\times 122^2}=0.01$.

问题 6 如果把线段、圆等图形看成是一个区域（大、小区域可分别用字母 D，d 来表示），而把线段的长度、圆的面积等看成是区域的测度，那么，从区域以及区域的测度这两个角度来看，上述两个随机试验有着什么样的共同特点？

生：在这两个随机试验中，每一个基本事件都转化为在某个区域 D 内随机取一点，且每个点被取到的机会相等，而事件 A 的发生可以视为恰好取到区域 D 内的某个小区域 d 内的点. 事件 A 发生的概率大小都转化为区域 d 与区域 D 的测度之比.

追问 1 如果保持区域 D 的测度不变，那么事件 A 的概率与区域 d 的测度大小有何关系？

生：成正比.

追问 2 事件 A 的概率大小与区域 d 的形状或位置有关吗？

生：没有关系.

师：非常好！我们把满足这些条件的概率模型称为几何概型（板书时

暂不写"体积"这个测度，但留下空位). 在几何概型中，事件 A 的概率计算公式为 $P(A)=\dfrac{d\text{ 的测度}}{D\text{ 的测度}}$.

评注 沈老师先将基本事件与区域内的点对应起来，从"有限"走向"无限". 然后从学生熟悉的古典概型的概率计算公式出发，引导学生仍用比式来求其概率的大小. 当发现该比式无法求解，新的矛盾产生后，再次引导学生合理转化，让学生自己想到运用对应几何区域的测度来计算. 问题 6 及其追问在竞赛课中极少有老师提到，笔者认为它们的呈现不仅不是画蛇添足，而且很有必要，这可以培养学生思维的缜密性. 显然，本节课中，整个新知的生成、概念与计算公式融为一体，在问题串的循循诱导下，学生易于建构，显得质朴而流畅.

所以，解决问题时所用的新思想与新方法往往是有很大的合理性的，如果脱离了这种合理性来直接讲解，总有"天上掉下个林妹妹"之感. 而立足最近发展区，从学生已有的知识出发，通过一系列问题的引领与探究，逐步拾级而上，每一步的跨越学生既可及又使力，这种解决问题的方式能充分发挥学生的主体作用.

3. **立足最近发展区培养思维**

运用所学知识来解决一些具体的数学问题是培养学生思维能力的重要途径. 在本节课上如何设置与讲解例题，可以有效地帮助学生学会思考问题与解决问题，培养学生的思维能力呢？请看龚老师的教学片断.

例 1 取一个边长为 $2a$ 的正方形及其内切圆(如图 5 所示)，若随机向正方形内撒一粒豆子，求豆子落入圆内的概率.

解析 略.

提炼 几何概型问题的求解步骤是：识事件，定区域，求测度，代公式，答结果.

变式 在棱长为 $2a$ 的正方体内有一内切球(如图 6 所示)，现随机地在正方体内任取一点，求该点落入球内的概率.

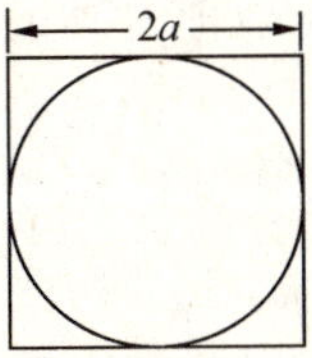

图 5

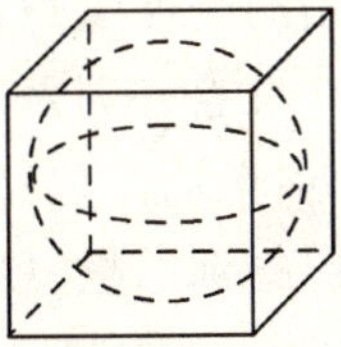

图 6

解析 略.

师：由此可见，常见的区域测度，除了线段的长度、平面图形的面积外，还有立体图形的体积（同时，在前面板书的几何概型定义的空白处补上“体积”两字），长度、面积与体积是几何概型问题中常用的三种测度.

拓展 刚才的例1只是随机地向正方形内撒一粒豆子，如果我们随机地撒很多粒，会有什么样的效果呢？请看电脑的模拟试验（一共做了四次演示，分别记下了向正方形内所撒豆子数 n 和落在圆内的豆子数 m，如图7所示）.

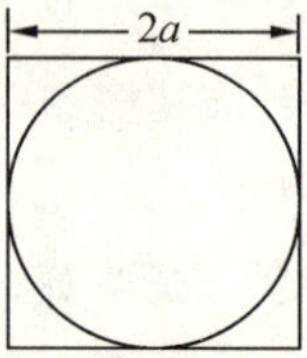

图 7

师：有人发现，可以用 $\frac{4m}{n}$ 这个值来近似地估算圆周率 π，我们来验证一下对不对.

（将上述四组数据代入验证，发现根据试验所得的 $\frac{4m}{n}$ 这个值的确在 π 附近摆动）

追问 谁能解释一下其中的道理？

生：当 n 很大时，频率 $\frac{m}{n}$ 应接近于 $P(A)$，即 $P(A)\approx\frac{m}{n}$. 而由例1的结果知 $P(A)=\frac{\pi}{4}$，所以 $\frac{\pi}{4}\approx\frac{m}{n}$，即 $\pi\approx\frac{4m}{n}$.

师：非常好！这为我们进行数学研究又提供了一种新的方法，即实验求值法. 这样的例子还有很多，有兴趣的同学课后可以自己去查阅一些资料.

例2 某人午休醒来发现表停了，他打开收音机想听电台整点报时，则他等待的时间短于10 min的概率是多少？

生：我画了一个时钟（老师用实物投影示出了学生的图形，如图8所示），如果把该人醒来的时刻对应到圆周上一点的话，那么所有的基本事件即是圆周上的点. 设“他等待的时间短于10 min”的事件为 A，则事件 A 包括的基本事件应是圆周上11～12间的点，故 $P(A)=\frac{11\sim12\text{ 的外圆的弧长}}{\text{时钟外圆的周长}}=\frac{1}{12}$.

图 8

师：该同学选用的测度是圆弧的长度，如果把时钟的外圆拉直的话，那么这里的弧长实质上相当于是线段的长度. 有别的想法吗？

生：用11～12扇形的面积和圆的面积的比计算好像也是对的.

师：有道理！还有别的想法吗？

生：还可以用11～12的圆心角的大小与周角的比来计算.

师：大家一下子用了三种不同测度解决了这个问题，所以在几何概型问题的求解当中，当看问题的角度不同时，可能会有不同的测度. 这里很巧，运用三种测度都得到了正确的答案. 有时运用不同的测度可能会得到不同的结果，但正确的答案只能有一种，这样的例子我们以后会遇到.

评注 比赛中，有的老师按不同测度配置了一些例题，但题目之间缺少必要的联系，同时未能开发出每一道例题应有的功效.

龚老师选用了两道例题，例 1 以背景简单的二维图形出现，解决之后即提炼了几何概型问题的求解步骤，实现了方法的一般化；接着将其拓展到三维空间，正方形变成正方体，内切圆变为内切球，自然地给出了第三种测度——体积，填补了前面概念中留下的空白；最后又从撒一粒豆子引申到撒多粒豆子，给出了实验求值法，拓宽了学生的视野. 在例 2 中，龚老师引导学生用一道题目体验了三种不同的测度，既培养了学生的发散性思维，又构建了方法体系. 整个知识应用中的变式与拓展显得合理而自然，符合最近发展区的要求.

所以，在例题教学中，立足最近发展区进行合理变式、适度引申、总结归纳等是一些较为有效的教学策略.

4. **立足最近发展区提炼思想**

在课堂小结中，如何进行合理提炼，实现思想的突破与发展呢？请看沈老师的教学片断.

问题 7 你是如何认识本节课的知识及研究历程的？

生：略.

师：把大家的发言汇总一下，就是我们首先将试验中的基本事件对应为区域中的点，实现一种概念的延伸——从有限到无限，得到了几何概型的概念；接着类比古典概型的计算方法，得到了“$\frac{\text{无数}}{\text{无数}}$”这个比值，为了解决新的矛盾，又将其转化为区域的测度之比，得到了几何概型的概率计算公式，其间运用了两种重要的数学思想——类比思想与转化思想；在知识的应用中，我们又主要体验了三种测度模式——长度型、面积型、体积型.

值得注意的是，几何概型并非指几何背景下的概率问题，而是构建了研究概率问题的一种模型. 事实上，模型化思想是我们数学中研究与解决问题的一种重要思想，值得大家好好体会！

评注 在大多数参赛课的课堂小结中，老师让学生自己来叙述本节课的收获，学生回顾了所学的主要知识之后就过去了. 毫无疑问，这种教学的定位仍是知识的传授，没有从思想的高度进行教学. 沈老师用非常精炼而又高度概括的三句话回顾了本节课的主要内容及研究思想，即一个概念的延伸、两种思想的运用、三种测度的体验，而模型化思想的提炼又把最近发展区理论用到了更高的一个层次.

所以，在数学课上，我们除了要教给学生具体的数学知识外，更重要的是要立足最近发展区，将新授知识的内涵、研究问题的过程、解决问题的方法等升华为一些思想渗透给学生，以提高学生的视点，提升学生的素养.

第五章　高中数学“问题驱动”的教学实践

在平时的教学调研中，笔者逐步认同了“问题驱动”这种教学策略与方法，可总感觉到缺少点实践的支撑. 于是经自己主动申请，笔者于 2012 年 9 月至 2013 年 6 月到江苏省射阳中学任教了高二(21)班的数学课. 比较巧的是，该班是文科班，在省学业水平测试之前，数学上的是新授课；在省学业水平测试之后，高二文科数学即转入第一轮复习当中，所以对于高中数学新授课与复习课这两种课型笔者都有机会进行了实践.

在这一年的教学中，笔者还是挺用心的. 对于新授课，每一节课都备课三遍，第一遍是通读教材，形成大致的授课思路；第二遍是边做教学设计边做课件，所有的课件都是从零开始，从不用现成的课件；第三遍是课前对照课件试上一下，觉得不顺的地方再进行微调. 而对于高二文科班的一轮复习课，因为课时多作业较多，来不及做课件，笔者就把备课与投影二合一，即在学校专用的备课纸上写下问题与题目，上课时直接进行实物投影，同样起到了课件的作用.

在这一年的兼课中，每一节课笔者都坚持实践“问题驱动”的教学策略，应该说学生对于这种教学方式还是挺认可的，在学校组织的几次学生测评中，学生对笔者课堂的满意率均为 100%.

以下是笔者的一些实践与体会.

一、高中数学新授课中实践“问题驱动”的体会①

众所周知，问题在数学学习中有举足轻重的作用，有了问题，思维才有方向；有了问题，思维才有动力；有了问题，思维才有创新. 因此，在教学中，我们应根据学生的认知规律和教学内容来设计问题，并充分挖掘问题的思维价值，用问题呈现研究思想，让学生在问中悟；用问题促使知识生长，让学

① 王克亮. 在问中悟　在问中探　在问中明——以问促学的做法点滴[J]. 数学通报，2013(9)：38－40(收录时有改动).

生在问中探；用问题激发智慧潜能，让学生在问中明.

1. **提炼核心问题，呈现研究思想**

人类文明史告诉我们，推动人类社会进步的最大动力之源是来自人类的思想. 古今中外，伟大的思想和思想家，从来都是指引人类一步步走向光明、和谐、幸福、自由的灯塔. ①同样地，数学的发展也离不开重要思想的引领和支撑，这里所说的思想，不仅仅指具体的数学思想，还包括意义更广泛的研究策略、行动策略或哲学思想等.

那么，如何有效地传授这些重要的思想呢？笔者认为，提炼每节课的核心问题，让学生在相关的问题及问题解决中感悟这些思想，是一个值得提倡的做法.

案例 1　“随机变量及其概率分布”的引入②

在本节课上，笔者从“数字化时代”这个话题切入，然后自然地给出这样一个问题：“现在我提出一个问题，然后随机地请一位同学来回答，那么我点到学号为 4 号的这位同学的可能性大小能用一个数字来描述吗？”由此引出概率这个概念，并顺势回顾一下前面已学过的几个相关概念. 接着给出以下几个实例：

① 种下一些树苗，我们关心的通常是树苗成活的棵数(数字)；

② 抛掷一颗骰子，我们关心的往往是向上的点数(数字)；

③ 进行产品抽检，我们关心的是抽样中出现的废品数(数字)；

④ 课堂上老师通过点学号随机提问，同学们会注意老师点的是谁(每位同学都有学号，而学号是数字).

让学生从这些实例中感受到这样一个事实：在随机试验中，很多情况下基本事件本身也与数字有着密切的关系，所以其试验结果可以用数字来描述，并且随着试验结果的不同而取不同的数值. 至此，可明确选修教材中“概率”这一章研究问题的一个基本思想，并给出本节起始课中将要研究的两个核心问题：

问题 1　如何对随机试验的结果进行数字化？

问题 2　如何运用上述数字化的结果？

(详见第六章教学设计案例 18)

---

① 邝子谦. 思想家才是社会发展的最大贡献者[N]. 中国青年报，2009-11-04(第 4 版).

② 王克亮，徐卫东. 随机变量及其概率分布的课例与点评[J]. 中学数学教学参考(上旬刊)，2010(8)：5—9.

评注 这是笔者的一堂市观摩课的开场白，其设计意图是想揭示一个重要的研究思想，即构建数字化的数学模型并进行运算，而两个核心问题的给出，目的是创设一种有效的意境，以促使学生的自我感悟. 如此教学，笔者的体会是知识形成的脉络清晰了，学生的视角高了，课堂的感召力强了.

2. 设计引导问题，促进知识生长

数学概念通常比较抽象，初学者有时会感到定义来得突然或内容较为费解，那么数学课堂上该如何自然地呈现这些新知，并使学生易于掌握呢？特级教师魏书生启发我们："知识是'生长'出来的，学生的学习过程是知识不断积累和能力不断提高的过程，新知识的学习是在原有基础上进行的'老枝发新芽'，学生对新知识的理解是逐步由模糊到清晰、由零碎到完整并融入原有的知识体系之中."建构主义也认为，学习是学生经验体系在一定环境中自内而外的"生长"，它以学生原有的知识经验为基础实现知识的建构. 可见，在平时的教学中，若注意挖掘每一个知识的自然性，让新的知识在旧的知识里"生长"出来，就显得十分自然且易于被学生所掌握了.

事实上，在学习新的知识时，学生往往并不缺少必要的旧知识与经验，但为什么他们自己不能够主动地建构出新的知识来呢？其主要原因是缺乏必要的问题引导. 所以，笔者认为，数学新授课的一个重要方面是教师要设计一系列合理的问题来引导学生探究，促使新的知识在学生原有的知识体系中自然生长.

案例 2 直线与平面垂直①

[1] 直线与平面垂直的定义

师：前面我们研究了直线与平面的位置关系，请大家回忆一下，一条直线与一个平面的位置关系有哪几种？

生：平行、相交、直线在平面内.

师：很好！现在请大家观察这里的几幅图片（用多媒体分别展示：旗杆、桥柱、电视塔、比萨斜塔的图片），如果把旗杆、桥柱、电视塔和斜塔分别抽象成直线，而把地面与桥面分别抽象成平面，请问：与最后一张图片相比，前三张图片中的直线与平面间的位置关系给人的感觉有何特殊性？

生：垂直.

问题 1 什么叫直线与平面垂直呢？

---

① 李生，王克亮. 让直观演示也散发出理性的光芒——"直线与平面垂直(1)"的听课反思[J]. 数学通讯（下半月，教师刊），2013(8)：19－21.

问题 1.1 如果比萨斜塔真的倒了，它会往哪个方向倒去？

（学生比画，略）

问题 1.2 如果从斜塔所在直线与地面上过塔基的直线所成的角度来考察，你认为它为什么会向这个方向倒去？

生：因为这个方向的角度最小.

师：那么前面的旗杆、桥柱和电视塔为何不会倒？

生：因为它们与地面或桥面上每个方向上的直线所成的角都相等，都等于 90°.

问题 1.3 由此，你认为什么情况下直线就与平面垂直了呢？

生：当直线与平面内所有方向上的直线都垂直时，直线就与这个平面垂直.

问题 1.4 进一步地，当直线与平面垂直时，这条直线与平面内的任意一条直线是何位置关系？理由是什么？

生：因为相互平行的直线与同一条直线所成的角都相等，所以这条直线与平面内的任意一条直线都垂直.

问题 1.5 你认为该如何给直线与平面垂直下个定义呢？

生：当一条直线与一个平面内的所有直线都垂直时，这条直线就与这个平面垂直.

追问 1 这里的“所有”能不能换成“任意”？

生：可以.

追问 2 “所有”能不能改为“无数”呢？

生：不可以.

［2］**直线与平面垂直的判定定理**

师：刚才我们得到了直线与平面垂直的定义，该定义是判定直线与平面垂直的一个基本方法. 但定义中“任意一条直线”的要求比较高，很多情况下不太好操作.

问题 2 能不能找到一种更为简便的方法来判定直线与平面垂直呢？

问题 2.1 前面我们是如何判断直线与平面平行的？

生：在平面内找一条直线与这条直线平行.

问题 2.2 如果采用类似的方法，这里该怎么做呢？

生：在平面内找一条直线与这条直线垂直.

师：这里我们不妨通过一个实验直观地来看一下.（演示折线实验）大家请看，这是一张矩形白纸，将其对折，使得两个面重合在一起，现将重合后的矩形纸片竖立在桌面上，使得与折痕垂直且重合在一起的两条边在桌面上(如图1所示).请大家观察一下，此时折痕与桌面一定能保持垂直的位置关系吗?

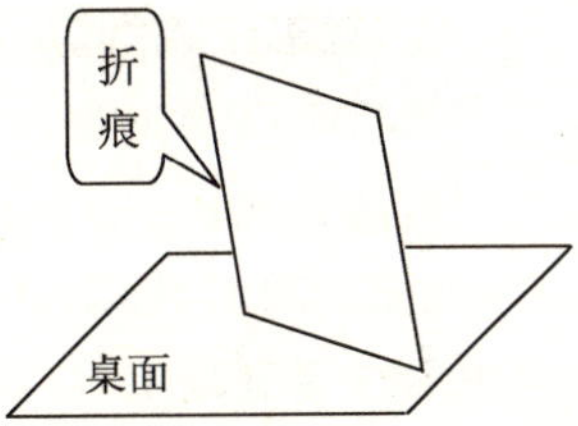

图1

生：不能.

追问 这说明了什么道理?

生：如果一条直线垂直于平面内的一条直线，那么不能保证该直线与这个平面垂直.

问题2.2 如果折痕所在直线同时垂直于平面内的两条直线呢?

(继续演示)现在我们将对折后的矩形纸片打开一个角度后直立在桌面上(如图2所示)，那么折痕就同时垂直于平面内的两条直线，请注意观察，此时折痕与桌面垂直吗?

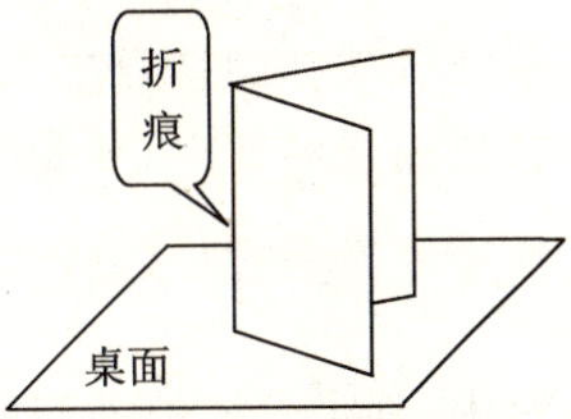

图2

生：垂直.

追问 如果改变纸片打开角度的大小，折痕与桌面能保持垂直的位置关系吗?

生：如果这个角度达到180°就不能，其余情况都可以.

问题2.3 由此你能总结出什么样的结论?

生：如果一条直线和平面内的两条直线同时垂直，那么这条直线就和这个平面垂直.

追问1 平面内的这两条直线必须满足什么条件?

生：不能重合.

追问2 两条平行直线可以吗?

生：噢，不行，必须是两条相交直线.

问题2.4 如果将此称为直线与平面垂直的判定定理，该如何叙述呢?

生：如果一条直线和平面内的两条相交直线同时垂直，那么这条直线就和这个平面垂直.

师：很好！该定理可简记为：若线线垂直，则线面垂直.请注意：线不在多，相交就行.

评注 这里，无论是直线与平面垂直的定义，还是直线与平面垂直的判定定理，都是先从直观出发，表达一种数学意向，然后在多个问题的引导下，自然"生长"出相关的数学概念或结论.所以，设计合理的问题进行引导，是值得提倡的一种做法.

3. 追求生成问题，激发智慧潜能

数学教育要培养学生提出问题、思考问题、解决问题的习惯，而发现一个问题常常比解决一个问题更重要①，所以问题的动态生成是新课程倡导的一个重要教学理念，应当成为我们努力追求的一种境界. 为此，笔者在教学中力求做到以下几点：首先是确立一种观念，即风平浪静、一帆风顺的课不一定是好课；其次是积极创造机会鼓励学生提问，不断激发学生质疑问难的勇气和内在动力；最后是充分研讨学生所提的问题，并给出明确的结论，让学生在发问中越研越明.

案例 3　一个推迟的微型探究

在必修 3 第二章"统计"里"简单随机抽样"的教学中，当笔者总结了简单随机抽样的特点之后，给了学生一个发问的机会. 生 1 问道："根据简单随机抽样的特点，从 n 个个体中随机抽出 m 个样本，每个个体被抽到的可能性都是 $\frac{m}{n}$. 而简单随机抽样是逐个不放回抽取的，那么我想知道在每一次抽取中，某个个体被抽到的可能性是不是都为 $\frac{m}{n}$？"

课堂上，笔者思考了一会儿对学生说："生 1 提出了一个非常有价值的问题，可惜现在解答这个问题的条件还不成熟，等学到第三章'概率'时我们再来一起探究."

学了古典概型之后，笔者没有忘记自己的承诺，设计了如下问题让学生课后探究：用简单随机抽样的方法从包含 6 个个体的总体中抽取一个容量为 2 的样本，则某个个体"第一次被抽到的机会""第二次被抽到的机会"和"在整个抽样过程中被抽到的机会"分别是多少？

第二天的课堂上，有两位同学踊跃作了展示：

生 2：把这 6 个个体依次编号为 1，2，3，4，5，a，将两次抽到的号码以坐标的形式给出，可得到如图 3 所示的结果，共有 30 个基本事件. 其中，个体 a 第一次被抽到的事件包含了 $(a,1)$，$(a,2)$，$(a,3)$，$(a,4)$，$(a,5)$ 这 5 个基本事件，所以其发生的概率为 $\frac{5}{30}=\frac{1}{6}$. 同理，个体 a 第二次被抽到的概率也为 $\frac{1}{6}$. 而在整个抽样过程中，个体 a 被抽到的事件包含了 10 个基本事件，从而其发生的概率为 $\frac{10}{30}=\frac{1}{3}$.

---

① 严士健等. 普通高中数学课程标准(实验)解读[M]. 南京：江苏教育出版社，2004：336－337.

	(1,2),	(1,3),	(1,4),	(1,5),	$(1,a)$
(2,1),		(2,3),	(2,4),	(2,5),	$(2,a)$
(3,1),	(3,2),		(3,4),	(3,5),	$(3,a)$
(4,1),	(4,2),	(4,3),		(4,5),	$(4,a)$
(5,1),	(5,2),	(5,3),	(5,4),		$(5,a)$
$(a,1)$,	$(a,2)$,	$(a,3)$,	$(a,4)$,	$(a,5)$	

图 3

生 3：我的答案和生 2 一样，但不知道我的过程是否有道理. 第一次抽取时，从 6 个个体中抽取 1 个，不难知道个体 a 被抽到的可能性是$\frac{1}{6}$，那么 a 第一次未被抽到的可能性为$\frac{5}{6}$. 接着在剩下的 5 个个体中，它被抽到的可能性为$\frac{1}{5}$，所以 a 第二次被抽到的可能性为$\frac{5}{6}\times\frac{1}{5}=\frac{1}{6}$. 而整个过程中个体 a 被抽到的可能性为$\frac{1}{6}+\frac{1}{6}=\frac{1}{3}$.

师：生 2 用枚举法给我们讲清了其中的道理，非常直观；而生 3 则从一个理性的角度给出了答案，通过后继的学习我们将会知道，他的分析是完全正确的. 如此一来，我们只要将这个结果进行一般化就能回答生 1 所提出的问题了，谁能表述一下？

生 4：略.

评注 这里我们不得不为学生的智慧而发自内心地喝彩！所以课堂上给学生留下发问的机会，不仅有了质疑与释疑的空间，有时还能生成一些较有价值的问题. 对这些问题的探究与解决，既明确了一般结论，又能激发出学生的聪明才智和学习潜能.

总之，问—悟、问—探、问—明都离不开问题这一重要的载体，其间不仅有教师的精心设计和有意安排，更有学生的质疑问难和无意生成. 如此，可充分发挥学生的主体作用，真正做到以问促学.

二、高三数学复习课中“问题驱动”的教学实践①

高三数学备考的一个重要任务是帮助学生构建知识网络和方法网络，

① 王克亮. 高三数学复习课中“问题导学”的实践[J]. 数学通报，2015(3)：44—46.

提高学生的解题能力. 那么在高三数学复习课上,如何通过"问题驱动"的方式来达成这些目标呢? 笔者做了如下实践与尝试.

1. 设置递进性问题,帮助学生回顾与固化

1.1 利用递进性问题回顾知识的形成过程

对于数学概念、公式、法则、定理等,高三学生的一个通病是只知其然,而不知其所以然. 因此,在高三数学复习课上,宜设置一些递进性的问题,再现核心知识的形成过程,揭示其研究思想.

案例 1 正弦定理与余弦定理

问题 1 如图 1,向量 $\overrightarrow{AB}$与 $\overrightarrow{BC}$ 的和是什么?

意图 得到向量等式 $\overrightarrow{AB}+\overrightarrow{BC}=\overrightarrow{AC}$.

追问 这个结论与三角形的形状有关吗?

意图 强调 $\overrightarrow{AB}+\overrightarrow{BC}=\overrightarrow{AC}$ 是向量恒等式(如图 2 所示).

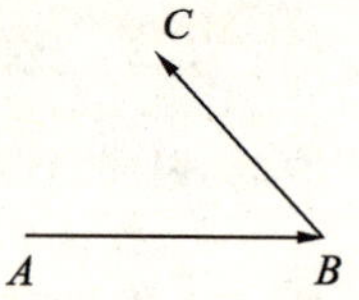

图 1

问题 2 向量等式 $\overrightarrow{AB}+\overrightarrow{BC}=\overrightarrow{AC}$ 两边平方后能得到什么样的结果?

意图 得到余弦定理.

追问 向量等式两边平方的实质是什么?

意图 揭示向量等式数量化这一本质,方法是两边点乘同一个向量.

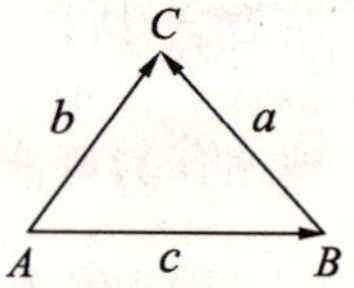

图 2

问题 3 在向量等式 $\overrightarrow{AB}+\overrightarrow{BC}=\overrightarrow{AC}$ 两边点乘同一个向量,你还能得到其他的数量等式吗?

意图 两边同时点乘一个边向量得到射影定理;两边同时点乘一条边的垂向量得到正弦定理.

评注 这里的递进性问题不仅回顾了正、余弦定理的生成过程,还揭示了"将向量等式转化为数量等式"这一研究思想.

1.2 利用递进性问题固化常规的解题思路

在高三数学第一轮复习中,不少学生对于一些常规问题的解决还处在一个懵懂阶段,这时宜设置一些递进性的问题,帮助学生固化一些常规的解题思路,形成有序的解题思维.

案例 2 导数的综合应用

题目 求函数 $f(x)=ax^2+(1-2a)x-\ln x(a<0)$ 在区间 $\left[\frac{1}{2},1\right]$ 上的最小值.

解析 对 $f(x)$ 进行求导,得 $f'(x)=2ax+(1-2a)-\frac{1}{x}(x>0)$.

问题 1 这个导函数的符号最终取决于哪个式子?

意图 引导学生学会“一看实质”,善于把握问题的本质. 例如,经通分后发现本题中的导函数,其符号取决于分子 $2ax^2+(1-2a)x-1$.

问题 2 这个式子的对应函数中哪些元素已经确定?

意图 引导学生学会“二看定量”,如二次函数的开口方向、对称轴、纵截距等. 这里,$2ax^2+(1-2a)x-1(a<0)$对应的二次函数开口一定向下,纵截距恒为-1.

问题 3 导函数的零点情况如何?

意图 引导学生学会“三看零点”,通常看导函数有无零点,有几个零点,大小关系如何等. 本题中的导函数有两个零点 $x_1=1$,$x_2=-\frac{1}{2a}$,大小关系不定.

问题 4 导函数的零点与所给区间的位置关系如何?

意图 引导学生学会“四看位置”,即看导函数的零点与所给区间的相对位置关系,不能确定的,要分类讨论. 本题中,因零点 $x_2=-\frac{1}{2a}$与所给区间$\left[\frac{1}{2},1\right]$的位置关系不能确定,所以要分三种情况讨论.

评注 这里的递进性问题帮助学生固化了处理含参导数问题的“四看”步骤,一定程度上能增强学生的解题能力.

2. 设置对应性问题,促进学生理解与构建

2.1 利用对应性问题促进学生对概念的理解

数学概念是解题的起点,在高三数学复习课上,宜设置一些问题来促进学生对相关概念的理解. 这些问题可与知识相对应,逐个给出.

案例 3 函数的单调性

问题 1 从以下角度看,你是如何理解“增函数”这个概念的?

(1) 从图象变化的趋势看;

(2) 从代数刻画的角度看;

(3) 从导数的角度看;

(4) 从增量的角度看.

意图 回顾增函数的直观描述、严格定义及其与导数的联系,并给出“当 $x_1,x_2\in A$ 且 $x_1\neq x_2$ 时,都有$\frac{f(x_1)-f(x_2)}{x_1-x_2}>0$.(也可以写为$(x_1-x_2)[f(x_1)-f(x_2)]>0$)”这一等价定义.

追问 减函数呢？

问题 2 如何理解函数 $f(x)$ 的增区间与减区间？

意图 点明以下几点：函数的增区间与减区间都应是其定义域的子集；函数的单调区间描述的是函数图象在局部的变化趋势；在某个增区间内，当 $x_1<x_2$ 时，不等式 $f(x_1)<f(x_2)$ 应是恒成立的；一个函数可有多个增区间或减区间，中间不可随便用“$\cup$”号联接.

问题 3 如何理解函数 $f(x)$ 是单调函数？

意图 点明以下几点：说明函数 $f(x)$ 在其定义域内要么是增函数，要么是减函数；对函数 $f(x)$ 定义域内任意的 $x_1<x_2$，恒有 $f(x_1)<f(x_2)$（或 $f(x_1)>f(x_2)$）；若 $f'(x)$ 存在，则 $f'(x)\geqslant 0$（或 $f'(x)\leqslant 0$），其中 $f'(x)=0$ 无连续的根；从图象上看，函数 $f(x)$ 的图象与直线 $y=a(a\in\mathbf{R})$ 至多有一个交点.

评注 这里的每个问题都对应着一个重要的数学概念，这些问题的解决能起到强化概念的多元表征，加深学生对有关概念的理解，警示一些注意点等作用.

2.2 利用对应性问题促进方法体系的构建

对于解题方法较多的某类问题，在高三数学复习课上，可选择与每种解法相对应的一些题目逐个给出，以此构建较完整的方法体系.

案例 4 函数的值域

问题 1 已知函数 $y=f(x)$ 的图象如图 3 所示，那么 $f(x)$ 的定义域是________，值域是________.

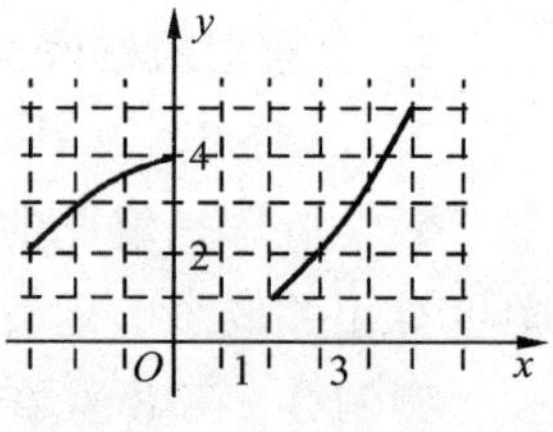

图 3

问题 2 函数 $y=x^2+2$ 的值域是________；函数 $y=x^2+x+2$ 的值域是________.

问题 3 函数 $y=\dfrac{2}{x}+1$ 的值域是________；函数 $y=\dfrac{x}{2x+1}$ 的值域是________.

问题 4 函数 $y=\log_2 x\left(0<x\leqslant\dfrac{1}{2}\right)$ 的值域是________；函数 $y=2^x+\log_2 x(x\in[1,2])$ 的值域是________.

问题 5 函数 $y=x+\sqrt{x+1}$ 的值域是________；函数 $y=x+2\sqrt{1-x}$ 的值域是________.

问题 6 函数 $y=x+\frac{1}{x}(x>0)$ 的值域是________；函数 $y=\frac{x^2+1}{x}$ 的值域是________.

问题 7 函数 $y=\frac{2x+1}{x^2+3}$ 的值域是________.

问题 8 函数 $y=\frac{1}{3}x^3-x^2+x-2,x\in(1,2]$ 的值域是________.

意图 在每个问题后提炼出求函数值域的对应方法.

评注 这里的问题就是具体的数学题目，这些对应性问题的解决自然构建了求函数值域的方法体系.

3. 设置总起性问题，引发学生关注与思考

高三数学复习课上，在某类问题出现之前，可用一个问题作为总起，引发学生对该类问题的关注与思考，明确阶段的学习目标.

案例 5 函数的奇偶性

问题 已知函数 $f(x)$（含参数）的奇偶性来反求参数时，通常如何处理呢？

题 1 已知函数 $f(x)=ax^2+bx$ 是定义在 $[a-1,2a]$ 上的偶函数，则 $a+b$ 的值为________.

启示 1 有时要运用定义域的对称性来处理问题.

题 2 若函数 $f(x)=\frac{a\cdot 2^x+a-2}{2^x+1}$ 为奇函数，则实数 a 的值为________.

启示 2 奇函数 $f(x)$ 在 $x=0$ 处有定义时，可用 $f(0)=0$ 来处理问题.

题 3 若函数 $f(x)=\frac{2^x-a}{2^x+a}$ 为奇函数，则实数 a 的值为________.

启示 3 不能确定奇函数在 $x=0$ 处是否有定义时，可利用定义来处理.

题 4 已知函数 $f(x)=\frac{px^2+2}{3x+q}$ 是奇函数，且 $f(2)=\frac{5}{3}$.

(1) 求实数 p,q 的值；

(2) 判断函数 $f(x)$ 在 $(-\infty,-1)$ 上的单调性，并加以证明.

启示 4 在解答题中运用函数的奇偶性时，要么直接利用定义；要么先根据特殊情况得到参数的值，再代回到解析式中验证其奇偶性.

评注 这里的总起性问题引发了学生对后面题组的关注与思考，进而提炼了“已知函数奇偶性反求参数”这一类问题的常规解题切入方法.

4. 设置回望性问题,引导学生反思与总结

高三数学复习课上,在某类问题解决之后,或者在课的结尾处,可用问题引导学生回头看,对解题过程进行反思,对相关的思想方法、解题策略或注意点等进行归纳与总结等.

案例 6　解三角形

(课上,在对多道解三角形问题的体验与感悟之后,笔者作了如下置问)

问题　你认为在解三角形时,通常要注意些什么?

(经过多位学生的发言与补充,得到了如下启示)

启示　(1) 知两角,即知三角;

(2) 知一角,角可归一;

(3) 知一角,其余角范围已缩小;

(4) 知三边(之比),即知三角;

(5) 看到 $a^2+b^2-c^2$ 等,即想到余弦定理;

(6) 边与正弦的齐次式可互化;

(7) 边角关系式,可化边,可化角;

(8) 不能直接用公式求得的边长,不妨试试方程思想;

(9) 遇角即判断钝锐,尽量缩小角的范围.

评注　这里的回望性问题对解三角形中涉及的一般解题策略与注意点等做了高度的浓缩与概括.

通过实践,笔者认为在高三数学复习课中采用"问题驱动"的教学方式具有可显化教学目标、能明确思考方向、易进行提炼总结、利增强师生互动等优点,能提高复习的有效性.

三、用问题还原数学概念自然性的实践①

数学概念是数学的逻辑起点,是学生认知的基础,是学生进行数学思维的核心,在数学学习与教学中具有重要的地位. 世间万物无不具有其产生与发展的自然性,数学概念也不例外,它的产生与发展应是合理的、水到渠成的,但教材中的很多概念都是直接呈现的,缺少对其形成过程的介绍,掩盖了这种自然性. 教学中如果将这些概念直接强加给学生,不仅会让学生感到定义来得突然,内容比较费解,而且不利于学生掌握其本质,所以概念

---

① 刘飈,王克亮. 还原数学概念自然性的策略初探[J]. 数学通报,2016(10):4-8.

教学宜通过老师的教学设计把其自然性还原出来．下面笔者就结合自己的教学实践来肤浅地谈一谈用问题还原数学概念自然性的一些做法．

1．体验具体实例，实现知识抽象

皮亚杰认为："传统数学教学的缺点，在于往往只是口头上讲解，而不是从实际操作开始数学教学．"也就是说，学生对一些抽象数学概念的接受，往往需要从具体的实例出发，表现出对具体材料的依赖性．所以在教学中，教师往往需要凭借具体的素材来建立模型，即列举足够数量的实例，并用问题让学生在其共性中抽象出有关概念．这样做既还原了概念的自然性，学生也乐于接受．

案例 1　函数的概念

初中已学过函数的概念，高中再次学习不是简单的重复，而是从"变量说"到"对应说"的飞跃．建立在集合论基础上的"对应说"相对比较抽象，学生接受起来有一定的困难，此时的教学必须借助实际素材，让学生有足够的体验．这里不妨看一下苏教版教材中提供的几个实例．

实例 1　估计人口数量变化趋势是我们制定一系列相关政策的依据．从人口统计年鉴中可以查得我国从 1949—1999 年人口数据资料，如下表所示：

年份	1949	1954	1959	1964	1969	1974	1979	1984	1989	1994	1999
人口数/百万	542	603	672	705	807	909	975	1035	1107	1177	1246

实例 2　一物体从静止开始下落，下落的距离 y(m)与下落时间 x(s)之间近似地满足关系式 $y=4.9x^2$．

实例 3　图 1 为某市一天 24 小时内的气温变化图．

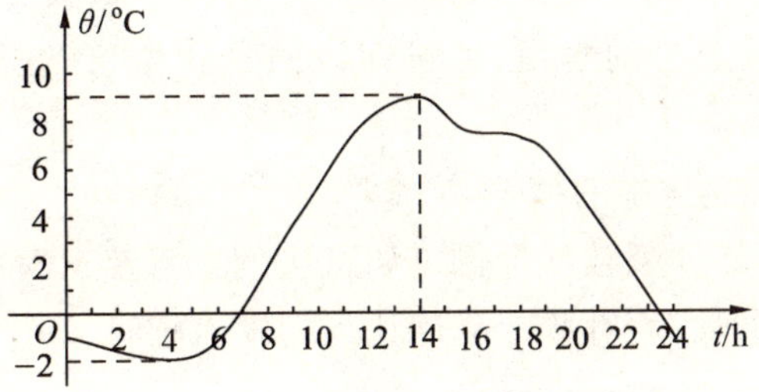

图 1

教学中，为了能够自然地抽象出函数的新定义，在运用上述实例时宜注意以下几点：

(1) 显化两个集合. 要将每个实例中隐含的两个集合显化出来,如实例1中年份的集合 A 和人口数的集合 B;实例 2 中下落的时间集合 A 和下落的距离集合 B;实例 3 中时间的集合 A 和气温度数的集合 B.

(2) 体验对应关系. 要引导学生充分体验两个集合中元素间的对应关系,如实例 1 中,对于集合 A 中的每个年份,在集合 B 中都只有唯一的人口数与它对应;实例 2 中,对于集合 A 中的每个下落时间,在集合 B 中都只有唯一的下落距离与它对应;实例 3 中,对于集合 A 中的每个时间,在集合 B 中都只有唯一的气温度数与它对应.

(3) 揭示共同属性. 宜设计一些问题,引导学生揭示上述几个实例的共同属性,如:

问题 1 上述几个实例有哪些共同的特点?

① 都涉及两个集合 A,B;② A,B 都是非空的数集;③ 对于集合 A 中的每一个元素,在集合 B 中都有唯一的元素与之对应.

问题 2 如果把对应关系称为对应法则 f,数集 A,B 中的元素名称分别记为 x,y,那么上述三个例子的共同特点又可以如何来叙述呢?

概括得到函数的新定义.

(详见第六章教学设计案例 3)

评注 这里的三个实例从表格、表达式、图象这三个不同角度让学生有了充分体验,揭示了函数的本质内涵. 教学中应不厌其烦地重复叙述几个实例的共同特点,逐步指向函数的新定义,这样才能较好地还原函数概念的自然性. 所以,从看得见、可体验的具体实例出发,并借助问题进行抽象是概念教学最常用的一种策略.

2. 设计引导问题,实现知识生长

在第五章第一节中笔者提到,新知教学的一个重要方面是教师要设计合理的问题来指导学生的学习,促进知识的自然生长. 这里,笔者再举一个案例.

案例 2 平均变化率的概念①

在本小节中,苏教版教材提供了如下实例:世界充满着变化,有些变化几乎不被人们所察觉,而有些变化却让人们发出感叹.

某市 2004 年 4 月 20 日的最高气温为 33.4 ℃,而 4 月 19 日和 4 月 18 日的最高气温分别为 22.4 ℃和 18.6 ℃,短短两天时间,气温陡增了 14.8 ℃,

---

① 王克亮. 平均变化率几个精彩教学片断的摘录与点评[J]. 中学教研(数学),2010(1):16-18.

闷热中的人们无不感叹：“天气热得太快了！”

但是，如果我们将该市今年 3 月 18 日的最高气温 3.5 ℃与 4 月 18 日的最高气温 18.6 ℃进行比较，发现两者温差为 15.1 ℃，甚至超过了 14.8 ℃，而人们却没有发出上述感叹.

教学中，为了能够自然地抽象出平均变化率的概念，对于本实例的运用，可从以下几个角度进行引导：

(1) 用“形变”反映“温变”. 教材在这个实例的后面给出了“气温-时间”的表格，为了更直观地看出气温的变化情况，可给出如下问题：

问题 1 除了用表格外，还有什么数学工具能直观地反映上述气温的变化情况呢？

设置这个问题的意图是引导学生作图与识图. 如图 2 所示，以 3 月 18 日作为第一天，则 A，B 之间的曲线表示的是 3 月 18 日—4 月 18 日的日最高气温变化情况，B，C 之间的曲线表示的是 4 月 18 日—4 月 20 日的日最高气温变化情况. 容易看出，B，C 之间的曲线比 A，B 之间的曲线更加“陡峭”，所以曲线的“陡峭”程度反映了气温变化的快与慢.

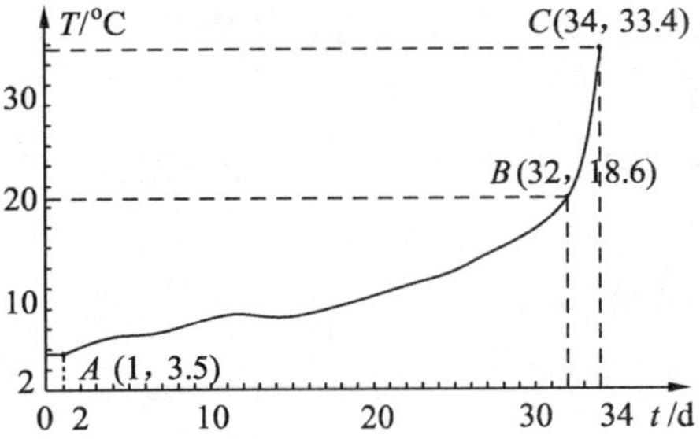

图 2

(2) 用“数量”刻画“形变”. 在图形分析的基础上，可给出下面的探究性问题：

问题 2 能否从数量关系上刻画这两条曲线段的“陡峭” 程度呢？

对于这个问题，学生通常会有两种研究思路：一是看 AB，BC 这两段上的“日平均变化温度”；二是将两段曲线近似看成直线，用直线的斜率来量化. 当学生提出这两种想法时，可引导学生通过计算发现这两者的本质是一致的，都归结为比较 $\frac{T_2-T_1}{t_2-t_1}$ 这种量.

(3) 从“特例”抽象“一般”. 在上述讨论的基础上，可提出如下问题：

问题3 如果把$\dfrac{T_2-T_1}{t_2-t_1}$这个量称为气温在区间$[t_1, t_2]$上的平均变化率，那么对于一般的函数$f(x)$而言，你能定义它在区间$[x_1, x_2]$上的平均变化率吗？

此时，学生已不难说出$\dfrac{f(x_2)-f(x_1)}{x_2-x_1}$这个表达式了.

（详见第六章教学设计案例14）

评注 在实际素材的基础上，通过三个问题的引导，学生自然建构出了平均变化率的概念，丝毫没有强加之意，完全符合最近发展区的认知规律. 所以，设计合理的问题来促进知识的自然生长，是还原概念自然性的又一常用策略.

3. **类比熟悉概念，实现知识迁移**

类比是把未知与已知联系起来，由已知推出未知的过程，它是一种重要的推理方法，也是一种富于创新的思维方式. 数学中同一知识体系内的不同概念或不同知识体系里的相关内容往往具有相同或相似点，教学中如果能设置合理的情境与问题，让学生根据其相似性进行类比学习，既能让学生学得轻松，也能较好地培养学生良好的思维品质.

案例3 面面垂直的定义①

因为"面面垂直"与"线线垂直"的定义高度相似，所以可采用类比的方法引进新概念. 以下是笔者的设计思路.

（1）自制模具. 如图3所示.

（2）模具引入.（演示模具1，将两图板穿插成如图4的样子）大家请看，这是相交的两个平面，（将模具1摆成面面垂直）像这样的两个平面，给我们的感觉是什么？（稍顿，学生回答：相互垂直）. 也就是说，两个平面相

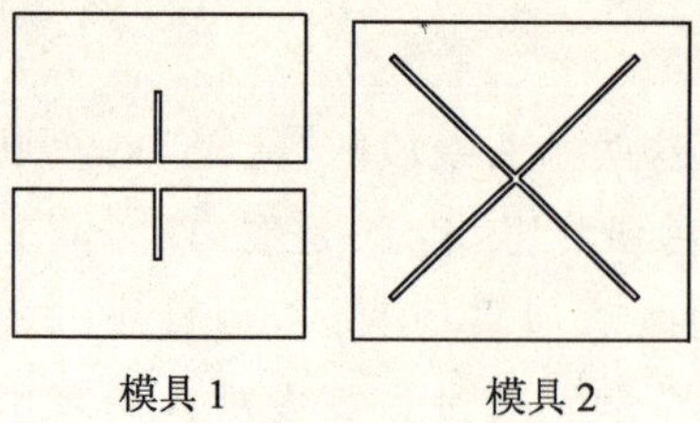

图3

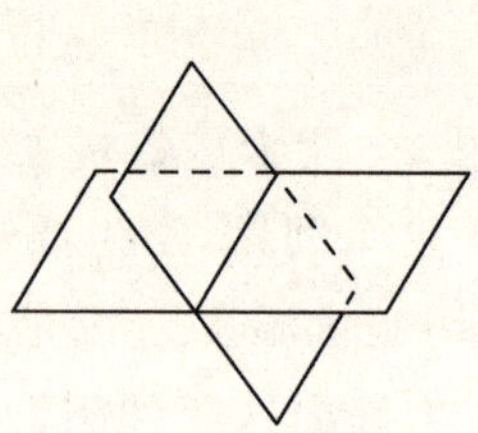
图4

① 王克亮. 承上启下 和谐扩展"面面垂直的定义与判定"教学设计[J]. 中学数学，2005(6)：18—20.

交当中有一种特殊的位置关系，那就是两个平面相互垂直．这一节课，我们一起来讨论两个平面垂直的定义与判定——引入课题．

（3）类比定义．首先我们一起回忆一下两条直线相互垂直是如何来定义的？（演示模具2，看被挖去的两条槽线）两条直线相交形成了四个角，它们的大小关系是相等或互补，如果其中有一个角是直角，那么这四个角就都是直角．在这种情况下，我们就称这两条直线相互垂直，从而两条直线相互垂直的定义是这样的：两条直线相交，如果所成的角是直角，那么称这两条直线相互垂直（板书该定义，并在关键处画线）．

问题　如果采用类似的方法来研究两个平面相互垂直，那么你认为该如何定义呢？

在前面隐性提示的基础上，学生自然会在画线处作相应的升维：两个平面相交，如果所成的二面角是直二面角，那么称这两个平面相互垂直．

（4）模具释理．这样的定义合理吗？（将模具1演示成如图4）两个平面相交得到四个二面角，它们有公共的棱，现在棱上任取一点，然后过这一点作棱的垂面（将模具2套在模具1上，如图5所示），那么这个垂面与二面角的每一个半平面都交于一条射线，而这些射线所形成的角就是二面角的平面角，（取出模具2）大家请看，这几个平面角都保留在该垂面上，它们刚好是两条直线相交所形成的四个角．因此，当这四个二面角中有一个是直二面角时，它们就都是直二面角，这时，我们就可以称这两个平面相互垂直了．从而，刚才的定义是完全合理的．

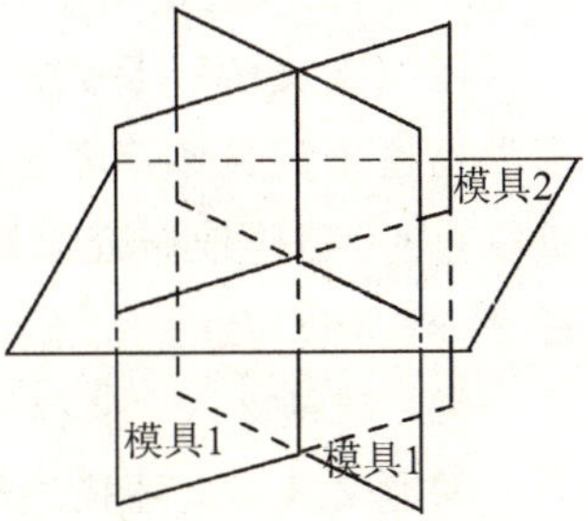

图5

评注　这里仅仅是把线线垂直定义中的几个关键字眼稍做变化，就得到了面面垂直的定义，一切都显得顺理成章，学生易于接受．所以，设置类比性问题也是还原数学概念自然性的常用策略之一．

4．**根据不同表征，实现知识转译**

有些数学概念有着多重表征形式，教学中可从学生熟悉的表征形式出发，通过设置问题来逐步理解与意会，将其转译成新的表征形式，进而得到新的数学概念，这样也能较好地还原相关概念的自然性．

案例4　函数的单调性

学生在高一学习单调性的概念之前对函数的这一性质并不陌生，其认识来源于初中函数知识的学习，只是当初学习时没有提到增（减）函数这个名称，也没有用严格的数学语言来阐述，所以对于这一概念的教学可从学生已有的认知出发，逐步进行转译.

(1) 转译1——从直观图形到描述性语言.

问题1.1 如图6，函数 $f(x)=x^2$ 图象的变化趋势如何？

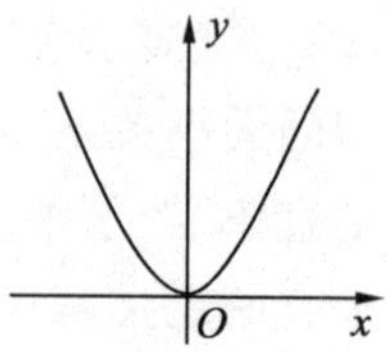

图6

在学生回答的基础上，可先给出增(减)函数的名称：在数学上，通常把图象呈逐渐上升趋势的这一段函数称为增函数，而把图象呈逐渐下降趋势的这一段函数称为减函数.

问题1.2 初中我们是如何描述图象呈逐渐上升趋势的这种状态的？

得到增函数定义的描述性语言：y 随着 x 的增大而增大.

问题1.3 如果将此作为增函数的定义，你能用定义证明函数 $f(x)=x^2$ 在 $(0,+\infty)$ 上是增函数吗？

依据定义解题是数学中的一种常用的方法，这里学生感到说不清楚的缘由是这个定义本身不够精确，它只是一种描述性的语言，无法进行运算. 所以，为了精确地研究函数的增减情况，有必要给增(减)函数下一个严格的定义.

(2) 转译2——从描述性语言到任意变量.

问题2.1 上述描述性定义中的“增大”与“减小”是什么意思？

增大(或减小)就意味着比较，至少需要两个量，即原来一个量，现在一个量.

问题2.2 回到“证明函数 $f(x)=x^2$ 在 $(0,+\infty)$ 上是增函数”这个问题，你认为下面的判断对吗？

① 因为 $1<2$，且 $f(1)<f(2)$，所以 $f(x)=x^2$ 在 $(0,+\infty)$ 上是增函数.

② 因为 $1<2<3<\cdots$，且 $f(1)<f(2)<f(3)<\cdots$，所以 $f(x)=x^2$ 在 $(0,+\infty)$ 上是增函数.

不论取多少个特殊值，都不能保证所有两组值之间都符合要求，即必须满足“自变量大的，函数值也大”才行. 但所有值都拿来比较又无法做到，因此必须取任意的两个值才行.

问题2.3 如何才能保证所取值的任意性？

用字母来表示，不妨设为 x_1，x_2.

(3) 转译3——从任意变量到初步定义.

问题3.1 当任取的两个自变量为 x_1，x_2 时，对应的函数值 y_1，y_2 如何表示?

用 $f(x_1)$,$f(x_2)$表示.

问题 3.2 如此一来,你认为增函数的定义该如何描述呢?

任取 x_1,x_2,当 $x_1<x_2$ 时,有 $f(x_1)<f(x_2)$.

问题 3.3 如果将此作为定义,能证明函数 $f(x)=x^2$ 在$(0,+\infty)$上是增函数吗?

试一下就发现可以运算与证明了.

(4) 转译 4——从初步定义到完整概念.

问题 4 对于一般的函数 $f(x)$而言,它在定义域 A 内可能不是增函数,但在 A 的某个子集 I 上却有可能是增函数,如何进一步完善上述定义呢?

一般地,设函数 $y=f(x)$的定义域为 A,区间 $I\subseteq A$,如果对于区间 I 内的任意两个值 x_1,x_2,当 $x_1<x_2$ 时,都有 $f(x_1)<f(x_2)$,那么就说函数$f(x)$在区间 I 上是单调增函数.

(参见第六章教学设计案例 4,略有改动)

评注 这里从"形"的表征形式出发,先回顾初中"描述性"的表征语言,再通过逐步转译,最终得到了严格的"数"的表征形式,还原了增函数这个概念的自然性,克服了学生的畏惧心理. 所以,利用问题对相关知识进行合理转译也是还原概念自然性的一种策略.

以上探索还很肤浅,尚不成熟. 在实际教学中,笔者的体会是上述几个策略并不是孤立的,往往要通过多种策略的协同运用才能达到预期的效果.

四、让问题探究成为高中数学教学的主旋律①

探究活动是课堂问题解决的主渠道,是发挥学生聪明才智的主阵地,是培养学生创新能力的主要途径. 课堂上,问题探究是否得以有效开展是衡量学生的主体地位有没有得到充分发挥的重要标尺. 那么,如何有效实施课堂问题的探究活动呢? 下面笔者谈一谈自己的肤浅做法.

1. 大胆设问,在新知生成时留下探究空间

新课程提倡通过创设问题情境来再现有关数学概念、定理、结论等的形成过程,在运用这些情境时,我们可以大胆设问,为知识的形成留下悬念,以

① 王克亮. 提升数学问题探究价值的策略初探——让问题探究成为高中数学教学的主旋律[J]. 中学数学月刊,2009(1): 19-21(收录时有较大修改).

提升情境问题的探究价值.

案例1　余弦定理①

"余弦定理"是新课标教材必修5第1章"解三角形"第2小节的内容，本节课的难点有两个：一是余弦定理的生成；二是余弦定理的证明.其中定理的证明不可避免地受到定理生成方式的影响.苏教版教材的处理方式是在回顾了第1小节中正弦定理的向量证法思想后，设置了"还有其他途径将向量等式$\overrightarrow{BC}=\overrightarrow{BA}+\overrightarrow{AC}$数量化吗"这个探究性问题，接着用寥寥几行字直接给出了余弦定理的向量证明过程及定理内容.同时，在配套教师用书的边注中给出了定理的另外三种证法.

2010年3月7日—10日，笔者在江苏省太仓高级中学参加了省教研室组织的高中数学青年骨干教师研修活动，活动采用了"三次备课、三次上课、三次点评"的模式.在"原生态"的备课中，几乎所有与会老师的教学设计都自编了一些实际问题作为情境，从中提炼出数学问题模型引导学生探究，并基于合理猜想来生成余弦定理.这种教学设计的优点在于凸显了从特殊到一般的思维方式，也有助于学生对公式的理解与记忆.不足之处是对于定理的证明，学生容易想到的是几何方法，而对于向量方法，尽管前面在正弦定理的证明当中已经有所体验，但因尚未被学生内化，所以还不能运用自如，因而这一主要方法的给出还得依赖于教师的启发.

活动中，经过两次上课与点评之后，与会老师们逐步认同了专家组的"尊重教材的处理方式"这一观点.以下是经过多次打磨后的部分课堂实录：

师：前面我们学习了正弦定理，需要大家关注这样两个问题：一是定理的用途；二是定理的证明(接着，师生一起简要回顾了构造直角三角形法、外接圆法和向量法这三种证法).其中的向量方法，由于在正弦定理的证明过程中并没有表现得特别优秀，可能被大家所忽略.这里，我们不妨再次回顾一下它的证明思想，即：

向量等式	作数量积	数量等式
$\overrightarrow{BC}=\overrightarrow{AC}-\overrightarrow{AB}$	$\xrightarrow[\text{点乘高向量 }\overrightarrow{AD}]{}$	$\dfrac{b}{\sin B}=\dfrac{c}{\sin C}$

问题　如果在向量等式$\overrightarrow{BC}=\overrightarrow{AC}-\overrightarrow{AB}$的两边同时点乘其他向量，还能得到别的数量等式吗？所得到的等式会不会对解三角形也有作用？请大家

① 王克亮.余弦定理几个生成案例的分析与感悟[J].中学数学教学参考,2011(11)：15－17.

试一试.

（学生充分探究之后）

生 1：在向量等式$\overrightarrow{BC}=\overrightarrow{AC}-\overrightarrow{AB}$的两边同时点乘$\overrightarrow{BC}$，得$\overrightarrow{BC}\cdot\overrightarrow{BC}=\overrightarrow{AC}\cdot\overrightarrow{BC}-\overrightarrow{AB}\cdot\overrightarrow{BC}$，可得 $a=b\cos C+c\cos B$.

师：这个结论对解三角形有作用吗？

生 1：有用. 比如，当知道角 B，C 与边 b，c 时，就可以求出边 a.

追问　除此以外，其他同学有别的发现吗？

生 2：将向量等式$\overrightarrow{BC}=\overrightarrow{AC}-\overrightarrow{AB}$两边平方，可以得到 $a^2=b^2+c^2-2bc\cos A$.

师：这个结论对解三角形有帮助吗？

生 2：当知道两边 b，c 及其夹角 A 时，就可以求出第三边 a.

师：非常好！现在我们再回头看一下这两个结论的形成过程，即：

向量等式	作数量积	数量等式
$\overrightarrow{BC}=\overrightarrow{AC}-\overrightarrow{AB}$	$\xrightarrow[\text{点乘向量 }\overrightarrow{BC}]{}$	$a=b\cos C+c\cos B$
$\overrightarrow{BC}=\overrightarrow{AC}-\overrightarrow{AB}$	$\xrightarrow[\text{两边平方}]{}$	$a^2=b^2+c^2-2bc\cos A$

师：这里的两个结论，前一个我们通常称为射影定理，就是教材必修 5 习题 1.2 第 7 题中的一个结论；后一个就是我们今天所要学习的余弦定理——引入课题（以下均略）.

评注　该片断是融入了许多宝贵建议的三次备课后的“代表之作”，当教者揭示了正弦定理的向量证法的原理之后，即放手让学生探究，余弦定理只是作为学生的探究结果之一. 如此设计的优点在于学生有了真正的探究，有了自己的发现，成了课堂的主人. 同时，学生对这里的向量方法也有了较为深刻的认识与理解. 显然，该片断的精彩之处就在于教师给学生留下了较多的探究空间.

2. 子问题导引，在解题教学中铺下探究之路

解题教学是数学课上一个必不可少且十分重要的环节，为了体现新课程的理念，我们可以根据一些题目的特点，有针对性地设计几个子问题来引导学生挖掘题目的隐含条件、沟通条件与结论的联系、揭示问题的本质或者进行必要的拓展与引申等.

案例 2　不等关系（苏教版新课标教材必修 5 第 1.1.1 节）

教材对这节课的设计思路是通过具体情境中的三个问题，引导学生对问题中包含的数量关系进行分析，找出其中的不等关系，并由此建立不等式. 本节课的难点就是建立相关的数学模型. 请看教材中的例 3：

下表给出了 X，Y，Z 三种食物的维生素的含量及成本：

	维生素 A(单位/kg)	维生素 B(单位/kg)	成本(元/kg)
X	300	700	5
Y	500	100	4
Z	300	300	3

某人欲将这三种食物混合成 100 kg 的食品，要使混合食品中至少含 35000 单位的维生素 A 及 40000 单位的维生素 B，设 X，Y 这两种食物各取 x kg，y kg，那么 x，y 应满足什么关系？

在 2006 年射阳县高中数学优质课竞赛中，一等奖获得者刘亚老师在分析这道例题时设计了以下子问题引导学生思考与探究：

问题 1 食物 Z 取多少千克？此时食物 X，Y，Z 分别含维生素 A，维生素 B 各多少单位？

问题 2 如何将混合食品中有关维生素含量的要求用数学式子表示出来？

问题 3 你能将相应的成本表示出来吗？

问题 4 如果你是该食品厂的经理，你准备如何来配制这种食品？（留给大家课后探究）

评注 只要回答出这四个子问题，不仅原问题自然地得到了解决，而且还能有所拓展. 刘老师的课之所以能获得一致好评，应该归功于他对每一道例题所设计的子问题(因限于篇幅，这里仅介绍了例 3).

3. **类题剖析，在试题讲评中踩下探究脚印**

为了提高试卷讲评的针对性，我们提倡重点分析一些学生出错率较高的题目. 因为学生对这些问题已经有了自己的感悟与答案，所以分析致错原因、挖掘题目本质、探求一般规律是课堂教学的主要任务. 在试题讲评课上，设置容易混淆的类似问题让学生来探究是剖析错因的一个有力手段.

案例 3 苏教版新课标教材必修 3 第 3.4 节例 3①

题目 黄种人群中各种血型的人所占的比如下表所示：

① 王克亮. 一道联考试题的评讲札记[J]. 中学教研(数学)，2007(5)：33－35.

血型	A	B	AB	O
该血型的人在黄种人群中所占的比/%	28	29	8	35

已知同种血型的人可以输血，O 型血可以输给任一种血型的人，任何人的血都可以输给 AB 型的人，其他不同血型的人不能互相输血. 小明是 B 型血，若小明因病需要输血，问：

(1) 任找 1 个人，其血可以输给小明的概率是多少？

(2) 任找 2 个人，其中至少有一个人的血可以输给小明的概率是多少？

盐城市 2006 年高三调研考试时用了这道题目，当时的高三还没有进入新课程. 笔者在讲评这道试题时，首先给出了下面两道形似质异的问题：

问题 1　小明因病需要输血，已知小明是 B 型血，现有 100 人可供输血，其中 A,B,AB,O 型血的人分别有 28、29、8、35 人，从中任选 2 人，问至少有一个人的血可以输给小明的概率是多少？

问题 2　小明因病需要输血，小明是 B 型血，已知在黄种人群中任选一人，其血型为 A,B,AB,O 型的概率分别为 0.28、0.29、0.08、0.35. 现从中任选 2 人，问至少有一个人的血可以输给小明的概率是多少？

课上，通过对这两道题的比较与剖析，让学生自己探究出了答错试题的原因；接着我们大胆地提出一个猜想：问题 2 的条件提供的是概率，就相当于提供了无穷多人可供输血；最后我们又从函数的单调性以及极限这两个角度验证了该猜想，进而找到了这两个问题之间的联系. 讲评实录如下：

师：本题源于新教材(该题由江苏教育出版社《普通高中课程标准实验教科书(必修 3)》第三章第 4 节中的例 3 改编而来)，有一定的前瞻性. 根据数据统计，我班 58 位同学中，得满分 12 分的有 24 人，有 6 位同学虽答案正确但因解题不规范而得了 9 分，另有 21 人得了 6 分，得分不足 4 分的有 7 人，平均得分约为 8.28 分，得分率约为 68.97%. 在得 6 分的 21 位同学中，有 18 名同学对第(2)小题的解法出错原因相同，下面我们重点来分析这种错解的根源. 首先，请两位同学板演上面两道题目(见上，此略)的解答.

生 1 板演了问题 1 的解答，具体如下：

解　记"任选 2 人，其中至少有一个人的血可以输给小明"的事件为 E，它的对立事件为"2 个人的血都不能输给小明".

因为从 100 个人中任选 2 个人的基本事件总数为 C_{100}^2，而选出的 2 个人的血都不能输给小明，说明这两人是 A 型或 AB 型血，由于是这两种血型的共有 28+8=36 人，所以"选出的 2 个人的血都不能输给小明"这一事件中包含的基本事件数为 C_{36}^2，从而所求的概率为 $P(E)=1-\frac{C_{36}^2}{C_{100}^2}=\frac{48}{55}\approx 0.8727$.

答 任选 2 人，其中至少有一个人的血可以输给小明的概率约为 0.8727.

生 2 板演了问题 2 的解答，具体如下：

解 对于任一个人，其血型为 A，B，AB，O 型的事件分别记为 A_1，B_1，C_1，D_1，它们是互斥的，由条件知 $P(A_1)=0.28$，$P(B_1)=0.29$，$P(C_1)=0.08$，$P(D_1)=0.35$.

记“任选 2 人，其中至少有一个人的血可以输给小明”的事件为 E，它的对立事件为“2 个人的血都不能输给小明”. 由于 A 型与 AB 型血不能输给 B 型血的人，故“不能输给 B 型血的人”为事件 A_1+C_1，且 $P(A_1+C_1)=P(A_1)+P(C_1)=0.28+0.08=0.36$.

所以 $P(E)=1-C_2^2\cdot 0.36^2=0.8704$.

答 任找 2 个人，其中至少有一个人的血可以输给小明的概率是 0.8704.

师：这两位同学做得都很好！请问他们在处理这两道题时，主要依据了什么概率计算公式？

生 3：问题 1 的解决主要依据了等可能事件的概率公式，而问题 2 中主要运用了独立重复试验的概率公式.

师：对的. 那么是什么原因导致他们使用了不同的概率计算公式呢？也就是说两道题的主要区别是什么？

生 4：问题 1 中的数据告诉我们的是人数，而问题 2 中的数据告诉我们的是概率.

师：有道理！对于上述试题的第(2)小题，试卷上有的同学是按问题 1 的思路去做的，有的同学是按问题 2 的思路去做的，那么，为什么大家会出现两种不同的理解呢？

生 5：可能是他们对表格中的数据理解不同，用解法 1 的同学是把表格中的数据看成了人数，而用解法 2 的同学则是把表格中的数据看成了一组概率.

师：那么哪种理解对呢？

众生：第二种.

师：为何？

生 6：因为表格的第二行写的是“该血型的人在黄种人群中所占的比/%”，所以应该理解成概率.

师：有不同的意见吗？（无人回答）看来大家都默认解法 2 是正确的了. 可是，老师有一点想不通：特殊化思想在数学解题中经常运用，如果这里就将备选人数确定为 100 人，那么 A，B，AB，O 型的人数就相应为 28、29、8、35 人，这样处理为什么不可以呢？

生 7：如果总人数设定为 100 人，那就得考虑小明的血不能输给他自己了.

师：既然是备选人数，那么这 100 人当然不包括小明自己了.

生 8：如果备选人数能设定为 100 人的话，那么也可以设定为 200 人或 1000 人等. 课前我算了一下，当备选人数设定为 200 人时，得到的结果是 0.8716；当备选人数设定为 1000 人时，得到的结果是 0.8706. 这些结果各不相同，说明解决本题利用特殊化思想是不可取的.

师：生 8 是个有心人，对待问题总是一丝不苟！

生 9：我不用算也知道这种做法不可取，因为当备选人数设定为 50 人时，本题就没法运算了.

师：你很睿智！这是理性思维的体现. 看来，特殊化思想在本题中是不能运用的. 但我还是有点想不通：有的同学设定备选人数为 100 人，他们在处理第(1)小题时得到的答案是对的，为什么在处理第(2)小题时得到的答案就不对了呢？

（几分钟过去了，仍无人应答，正当教者准备开口讲解时，生 10 站了起来）

生 10：如果把数据理解成是一组概率，那么任找一个人，其血型是 A 型或 AB 型的概率是 0.36，再任找一个人，其血型仍是 A 型或 AB 型的概率还是 0.36；而当备选人数设定为 100 人时，任找一个人，其血型是 A 型或 AB 型的概率是 $\frac{36}{100}=0.36$，再任找一个人时，其血型仍是 A 型或 AB 型的概率就变成了 $\frac{35}{99}$. 由此可以看出，如果只选 1 人，两者的结果是一样的，而选 2 人时，两者所得的结果就有偏差了.

师：分析得非常好！那么我们是不是可以这样来理解：当把表格中的数据理解成是一组概率时，就相当于将备选人数设定为“无穷多人”.

部分学生：是的.

师：既然可以这么看，那我又有一个问题想不通了：备选人数越多，能给小明输血的人就会越多，为什么此时得到的概率“0.8704”反而小于设定备选人数为100人时所得到的概率“0.8727”呢？

生11：因为$\frac{36}{100}>\frac{35}{99}$，故$1-0.36\times0.36=1-\frac{36}{100}\times\frac{36}{100}<1-\frac{36}{100}\times\frac{35}{99}$，所以问题2求得的结果自然就比问题1求得的结果要偏小些.

师：换句话说，当备选人数增加时，能给小明输血的人数肯定会增多，但相应的概率似乎在减小，生8刚才提供的几个数据也说明了这一点. 那么，能不能从理论上加以证明呢？

生12：应该行，不妨将所讨论的概率表示为备选人数的函数，再证明该函数是减函数就可以了.

师：利用函数思想，这个想法不错！就请你到黑板前证给大家看看.

生12：设备选人数为$100m$（m是正整数），则从中任选2人，至少有一人的血可以输给小明的概率为$P(m)=1-\frac{C_{36m}^2}{C_{100m}^2}=1-\frac{9(36m-1)}{25(100m-1)}$，因为$P(m+1)-P(m)=\frac{9}{25}\times\left(\frac{36m-1}{100m-1}-\frac{36m+35}{100m+99}\right)=\frac{9}{25}\times\frac{-64}{(100m-1)(100m+9)}<0$，所以$P(m)$是单调递减的.

师：生12从理论上验证了$P(m)$是随着m的增大而减小的，那么随着备选人数的增加，概率最低可以降到什么程度呢？

生13：因为$\lim\limits_{m\to+\infty}P(m)=1-\frac{9}{25}\times\frac{36}{100}=0.8704$，所以概率至多只能降到0.8704.

师：咦，这个结果不正是试题第(2)小题的结果嘛！看来，刚才我们把备选人数设定为“无穷多人”是有道理的（不少刚才有疑问的学生的脸上都露出了笑容）.

讨论至此，相信大家对上述试题已经有了一个较为深刻的认识了吧！这里要提醒一些同学，你们第(1)小题的答案尽管是对的，阅卷时也给了6分，但你们对题意的理解已出现了偏差，这在第(2)小题中便体现出来了，希望能引起大家的注意.

至此，这道题的讲评可以画一个句号了吧，还有什么疑问没有？

生14：（有点迟疑）我觉得在第(2)小题中还要加上“任找的2人是相互独立的”这一条件，因为血型的遗传是有规律的，如果所找的两人有血缘关系的话，那么结果就不是这样的了.

师：本题的题意中已隐含了所选两人是相互独立的这一条件，当然，如果强调一下就更好了，生 14 这种严谨的态度值得我们学习！

评注 如此讲评试题，在充分探究的基础上，学生不仅知道了该怎么做，而且知道了为什么要这样做，还探究出了以前未曾想到过的东西，这对学生的思维触动与启发是很大的.

总之，探究活动可以出现在高中数学的各种课型中，也可以出现在一节数学课的诸多环节之中. 探究活动的开展，要求教师有目标意识、问题意识和让位意识等. 探究活动能够把学生推到解决问题的前台，充分发挥学生的主体作用，是培养学生能力的主要途径. 所以，问题探究应当成为高中数学课堂教学的主旋律.

第六章 基于“问题驱动”的教学设计案例

案例1 集合的含义及表示

设计思想

集合是现代数学大厦的基石.集合是一个原始概念,对它的理解往往是意会.本教学设计拟设置一个课堂游戏情境,上课“起立”后老师给出不同的“坐下”指令,让学生在“坐”与“不坐”的犹豫中先行体验集合的要义,然后用四个问题驱动学生自我建构出集合的概念.

教学设计

教学目标

1. 理解集合的含义,知道常用数集及其记法.

2. 初步了解属于关系和集合相等的意义,初步了解有限集、无限集、空集的意义.

3. 初步掌握集合的表示方法,并能正确表示一些简单的集合.

教学重点

集合的含义及表示方法.

教学难点

用恰当的方法表示集合.

过程设计

一、问题情境

(在学生上课“起立”的时候,创设如下游戏情境)

师:上课.

值日班干:起立.

(全体学生都站了起来)

师:请女生先坐下.

(除了女生坐下来外,一些男生也习惯性地坐下了,然后发现不对劲又

站了起来.学生笑)

师:下面请不戴眼镜的男生坐下.

(只有寥寥几位男生坐下了.老师幽默了一下说:“站着的都是有文化的男生.”学生又笑)

师:接下来,高个子的男生请坐下.

(最后几排的男生心安理得地坐下了,中间的男生犹豫不决)

师:那么,身高在1.70 m以上(含1.70 m)的男生请坐下.

(中间犹豫的男生自然地各自定位)

师:最后,请剩下的男生都坐下.

(站着的男生都坐了下来)

师:刚才我发出的很多指令都与一些对象有关,有的涉及数学中的一个概念,即集合.那么,什么是集合呢?它又如何来表示呢?这就是我们今天这节课要学习的内容——集合的含义及表示(板书课题).

二、探究建构

师:我们不难发现,在刚才的所有指令中,只有“高个子的男生请坐下”这道指令使得有些同学不知所措,而其他的指令都不存在这个问题.

问题1 将“高个子的男生”与“女生”“不戴眼镜的男生”“身高在1.70 m以上(含1.70 m)的男生”“剩下的男生”进行比较,你发现两者有什么不同?

生:前者表述得比较模糊,后者表述得比较明确.

师:也就是说,对于在座的每一位同学,听到指令后,自己是否属于这个范畴,前者是不确定的,而后者是确定的.

追问 “女生”“不戴眼镜的男生”“身高在1.70 m以上(含1.70 m)的男生”“剩下的男生”等概念有什么共同的特征呢?

生:它们所指的对象都是确定的.

师:正因为具有这种确定性,所以它们所指的对象都能够形成一个全体.

问题2 刚才下达的这些指令对其他班级同学有效吗?这说明这些指令又具有什么样的特征呢?

生:对其他班级同学无效,这说明这些指令是针对某个范围内的对象而言的.

问题3 某兴趣小组想调查一下我班同学所戴的眼镜是哪些牌子的.根据刚才的讨论,你认为“我班同学所戴眼镜的品牌名称”所指的对象确定吗？它能构成一个全体吗？

生：所指的对象很明确，能够构成一个全体.

追问 1 如果我班有 9 位同学配的是“吴良材”牌眼镜，那么统计的时候，有必要把“吴良材”写 9 遍吗？

生：没有必要，写一遍就可以了.

追问 2 所以，构成一个全体的对象还有什么要求呢？

生：不重复.

师：对，也就是对象之间要互不相同.

问题 4 在数学上，我们通常把符合上述特征的全体称为一个集合. 那么，你能总结一下集合有哪几个特征吗？

生：在一定范围内，确定的对象，不同的对象，全体.

师：非常好！这样我们就有了集合的含义.

1. 集合的含义

一般地，一定范围内某些确定的、不同的对象的全体构成一个集合.

说明 集合的定义方式不同于平常意义上的定义，不是“所谓××，就是指×××”或“我们通常把×××叫作××”这样的形式，而是描述性的定义，所以集合是一个原始概念.

2. 元素的概念

集合中的每一个对象称为集合中的元素.

练习 探讨以下问题：

(1) 由 1,2,2,3 组成的集合中有四个元素吗？

(2) 著名的数学家能构成一个集合吗？

(3) 分别由 a,b,c,d 和 b,c,d,a 构成的集合是同一集合吗？

(4) “中国的直辖市”构成一个集合，你能写出该集合中的元素吗？

(5) “young 中的字母”构成一个集合，你能写出该集合中的元素吗？

(6) “book 中的字母”构成一个集合，你能写出该集合中的元素吗？

答案：(1) 只有三个元素；(2) 不能；(3) 是；(4) 北京，上海，天津，重庆；(5) y,o,u,n,g；(6) b,o,k.

提炼 你认为集合中的元素具有哪些特性呢？

(经过研讨，共同归纳出以下特性)

(1) 确定性：一个元素在不在这个集合中，其判断标准是明确的，要么在，要么不在.

(2) 互异性：集合中的元素各不相同，不重复.

(3) 无序性：集合中的元素是没有顺序之分的.

3. 集合的记法

(1) 集合通常用大写拉丁字母来表示，如集合 A、集合 B 等.

说明 常用的数集及其表示：自然数集 $\mathbf{N}$，正整数集 $\mathbf{N}^*$ 或 $\mathbf{N}_+$，整数集 $\mathbf{Z}$，有理数集 $\mathbf{Q}$，实数集 $\mathbf{R}$.

(2) 集合中的元素常用小写拉丁字母表示. 如果 a 是集合 A 中的元素，那么就记作 $a \in A$，读作“a 属于 A”；如果 a 不是集合 A 中的元素，那么就记作 $a \notin A$ 或 $a \overline{\in} A$，读作“a 不属于 A”.

练习 请用适当的符号填空：

$2\ \underline{\qquad}\ \mathbf{Z}$；$2.5\ \underline{\qquad}\ \mathbf{Z}$；$\sqrt{2}\ \underline{\qquad}\ \mathbf{R}$；$\sqrt{3}\ \underline{\qquad}\ \mathbf{Q}$.

（答案：$\in$，$\notin$，$\in$，$\in$）

4. 集合的常用表示方法

(1) 列举法：将集合中的元素一一列举出来，并置于花括号“{ }”内，如{北京，天津，上海，重庆}，{y，o，u，n，g}等.

(2) 描述法：将集合中的所有元素都具有的性质（或满足的条件）表示出来，写成 $\{x \mid p(x)\}$ 的形式，如 $\{x \mid x$ 为中国的直辖市$\}$，$\{x \mid x$ 为 young 中的字母$\}$，$\{x \mid x<-3, x \in \mathbf{R}\}$.

(3) Venn 图示法：用一条封闭曲线内部表示集合，如图 1 所示.

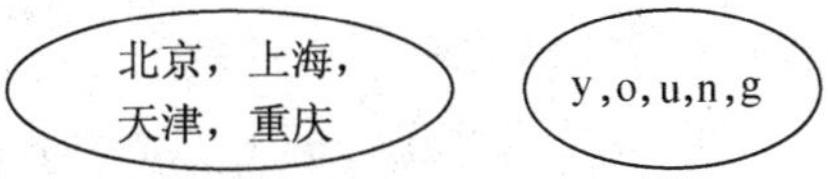

图 1

说明 (1) 用列举法表示集合时，元素之间用逗号隔开，但与元素的次序无关.

(2) 若两个集合所含元素完全相同，则称这两个集合相等.

(3) a 与 $\{a\}$ 不同：a 表示一个元素，而 $\{a\}$ 表示一个集合，且该集合中只有一个元素 a.

(4) 一个集合可以用不同的方法来表示.

练习 (1) 集合 $\{(1,2),(3,4)\}$ 与集合 $\{1,2,3,4\}$ 表示的是同一集合吗？

(2) 你能用不同的方法表示“由方程 $x^2-1=0$ 所有的实数解构成的集合”吗？

解析 (1) 不是同一集合，前者表示的是两个点构成的集合，而后者表示的是四个数构成的集合.

(2) 用列举法表示为 $\{1,-1\}$；

用描述法表示为$\{x|x^2-1=0,x\in\mathbf{R}\}$；

用 Venn 图表示为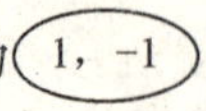

5. 集合的分类

(1) 有限集：含有有限个元素的集合称为有限集.

(2) 无限集：含有无限个元素的集合称为无限集.

(3) 空集：不含有任何元素的集合称为空集，记作$\varnothing$.

例如，$\{x|x^2+x+1=0,x\in\mathbf{R}\}=\varnothing$.

说明　虽然方程$x^2+x+1=0$在实数范围内无解，但它的实数解构成的集合是有意义的，是一个空集.

三、数学应用

例 1　下列各组对象能否构成集合?

(1) 所有的好人；

(2) 小于 2016 的数；

(3) 和 2016 非常接近的数；

(4) 不等式$2x-1>7$的整数解；

(5) 方程$x^2+1=0$的实数解.

解析　(1)(3)中元素不确定，不能构成集合；(2)(4)(5)可以构成集合，其中(5)构成的是空集.

例 2　请用适当的方法表示下列集合：

(1) 由元素 3,7,8,9 组成的集合；

(2) 方程$x^2-2=0$的实数根组成的集合；

(3) 不等式$2x-3>5$的解集；

(4) 1000 以内的所有质数组成的集合.

解析　(1) 可用列举法表示为$\{3,7,8,9\}$；

(2) 可用列举法表示为$\{\sqrt{2},-\sqrt{2}\}$；

(3) 可用描述法表示为$\{x|x>4\}$；

(4) 可用描述法表示为$\{x|x$为 1000 以内的质数$\}$.

提炼　如果元素的公共属性不明显或难以归纳，通常用列举法来表示；如果集合的元素不便于或不需要一一列举出来，常用描述法来表示. 例如，本题中的(1)宜用列举法表示，而(3)(4)宜用描述法表示.

四、课堂小结

1. 本节课我们学习了一种新的数学模型——集合，希望人家理解与掌握集合的含义、集合的表示方法等相关概念.

2. 集合论是德国著名数学家康托尔于19世纪末创立的，现在很多的数学概念都是在集合的基础上提出来的，所以集合论已成为现代数学大厦的基石. 大数学家希尔伯特高度赞誉康托尔的集合论是“数学天才最优秀的作品，人类纯粹智力活动的最高成就之一，这个时代所能夸耀的最巨大的工作”. 所以，为了后面更好地学习与发展，我们一定要把这个基础知识掌握好.

案例2　基本不等式

设计思想

基本不等式是确定不等关系的一个常用工具，应用非常广泛. 但教学中不能将其仅定位在应用上. 本教学设计拟设置两个几何情境，从中抽象出算术平均数和几何平均数的概念，然后在两个问题的驱动下让学生自我发现并证明基本不等式. 把教材中提供的天平称物的情境放到了实际应用之中.

教学设计

教学目标

1. 探索并了解基本不等式 $\sqrt{ab}\leqslant\frac{a+b}{2}(a,b\geqslant 0)$ 的证明过程，体会证明不等式的基本方法，渗透等价转化、数形结合等数学思想.

2. 能运用基本不等式解决一些简单的问题.

3. 经历基本不等式的形成过程，培养良好的思维习惯.

教学重点

基本不等式 $\sqrt{ab}\leqslant\frac{a+b}{2}(a,b\geqslant 0)$ 及其证明，基本不等式的简单运用.

教学难点

基本不等式 $\sqrt{ab}\leqslant\frac{a+b}{2}(a,b\geqslant 0)$ 的证明.

过程设计

一、问题情境

1. 如图1所示，图①是直角边长为$\sqrt{a}$ 的等腰直角三角形，图②是直角边长为$\sqrt{b}$的等腰直角三角形. 现将这两个三角形拼在一起(图③)，合理添加虚线后，图形中可构造出一个矩形.

(1) 这两个三角形的面积之和是多少?

生：$\frac{a+b}{2}$.

(2) 所构成的矩形的面积是多少?

生：$\sqrt{ab}$.

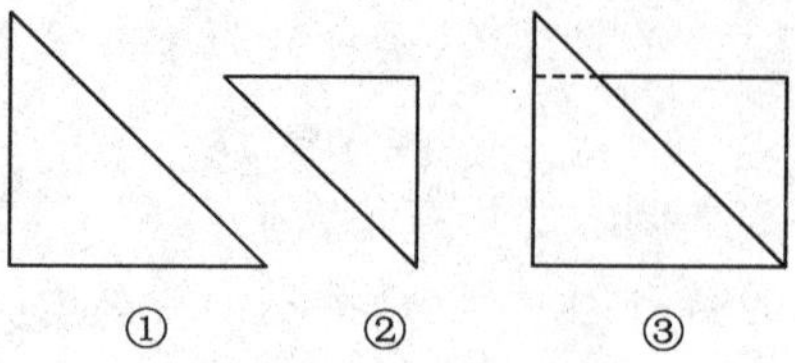

图 1

2. 如图 2 所示，AB 是半圆 O 的直径，P 是半圆上一点，作 $PH\perp AB$，垂足为 H，设 $AH=a$，$BH=b$，则

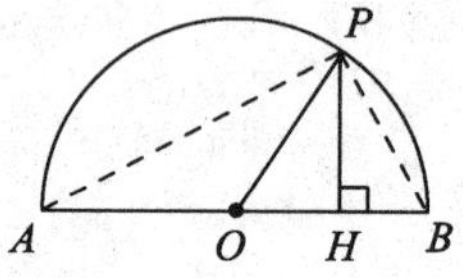

图 2

(1) 半径 OP 的长是多少?

生：$OP=\frac{a+b}{2}$.

(2) 半弦 PH 的长是多少?

生：$PH=\sqrt{ab}$.

师：这两个问题中，都涉及了哪两个量?

生：$\frac{a+b}{2}$与 $\sqrt{ab}$.

师：对. 一般地，对于正数 a，b，通常我们把$\frac{a+b}{2}$称为 a，b 的算术平均数，$\sqrt{ab}$ 称为 a，b 的几何平均数.

那么，算术平均数与几何平均数是不是一回事呢? 它们的大小关系又如何呢? 这是本节课我们将要研究的问题——基本不等式(板书课题).

二、探究建构

问题 1 从上述两张图中，你发现两个正数 a，b 的算术平均数和几何平均数之间具有怎样的大小关系?

生：在图 1 中，因为“矩形的面积不超过两个三角形的面积之和”，所以 $\sqrt{ab}\leqslant\frac{a+b}{2}$.

在图 2 中，因为当点 P 在半圆上运动时，总有“半径不小于半弦”，所以 $\sqrt{ab}\leqslant\frac{a+b}{2}$.

因此，我发现的规律是：对于两个正数 a，b，总有 $\sqrt{ab}\leqslant\frac{a+b}{2}$. 而且，当 a，b 这两个正数本身越接近相等时，$\frac{a+b}{2}$与 $\sqrt{ab}$也越接近相等，只有当 $a=b$

时，$\sqrt{ab}=\frac{a+b}{2}$.

师：也就是说，我们从几何角度得到了一个结论，即对于正数 a,b，有 $\sqrt{ab}\leqslant\frac{a+b}{2}$（当 $a=b$ 时，取等号）.

问题 2　你能从代数角度证明 $\sqrt{ab}\leqslant\frac{a+b}{2}$（$a,b\in\mathbf{R}^+$，当 $a=b$ 时，取等号）吗？请试试看.

生甲：因为 $\frac{a+b}{2}-\sqrt{ab}=\frac{1}{2}[(\sqrt{a})^2-2\sqrt{ab}+(\sqrt{b})^2]=\frac{1}{2}(\sqrt{a}-\sqrt{b})^2\geqslant0$.

当且仅当 $\sqrt{a}=\sqrt{b}$，即 $a=b$ 时取等号.

所以 $\sqrt{ab}\leqslant\frac{a+b}{2}$.

师：生甲将要证明的不等式进行了转化，采用了作差的方法，通常我们称之为"比较法". 即：

$a\geqslant b\Leftrightarrow a-b\geqslant0$；

$a\leqslant b\Leftrightarrow a-b\leqslant0$；

$a=b\Leftrightarrow a-b=0$.

师：需要说明的是，比较法通常包括作差法与作商法两种. 作商法证明不等式适用的对象是两个正数，且最后的商要与"1"来比较. 有其他方法证明上述不等式吗？

生乙：我是这样证明的，不知道对不对？

要证　$\sqrt{ab}\leqslant\frac{a+b}{2}$，

只要证　$2\sqrt{ab}\leqslant a+b$，

只要证　$0\leqslant a-2\sqrt{ab}+b$，

只要证　$0\leqslant(\sqrt{a}-\sqrt{b})^2$.

因为最后一个不等式成立，所以 $\sqrt{ab}\leqslant\frac{a+b}{2}$ 也成立，当且仅当 $a=b$ 时取等号.

师：生乙从要证明的不等式出发，逐步寻找该不等式成立的"源头"，这种证法也是对的，通常称为"分析法". 用分析法证明不等式的一般思想与步骤为：

要证　$a>b$，

只要证　……

……

只要证　$A>B$.

因为最后一个不等式 $A>B$ 成立，所以原不等式 $a>b$ 也成立.

师：用分析法证明不等式时，必要的文字说明不可以省略. 另外，请思考：“$A>B$”是“$a>b$”成立的什么条件？

生：充分条件.

师：对. 有别的方法证明上述不等式吗？

生丙：能不能将分析法反过来写呢？

师：你具体说看看呢.

生丙：对于正数 a,b，有 $(\sqrt{a}-\sqrt{b})^2\geqslant 0$，

$\Rightarrow a-2\sqrt{ab}+b\geqslant 0$，

$\Rightarrow a+b\geqslant 2\sqrt{ab}$，

$\Rightarrow \dfrac{a+b}{2}\geqslant \sqrt{ab}$.

当且仅当 $a=b$ 时取等号.

师：非常好！生丙将分析法的过程反过来书写，很简洁，通常我们称之为“综合法”. 如果把“分析法”表述为“执果索因”的话，那么“综合法”可表述为“由因导果”. 在证明不等式时，我们通常用分析法来寻找思路，用综合法来书写过程.

上述三种方法都从代数角度证明了不等式 $\sqrt{ab}\leqslant \dfrac{a+b}{2}$，所以我们可把它作为定理来直接运用. 事实上，如果把“a,b 是正数”的条件放宽到“$a\geqslant 0$，$b\geqslant 0$”，该不等式也是成立的. 通常，把该不等式称为基本不等式.

基本不等式

如果 $a\geqslant 0,b\geqslant 0$，那么 $\sqrt{ab}\leqslant \dfrac{a+b}{2}$（当且仅当 $a=b$ 时取等号）.

三、数学应用

例 1　设 a,b 为正数，证明下列不等式成立：

(1) $\dfrac{b}{a}+\dfrac{a}{b}\geqslant 2$；　　(2) $a+\dfrac{1}{a}\geqslant 2$.

解析　方法 1：作差比较法；

方法 2：分析法；

方法 3：综合法（含基本不等式法）.

提炼 (1) 基本不等式可作为定理直接运用，这里可运用它的一个变形，即 $a+b\geqslant 2\sqrt{ab}$；

(2) 在使用基本不等式时，应注意其成立的条件.

反思 (1) 这里的第(2)小题实际上是第(1)小题的一个特例，即 $b=1$.

(2) 对于第(1)小题，条件可放宽为“a,b 同号”.

(3) 如果将条件改为“$a,b\neq 0$”，那么 $\frac{b}{a}+\frac{a}{b}$ 的取值范围如何？

解析 当 a,b 同号时，$\frac{b}{a}>0,\frac{a}{b}>0$，则 $\frac{b}{a}+\frac{a}{b}\geqslant 2\sqrt{\frac{b}{a}\cdot\frac{a}{b}}=2$；

当 a,b 异号时，$\frac{b}{a}<0,\frac{a}{b}<0$，则 $\frac{b}{a}+\frac{a}{b}=-\left[\left(-\frac{b}{a}\right)+\left(-\frac{a}{b}\right)\right]\leqslant -2\sqrt{\left(-\frac{b}{a}\right)\cdot\left(-\frac{a}{b}\right)}=-2$.

所以 $\frac{b}{a}+\frac{a}{b}\in(-\infty,-2]\cup[2,+\infty)$.

例 2 已知函数 $y=x+\frac{16}{x+2},x\in(-2,+\infty)$，求此函数的最小值.

解析 因为 $x>-2$，所以 $x+2>0$，由基本不等式，得

$$x+\frac{16}{x+2}=x+2+\frac{16}{x+2}-2\geqslant 2\sqrt{(x+2)\cdot\frac{16}{x+2}}-2=6,$$

当且仅当 $x+2=\frac{16}{x+2}$，即 $x=2$ 时，取等号.

因此，当 $x=2$ 时，函数有最小值 6.

提炼 (1) 在使用基本不等式求函数的最值时，常需对函数式进行变形，以创造条件使用基本不等式，如这里将“x”凑成了“$x+2$”.

(2) 在利用基本不等式求函数的最值时，应注意“一正、二定、三相等”. 其中，“一正”是指两个量都必须是正数(也可是非负数)，这样才能使用基本不等式；“二定”是指要把函数式放缩为常数；“三相等”是指等号要能取得到.

变式 求下列函数的最小值：

(1) $y=4x^2+\frac{9}{x^2}$；　　(2) $y=\frac{x^2+5}{\sqrt{x^2+4}}$.

答案：(1) 12；(2) $\frac{5}{2}$.

提炼 当运用基本不等式的条件不满足时，可借助其他方法来求函数的最值，如这里第(2)小题可借助函数的单调性.

例 3 某兴趣小组利用课余时间自制了一座天平，因制作工艺不精，天平的两臂长略有不同(其他因素忽略不计). 现把一个物体放在该天平的一个盘子上，在另一个盘子上放砝码使天平平衡，称得物体的质量为 a；然后把物体调换到该天平的另一个盘子上，再放砝码使天平平衡，称得物体的质量为 $b(b\neq a)$. 有同学建议把 $A=\frac{a+b}{2}$ 作为该物体的质量，你认为这样做合理吗？如果不合理，这个数值是偏大还是偏小？请说明理由.

解析 设天平的两臂长分别为 l_1, l_2，该物体的实际质量为 M，则根据力学原理有

$$l_1M=l_2a, \quad ①$$

$$l_2M=l_1b. \quad ②$$

①②相乘，得 $l_1l_2M^2=l_1l_2ab$，则 $M^2=ab$，即 $M=\sqrt{ab}$.

由基本不等式知，当 $a\neq b$ 时，$\frac{a+b}{2}>\sqrt{ab}$.

所以，这样做不合理，$A=\frac{a+b}{2}$ 这个数值会偏大.

四、课堂小结

1. 本节课我们学习了基本不等式，它反映的是两个正数的算术平均数与它们的几何平均数之间的大小关系. 事实上，该结论还可以推广到 n 个正数的情形，即对 n 个正数而言，它们的算术平均数不小于它们的几何平均数.

2. 课上，我们是从几何角度引出基本不等式的，在验证基本不等式时，我们是从代数角度进行的，说明代数与几何是不分家的. 证明不等式的常用代数方法有三类：比较法、分析法和综合法.

3. 基本不等式是一个非常有用的工具，除了可以帮助我们证明不等式外，还可以用来比较大小和求函数的最值等，希望同学们好好领会.

案例 3 函数的概念

设计思想

初中已学过函数的概念，高中再次学习不是简单的重复，而是从“变量说”到“对应说”的飞跃. 建立在集合论基础上的“对应说”相对比较抽象，学生接受起来有一定的困难. 此教学设计拟以三个实例为载体，从表格、表达式、图象这三个不同的角度让学生有先行的体验，不厌其烦地重复叙述几个实例的共同特点，然后在四个问题的驱动下，抽象出函数的新定义，并揭示

新定义与原定义的区别.

教学设计

教学目标

1. 能用集合与对应的语言来刻画函数，体会对应关系在刻画函数概念中的作用.

2. 了解函数的构成要素.

3. 能进一步体会函数是描述变量之间的依赖关系的重要数学模型，并能体会对应法则在刻画函数概念中的作用.

教学重点

理解函数的模型化思想，用集合与对应的语言来刻画函数.

教学难点

符号“$y=f(x)$”的含义及简单函数的定义域、值域的求法.

过程设计

一、问题情境

师：事物都是运动变化着的，有的变化模型中会涉及两个量，而且它们之间存在着某种特殊的对应关系. 下面先请大家观察生活中的几个实例，并思考相应的问题.

实例 1 估计人口数量的变化趋势是我们制定一系列相关政策的依据. 从人口统计年鉴中可以查得我国从 1949—1999 年人口数据资料，如下表所示：

年份	1949	1954	1959	1964	1969	1974	1979	1984	1989	1994	1999
人口数/百万	542	603	672	705	807	909	975	1035	1107	1177	1246

思考 1 表格第一行的数据是什么意思？它们能构成一个集合吗？第二行的数据又是什么意思？它们能构成一个集合吗？

意图 得到年份的集合 A 和人口数的集合 B.

思考 2 1949 年我国的人口数是多少？1954 年呢？那么，集合 A 中的每一个年份在集合 B 中都有对应的人口数吗？

意图 体验集合 A 中的每个元素在集合 B 中都有元素与它对应.

思考 3 每一个年份的人口数确定吗？有没有其他答案呢？

意图 体验集合 A 中的每个元素在集合 B 中都只有唯一的元素与它对应.

实例 2 一物体从静止开始下落，下落的距离 y(m)与下落时间 x(s)之间近似地满足关系式 $y=4.9x^2$.

思考 1 表达式中的 x 是什么意思？它的取值能构成一个集合吗？y 又是什么意思？它的取值能构成一个集合吗？

意图 得到下落的时间集合 A 和下落的距离集合 B.

思考 2 若物体下落的时间为 2 s，则它下落的距离是多少？下落的时间为 2.4 s 呢？那么，集合 A 中的每一时间在集合 B 中都有下落的距离与之对应吗？

意图 体验集合 A 中的每个元素在集合 B 中都有元素与它对应.

思考 3 在下落过程中，每一时间物体下落的距离确定吗？有没有其他答案呢？

意图 体验集合 A 中的每个元素在集合 B 中都只有唯一的元素与它对应.

实例 3 图 1 为某市一天 24 h 内的气温变化图.

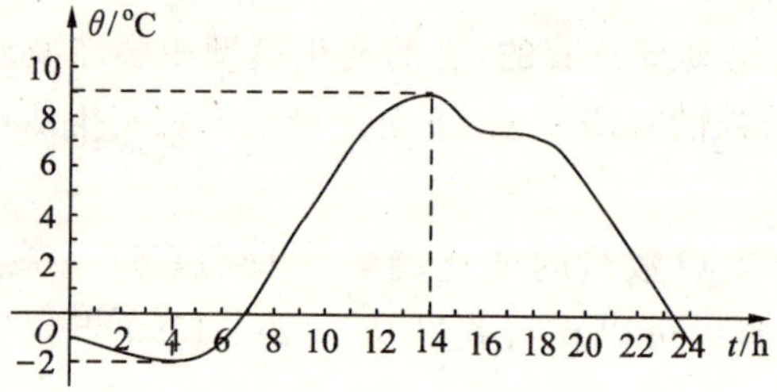

图 1

思考 1 图象上每个点的横坐标表示什么？它的取值能构成一个集合吗？纵坐标又表示什么？它的取值能构成一个集合吗？

意图 得到这一天的时间集合 A 和温度数的集合 B.

思考 2 上午 4 时的气温约是多少？下午 14 时呢？那么，集合 A 中的每一时间在集合 B 中都有气温与之对应吗？

意图 体验集合 A 中的每个元素在集合 B 中都有元素与它对应.

思考 3 这一天中，每一时刻的气温确定吗？有没有其他的答案？

意图 体验集合 A 中的每个元素在集合 B 中都只有唯一的元素与它对应.

二、探究建构

问题 1 上述几个实例有哪些共同的特点？

意图 归纳出它们都涉及两个集合 A,B,而且对于集合 A 中的每一个元素,在集合 B 中都有唯一的元素与之对应.

追问 这里的集合 A,B 又有何共性?

意图 明确它们都是非空的数集.

问题 2 如果把一种对应关系称为对应法则 f,数集 A,B 中的元素名称分别记为 x,y,那么上述三个例子的共同特点又可以如何来叙述呢?

意图 建构出函数的定义.

1. 函数的概念

一般地,设 A,B 是两个非空的数集,如果按某种对应法则 f,对于集合 A 中的每一个元素 x,在集合 B 中都有唯一的元素 y 和它对应,那么这样的对应叫作从 A 到 B 的一个函数,通常记为 $y=f(x)$,$x\in A$.

说明 (1) 这里的“f”是英文单词 function 的缩写,它的中文意思是“作用”,所以对于表达式 $y=f(x)$,我们也可以这么来理解:输入值 x 在对应法则 f 的作用下得到了输出值 y(如图 2 所示).

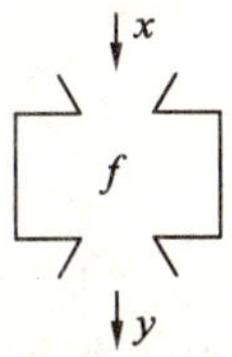

图 2

(2) 定义中有三个关键词,即:非空数集、随处定义、单值对应.

2. 函数的定义域与值域

我们把所有的输入值 x 组成的集合 A 叫作函数 $y=f(x)$的定义域.

把所有输出值 y 组成的集合称为函数的值域.

问题 3 该函数定义与初中的函数定义相比,两者的本质一致吗? 又有什么区别?

师:初中的函数定义是如何叙述的?

生:一般地,如果在一个变化过程中有两个变量 x 和 y,并且对于变量 x 在自身变化范围内的每一个值,变量 y 都有唯一的值与它对应,那么我们称 y 是 x 的函数.

追问 两者的本质一致吗? 又有什么区别?

生:本质应该是一致的,但表述方法上不同,初中是用“**变化过程**”与“**变量**”的形式给出的,而现在是用“**对应法则**”与“**元素**”的形式给出的.

师:对,通常我们把初中的定义称为“变量说”,而把该定义称为“对应说”,两者的本质是一致的. 相比之下,“对应说”抛弃了原来定义中的“变化过程”“变量”等一些含糊的表述,所以新的定义具有进步性.

三、数学应用

例 1 图 3 中的几个对应是否构成从 A 到 B 的一个函数？

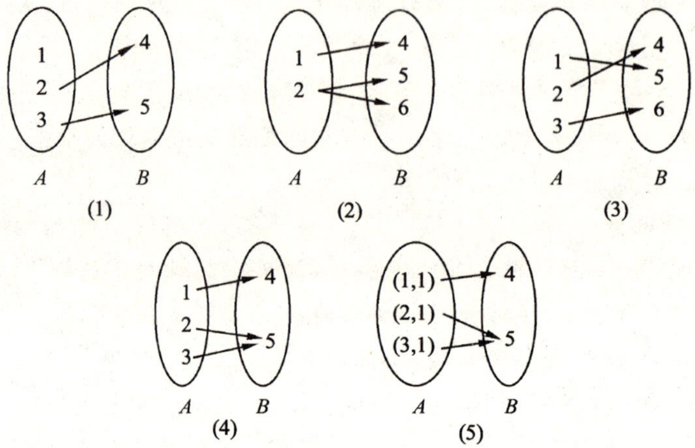

图 3

生：(3)(4)是函数，其他的都不是.

提炼 作为函数，有这样几个特征：两个集合 A，B 都应该是数集；A 中无“闲元”，B 中可有“闲元”；可以“一对一”“多对一”，但不可以“一对多”.

问题 4 在函数的定义中，集合 A 与其定义域是何关系？集合 B 与其值域又是何关系？

生：集合 A 与其定义域相等，而值域是集合 B 的子集.

提炼 函数的三要素：定义域、对应法则、值域.

说明 只有定义域、对应法则、值域三者完全相同时，两个函数才是同一函数.

例 2 判断下列函数是否为同一函数：

(1) $y=x$，$y=\frac{x^2}{x}$； (2) $y=x$，$y=\sqrt{x^2}$； (3) $y=|x|$，$y=\sqrt{x^2}$.

解析 (1) 因为两者的定义域不同，所以它们不是同一函数；

(2) 因为两者的对应法则不同(或理解为值域不同)，所以它们不是同一函数；

(3) 是同一函数.

提炼 事实上，三个要素当中，只要定义域和对应法则相同，值域必定相同，所以通常只要判断前两个要素是否相同.

例 3 判断下列对应是否构成函数：

(1) $x\to\frac{2}{x}, x\neq 0, x\in\mathbf{R}$； (2) $x\to y$，这里 $y^2=x, x\in\mathbf{N}, y\in\mathbf{R}$.

答案：(1) 是；(2) 否.

变式 (1) $x\to y, y=2, x\in\mathbf{R}$； (2) $x\to y, x=2, y\in\mathbf{R}$；

(3) 如图 4 所示.

答案：(1) 是. (2) 否. (3) ① 否；② 是.

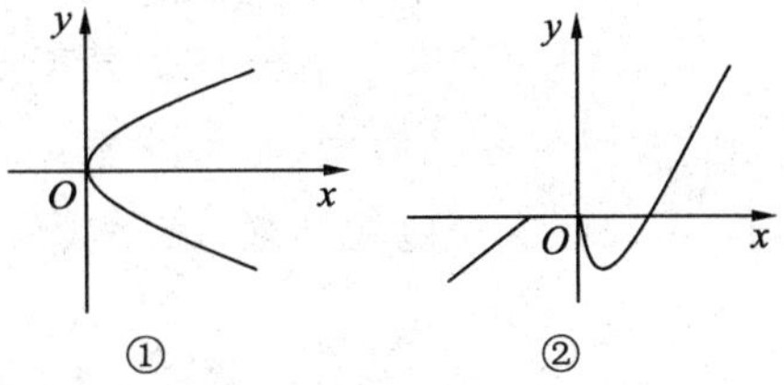

图 4

提炼 函数图象与直线 $x=a$ $(a\in\mathbf{R})$ 的交点个数只能是 1 个或 0 个，即至多是 1 个.

例 4 求下列函数的定义域：

(1) $f(x)=\sqrt{x-1}$； (2) $g(x)=\frac{1}{x+1}$.

答案：(1) $\{x|x\geqslant 1\}$；(2) $\{x|x\neq -1\}$.

变式 (1) $y=\sqrt{2-x}+\frac{1}{x-1}$； (2) $y=\frac{1}{\sqrt{5-x}}(x\in\mathbf{N}^*)$.

答案：(1) $\{x|x\leqslant 2$，且 $x\neq 1\}$； (2) $\{1,2,3,4\}$.

提炼 求函数的定义域，通常是指求使函数表达式有意义的 x 的取值范围，常考虑的因素有：偶次根式下被开方数非负，分母不为零等.

例 5 求下列函数的值域：

(1) $y=(x-1)^2+1, x\in\{-1,0,1,2,3\}$； (2) $y=(x-1)^2+1$.

答案：(1) $\{1,2,5\}$； (2) $\{y|y\geqslant 1\}$.

变式 (1) $y=(x-1)^2+1, x\in(2,4]$； (2) $y=(x-1)^2+1, x\in(-2,4]$.

答案：(1) $\{y|2<y\leqslant 10\}$； (2) $\{y|1\leqslant y\leqslant 10\}$.

提炼 求函数的值域时，要充分注意函数定义域对值域的影响.

四、课堂小结

1. 今天我们重新学习了函数的概念，了解了函数的两种定义方式，即“变量说”与“对应说”，在集合基础上的函数“对应说”的定义具有进步性，克服了“变量说”定义的不足.

2. 在数学史上，函数的概念是德国数学家莱布尼兹最早提出的，中国清代数学家李善兰最先将他翻译过来. 为什么叫“函数”呢？“函”在中国古代有信函的意思. 寄信时需要写收信人的地址，当收信人的地址只有一个时，邮递员就能顺利地把信送给收信人. 反过来，如果收信人的地址不止一个，那邮递员的投递就会产生困难．这就传神地把函数之间的关联表达出来了，即一对一、多对一是函数，而一对多就不是函数了．

3．我们是从多个实例中抽象出函数的定义的．应该说，“多个实例$\xrightarrow{\text{抽象}}$数学模型”是数学中研究问题的常用模式．

4．托马斯说：“函数概念是近代数学思想之花．”函数是刻画变量之间制约关系的一种模型，有着非常广泛的应用，贯穿整个高中数学．万事开头难，函数的概念比较抽象，所以我们一开始就要把它理解透彻．

案例4　函数的单调性

设计思想

对于函数的单调性，学生在初中已有一定的认知基础，只不过当时没有提到增(减)函数这个名称，也没有用严格的数学语言来阐述，所以教学中要用好学生已有的认知．本教学设计拟抓住已出现过的气温变化图，在四个问题及其子问题的驱动下，从增函数“形”的表征形式出发，先回顾初中“描述性”的表征语言，再通过逐步转译，最终得到增函数的严格的“数”的表征形式．

教学设计

教学目标

1．理解函数的单调性及其几何意义，能判别或证明一些简单函数的单调性．

2．学会运用函数图象理解和研究函数的单调性．

3．培养学生分析问题、认识问题和创造性地解决问题的能力．

教学重点

函数的单调性定义的实质．

教学难点

利用函数单调性的定义判断(证明)函数的单调性．

过程设计

一、问题情境

师：同学们请看，这是前面我们遇到过的气温变化图，你能根据该图描述一下这一天从0点到14点之间的气温变化趋势吗？

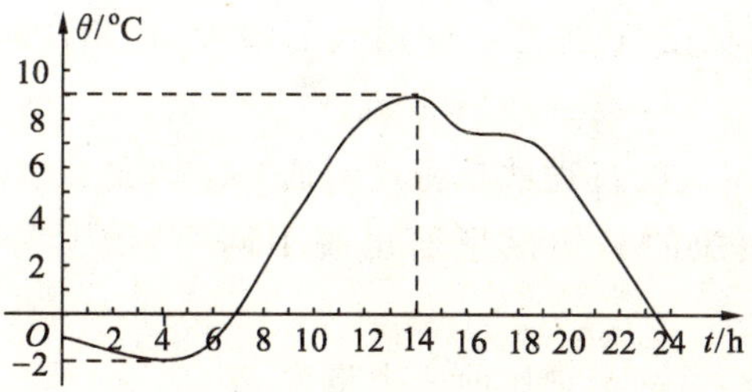

图 1

生：在 0 时至 4 时这段时间内，气温逐步降低；在 4 时至 14 时这段时间内，气温逐步升高；在 14 时至 24 时这段时间内，气温又逐步降低.

师：在数学上，我们通常把"图象呈逐渐上升趋势"的这一段函数称为增函数，而把"图象呈逐渐下降趋势"的这一段函数称为减函数.

（板书："增函数：图象呈逐渐上升趋势；减函数：图象呈逐渐下降趋势."两句话之间相隔几行，以便后面插入定义）

师：这节课，我们要研究的核心问题是：

问题　怎样用数学语言来刻画增函数与减函数？

二、探究建构

问题 1　在初中，对于"图象呈逐渐上升趋势"这种状态，我们已经有了相应的描述方法，就以此作为增函数的定义可以吗？

问题 1.1　初中是如何描述"图象呈逐渐上升趋势"这种状态的？

生：y 随着 x 的增大而增大.

（板书：在增函数后面加上"y 随着 x 的增大而增大"这句话）

问题 1.2　如果就以此作为增函数的定义，能证明函数 $f(x)=x^2$ 在 $(0,+\infty)$ 上是增函数吗（如图 2 所示）？

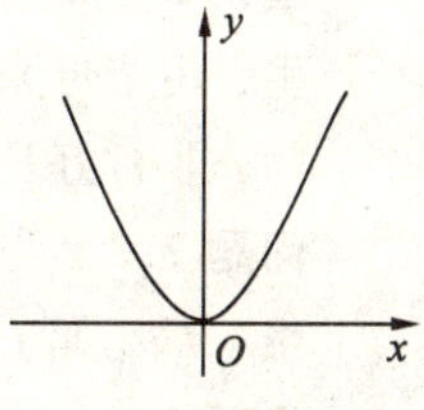

图 2

（让学生探究一会儿）

师：谁能证明？

生：感觉无从下手.

师：依据定义解题是数学中常用的一种方法，这里为何不行呢？归根结底，是因为这个定义本身不够精确，只是一种描述性的语言，无法进行运算. 所以，为了精确地研究函数的增减情况，我们有必要给增函数和减函数下一个严格的定义.

当然，下定义也是要有依据的. 这里下定义的依据就应该是刚才的"y 随着 x 的增大而增大"这句话.

问题 2 如何根据"y 随着 x 的增大而增大"这句话给增函数下一个严格的定义呢?

师:其实,下定义的过程就是将这句话"翻译"成数学符号语言的过程.

问题 2.1 短短的一句话里面出现了两个"增大","增大"该如何表述呢?

生:取两个量,后一个量比前一个量大.

师:也就是说,需要取两个自变量,然后说明自变量大的那个函数值也大.

问题 2.2 取哪两个自变量呢? 下面的说法对吗?

"取自变量 $1<2$,因为 $f(1)<f(2)$,所以 $f(x)=x^2$ 在 $(0,+\infty)$ 上是增函数."

生:不对,仅有这个不能保证其他的也成立. 比如,不能保证 $f(1)<f(3)$ 也成立.

追问 1 多取一些自变量行吗?

例如,"取自变量 $1<2<3<\cdots$,因为 $f(1)<f(2)<f(3)<\cdots$,所以 $f(x)=x^2$ 在 $(0,+\infty)$ 上是增函数."

生:也不对,这仍然不能保证"当自变量大时函数值一定也大".

追问 2 那怎样取值才能保证"当自变量大时函数值也大"呢?

生:取任意两个自变量来比较.

师:刚才我们取 1 和 2,就是随便取的两个自变量,为何不行?

生:取了 1 和 2,值就定了,必须是任意的两个值才行.

追问 3 如何取值才能保证所取自变量的任意性?

生:用字母来表示.

师:非常好! 我们不妨取 x_1,x_2 这两个自变量.

问题 2.3 为了体现"随"字,对应的函数值 y_1,y_2 该如何表示呢?

生:$f(x_1),f(x_2)$.

问题 2.4 如此一来,你认为该如何给增函数下定义呢?

生:任取 x_1,x_2,当 $x_1<x_2$ 时,有 $f(x_1)<f(x_2)$.

追问 如果以此作为增函数的定义,能证明函数 $f(x)=x^2$ 在 $(0,+\infty)$ 上是增函数吗?

生甲:任取 $x_1,x_2\in(0,+\infty)$,当 $x_1<x_2$ 时,$x_1-x_2<0$,

所以 $(x_1+x_2)(x_1-x_2)<0$,所以 $x_1^2-x_2^2<0$,得 $x_1^2<x_2^2$,即 $f(x_1)<f(x_2)$.

所以函数 $f(x)=x^2$ 在 $(0,+\infty)$ 上是增函数.

追问 有其他证法吗?

生乙：任取 $x_1,x_2\in(0,+\infty)$，当 $x_1<x_2$ 时，$x_1-x_2<0$.

因为 $f(x_1)-f(x_2)=x_1^2-x_2^2=(x_1+x_2)(x_1-x_2)<0$，即 $f(x_1)<f(x_2)$，所以函数 $f(x)=x^2$ 在 $(0,+\infty)$ 上是增函数.

师：非常好！这两种做法的本质是一样的，相比之下第二种方法更容易操作些.

问题 3 对于一般的函数 $f(x)$ 而言，它在定义域 A 内可能不是增函数，但在 A 的某个子集 I 上却有可能是增函数，如何进一步完善上述定义呢?

生：限定 $x_1,x_2\in I$.

师：非常好！这样就能得到书上的单调增函数的定义了，具体如下.

1. 单调增函数与单调增区间的概念

一般地，设函数 $y=f(x)$ 的定义域为 A，区间 $I\subseteq A$，如果对于区间 I 内的任意两个值 x_1,x_2，当 $x_1<x_2$ 时，都有 $f(x_1)<f(x_2)$，那么就说函数 $f(x)$ 在区间 I 上是单调增函数，I 称为 $y=f(x)$ 的单调增区间.

（板书：在前面增函数的后面再加上严格的定义）

问题 4 类似地，你能说出减函数的定义吗?

生：只要将 $f(x_1)<f(x_2)$ 改成 $f(x_1)>f(x_2)$ 即可.

2. 单调减函数与单调减区间的概念

如果对于区间 I 内的任意两个值 x_1,x_2，当 $x_1<x_2$ 时，都有 $f(x_1)>f(x_2)$，那么就说函数 $f(x)$ 在区间 I 上是单调减函数，I 称为 $y=f(x)$ 的单调减区间.

3. 函数的单调性与单调区间的概念

如果函数 $y=f(x)$ 在区间 I 上是单调增函数或单调减函数，那么就说函数 $y=f(x)$ 在区间 I 上具有单调性. 单调增区间和单调减区间统称为单调区间.

练习 判断下列说法是否正确：

(1) 若定义在 $\mathbf{R}$ 上的函数 $f(x)$ 满足 $f(2)>f(1)$，则函数 $f(x)$ 是 $\mathbf{R}$ 上的单调增函数；

(2) 若定义在 $\mathbf{R}$ 上的函数 $f(x)$ 满足 $f(2)>f(1)$，则函数 $f(x)$ 在 $\mathbf{R}$ 上不是单调减函数；

(3) 若定义在 $\mathbf{R}$ 上的函数 $f(x)$ 在区间 $(-\infty,0]$ 上是单调增函数，在区

间$[0,+\infty)$上也是单调增函数，则函数$f(x)$在$\mathbf{R}$上是单调增函数；

(4) 若定义在$\mathbf{R}$上的函数$f(x)$在区间$(-\infty,0]$上是单调增函数，在区间$(0,+\infty)$上也是单调增函数，则函数$f(x)$在$\mathbf{R}$上是单调增函数.

答案：(1)错误；(2) 正确；(3) 正确；(4) 错误.

提炼 仅有一对满足，不能说明结论成立；但只要有一对不满足，就能说明结论不成立.

(3)中的函数是“可接”的，而(4)中的函数不一定是“可接”的，一个细微的差别，就导致了两个结论之间的天壤之别.

三、数学应用

例1 求证：函数$f(x)=-\frac{1}{x}-1$在区间$(-\infty,0)$上是单调增函数.

解析 设$x_1,x_2\in(-\infty,0)$，且$x_1<x_2$.

$f(x_1)-f(x_2)=\left(-\frac{1}{x_1}-1\right)-\left(-\frac{1}{x_2}-1\right)=\frac{1}{x_2}-\frac{1}{x_1}=\frac{x_1-x_2}{x_1x_2}$.

因为$x_1<x_2<0$，所以$x_1-x_2<0$，$x_1x_2>0$，所以$\frac{x_1-x_2}{x_1x_2}<0$.

即$f(x_1)-f(x_2)<0$.

所以函数$f(x)=-\frac{1}{x}-1$在区间$(-\infty,0)$上是单调增函数.

提炼 (1) 证明函数的单调性，目前唯一的依据是定义.

(2) 用定义证明函数单调性的一般步骤是：

① 设点：在对应区间上任取x_1,x_2，且$x_1<x_2$；

② 作差：$f(x_1)-f(x_2)$(或$f(x_2)-f(x_1)$)；

③ 变形：对$f(x_1)-f(x_2)$进行变形，直到差的符号容易确定为止；

④ 定号：确定$f(x_1)-f(x_2)$的符号；

⑤ 结论：下结论，命题得证.

练习 (1) 求证：函数$f(x)=x+\frac{1}{x}$在区间$(0,1)$上是单调减函数；

(2) 求证：函数$f(x)=x^3$在$\mathbf{R}$上是单调增函数.

(两生板演)

提炼 常见的变形策略有：

① 分类作差：结构相同的式子通常放在一起进行运算；

② 提取因式：有公式因的，优先提取公因式；

③ 配方定号：有配方条件的，尽量配成完全平方的形式.

例 2 画出下列函数的图象，并写出单调区间：

(1) $y=-x^2+2$； (2) $y=\dfrac{1}{x}(x\neq 0)$.

答案：(1) 增区间为$(-\infty,0]$，减区间为$[0,+\infty)$；

(2) 减区间为$(-\infty,0)$，$(0,+\infty)$.

提炼 (1) 函数图象能直观反映函数的单调性，所以可借助函数图象来研究函数的单调性；

(2) 并列的单调区间之间不可随便用“$\cup$”号联接，通常用“和”或“，”号联接.

变式 画出函数 $y=\dfrac{x-2}{x+1}(x\neq -1)$的图象，并写出单调区间.

答案：增区间为$(-\infty,-1)$，$(-1,+\infty)$.

提炼 遇到形如“$y=\dfrac{cx+d}{ax+b}(a,c\neq 0)$”的函数时，常采用“部分分式法”来处理，即它可以变形为“$y=k_1+\dfrac{k_2}{ax+b}$(其中 k_1，k_2 为常数)”的形式.

例 3 图 3 分别为函数 $y=f(x)$和 $y=g(x)$的图象，试写出函数 $y=f(x)$和 $y=g(x)$的单调增区间.

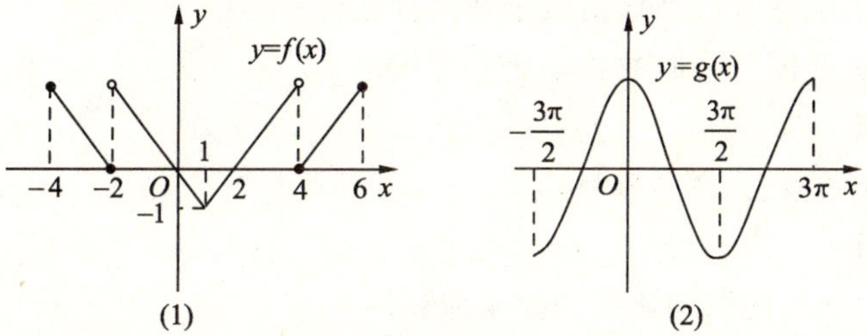

图 3

答案：(1) 增区间为$[1,4)$，$[4,6]$；

(2) 增区间为$\left[-\dfrac{3\pi}{2},0\right]$，$\left[\dfrac{3\pi}{2},3\pi\right]$.

提炼 由图象写函数的单调区间时要注意：

(1) 找准单调区间的起始位置与终了位置，要看横坐标，不能看纵坐标；

(2) 该写“开”的区间端点不能写成“闭”的.

四、课堂小结

1. 增函数与减函数的定义是我们学习数学以来接触到的一个严格定

义的典范，非常抽象，同学们一定要把它想通，把握其实质.

2. 函数的单调性描述的是函数的区间性质，所以是局部性质.

3. 定义中的不等式 $f(x_1)>f(x_2)$（或 $f(x_1)<f(x_2)$）要求对区间 I 上的任意两个自变量 $x_1,x_2(x_1<x_2)$ 都成立，所以其本质是"不等式恒成立".

案例 5　指数函数

设计思想

指数函数是高中学习的第一个具体函数，对它的研究可为后面常见函数的学习提供样板. 本教学设计拟将陶渊明的一首诗"数学化"，得到两个指数函数的模型，然后通过四个问题的驱动让学生自我建构出指数函数的图象与性质. 其中，指数函数性质的概括拟先散后收，让学生充分观察先行作出的几个指数函数的图象.

教学设计

教学目标

1. 理解指数函数的概念和意义.

2. 根据图象理解和掌握指数函数的性质.

3. 体会从具体到一般的数学研究方法.

教学重点

指数函数的概念、图象和性质.

教学难点

指数函数性质的归纳概括和简单应用.

过程设计

一、问题情境

在初中，我们学过一次函数、二次函数、反比例函数等基本的初等函数，今天我们将在此基础上继续学习一种新的函数.

首先请同学们欣赏一下我国古代杰出的山水田园诗人陶渊明的一首诗："勤学如春起之苗，不见其增，日有所长；辍学如磨刀之石，不见其损，日有所亏."

为了深刻理解这首诗的含义，这里我们将诗中所说的两种情况进行数量化：

1. 勤学情况

设学生甲现有知识存留量为1,因为勤学好问,他的知识存留量每天都在前一天的基础上增长1%.那么,一天后他的知识存留量是多少?两天后呢?三天后呢?……一年(365天)后呢?

生:$1.01, 1.01^2, 1.01^3, \cdots, 1.01^{365}$.

师:1.01^{365}这个数有多大呢?大概是37.783,该大吃一惊了吧!

追问1 设x天后学生甲的知识存留量为y,y能用x来表示吗?

生:$y=1.01^x$.

2. 辍学情况

设学生乙现有知识存留量也为1,但因为不思进取,他的知识存留量每天都在前一天的基础上减少1%.那么,一天后他的知识存留量是多少?两天后呢?三天后呢?……一年(365天)后呢?

生:$0.99, 0.99^2, 0.99^3, \cdots, 0.99^{365}$.

师:0.99^{365}这个数是多少呢?大概是0.0255,又该大吃一惊了吧!

追问2 设x天后学生乙的知识存留量为y,y能用x来表示吗?

生:$y=0.99^x$.

师:这里出现了两个新的函数$y=1.01^x$与$y=0.99^x$,你能再列举一些类似的例子吗?

生甲:现有1个细胞,分裂1次后,由1个变成2个;分裂2次后,由2个变成4个;分裂3次后,由4个变成8个;……那么,分裂x次后,细胞的个数y与分裂次数x的函数关系式为$y=2^x$.

生乙:考古学中,经常用测量C^{14}的残余量的方法来推断古物生存的年代,C^{14}的半衰期是5730年.现在假设C^{14}的原始含量为1,经过x年后的残余量为y,那么y与x的关系为$y=\left(\frac{1}{2}\right)^{\frac{x}{5730}}$.

师:这是书上的例子,这个关系式可近似地表示为$y=0.9999879^x$.

二、探究建构

问题1 函数$y=1.01^x$,$y=0.99^x$,$y=2^x$,$y=0.9999879^x$具有哪些相同的特征?它们的一般形式是什么?

生:它们都是指数幂的形式,底数是常数,指数是自变量x.它们的一般形式是$y=a^x$,其中a是常数.

师:很好!当$a>0$且$a\neq1$时,我们把这种类型的函数称之为指数函数(引入课题).

1. 指数函数的概念

一般地，函数 $y=a^x(a>0,a\neq1)$ 叫作指数函数，它的定义域是 $\mathbf{R}$.

问题 2 想一想，这里规定“$a>0,a\neq1$”有什么样的合理性？

生：当 $a<0$ 时，会出现无意义的式子. 比如，当 $a=-2$ 时，x 取 $\frac{1}{2}$，$(-2)^{\frac{1}{2}}=\sqrt{-2}$ 就没有意义.

当 $a=0$ 时，也会出现无意义的式子. 比如，x 取 0，0^0 没有意义.

当 $a=1$ 时，不论 x 取什么实数，1^x 恒为 1，好像没有什么研究价值.

所以规定 $a>0,a\neq1$.

师：有点道理. 通过后继学习，我们将逐步体会到规定“$a>0,a\neq1$”的合理性. 有了指数函数的概念之后，接下来该研究什么了？

生：指数函数的性质.

追问 如何研究？

生：画函数的图象.

活动 1 请同学们试着画出函数 $y=2^x$ 的图象.

（给足时间让学生画图，老师巡视，然后展示一些学生所画的图象）

师：对于这个陌生的函数，同学们都采用了“描点法”来作图. 不足的是，有的同学描的点太少了，这样可能会导致所作的图象不太准确.

生：因为数据变化得太快了，点不太好描.

师：为了解决这个问题，这里我们不妨借助几何画板再把这个图象画一下.

（几何画板作函数 $y=2^x$ 的图象，略）

活动 2 请同学们自己再随便选一个指数函数来画它的图象.

（老师巡视，尽量挑选不同的指数函数图象来展示. 展示过程中，指出学生所画图象中的不足之处）

师：下面我们把这些图象放到同一直角坐标系中，为了清楚起见，我们还是借助几何画板来完成.

（用几何画板在同一直角坐标系中画出函数 $y=2^x$，$y=3^x$，$y=\left(\frac{1}{2}\right)^x$，$y=\left(\frac{1}{3}\right)^x$ 等的图象）

问题 3 根据这些图象，你发现指数函数具有什么样的性质？

回答 1：定义域都是 $\mathbf{R}$.

师：定义当中已经明确了这一点，所以指数函数的图象可以向左右两侧无限延伸.

回答 2：图象都过点(0,1).

师：为何？你能说说理由吗？

生：因为不管底数 a 取什么值，$a^0=1$ 恒成立.

回答 3：当 $a>1$ 时，函数 $y=a^x$ 在 $\mathbf{R}$ 上是单调递增的；当 $0<a<1$ 时，函数 $y=a^x$ 在 $\mathbf{R}$ 上是单调递减的.

师：为何？你能说说理由吗？

生：当 $a>1$ 时，x 增大，相当于多乘了一些 a，结果也变大；当 $0<a<1$ 时，正好相反.

回答 4：图象都在 x 轴的上方.

师：为何？你能说说理由吗？

生：因为 $a>0$，所以当 $x>0$ 时，$a^x>0$；而当 $x<0$ 时，根据指数的运算法则，相当于取倒数，不改变符号，所以 a^x 也是正的；当 $x=0$ 时，$a^x=1$.

所以，$a^x>0$ 恒成立.

师：图象可以无限接近于 x 轴吗？

生：当 $a>1$ 时，向左无限接近于 x 轴；当 $0<a<1$ 时，向右无限接近于 x 轴.

师：图象都在 x 轴上方，又是单调的，且有一侧无限接近于 x 轴，这能得到什么样的性质呢？

生：值域是 $(0,+\infty)$.

回答 5：$y=2^x$ 与 $y=\left(\frac{1}{2}\right)^x$ 的图象关于 y 轴对称，$y=3^x$ 与 $y=\left(\frac{1}{3}\right)^x$ 的图象也关于 y 轴对称. 由此想到，一般地，$y=a^x$ 与 $y=\left(\frac{1}{a}\right)^x$ 的图象关于 y 轴对称.

师：这个结论对吗？能说出理由吗？

生：$y=\left(\frac{1}{a}\right)^x$ 可以改写成 $y=a^{-x}$，它相当于是用 $(-x,y)$ 来代换 $y=a^x$ 中的 (x,y) 得到的，所以它们的图象关于 y 轴对称.

师：非常好！大家说得挺多的了，现在只需把刚才所总结的结论理一理，就能得到指数函数的图象与性质了.

2. 指数函数的图象与性质

函数	$y=a^x(a>0,a\neq1)$
图象	
性质	

（这里只给出最原始的表格，让学生自己根据刚才讨论的结果去分类和归纳，给学生留下自由发挥的空间）

问题 4 若图 1 中四个函数图象的解析式分别为 $y=2^x$，$y=3^x$，$y=\left(\frac{1}{2}\right)^x$，$y=\left(\frac{1}{3}\right)^x$，你有什么办法能把它们对应起来吗？

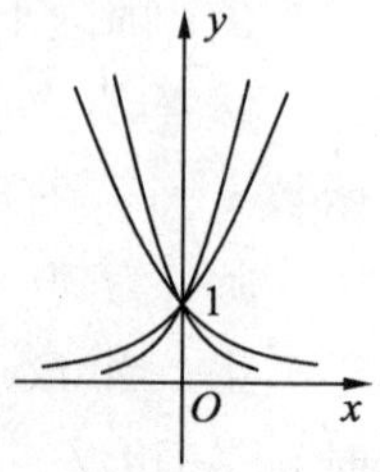

图 1

生：画直线 $x=1$，它与图象交点的纵坐标就是底数的大小．

师：非常好！所以我们通常把直线 $x=1$ 称为指数函数的特征函数线．

追问 指数函数的图象在直线 $x=1$ 的右方有何分布规律？

生：从下往上，底数从小到大．

三、数学应用

例 比较大小：

(1) $1.7^{2.5}$，1.7^3；　　(2) $0.8^{-0.1}$，$0.8^{-0.2}$；

(3) $a^{\frac{1}{3}}$，$a^{\frac{1}{2}}$ ($a>0$，且 $a\neq1$)；　　(4) $1.7^{0.3}$，$0.9^{3.1}$．

解析 (1) 因为指数函数 $y=1.7^x$ 在 **R** 上单调递增，且 $2.5<3$，所以 $1.7^{2.5}<1.7^3$．

(2) 因为指数函数 $y=0.8^x$ 在 **R** 上单调递减，且 $-0.1>-0.2$，所以 $0.8^{-0.1}<0.8^{-0.2}$．

(3) 当 $a>1$ 时，指数函数 $y=a^x$ 在 **R** 上单调递增，且 $\frac{1}{3}<\frac{1}{2}$，所以 $a^{\frac{1}{3}}<a^{\frac{1}{2}}$；

当 $0<a<1$ 时，指数函数 $y=a^x$ 在 **R** 上单调递减，且 $\frac{1}{3}<\frac{1}{2}$，所以 $a^{\frac{1}{3}}>a^{\frac{1}{2}}$．

(4) 因为 $1.7^{0.3}>1.7^0=1$，$0.9^{3.1}<0.9^0=1$，所以 $1.7^{0.3}>0.9^{3.1}$．

提炼 借助指数函数比较大小的常用方法：

(1) 构造函数法：把两个数看作某个指数函数的两个函数值，利用该函数的单调性来比较大小．当指数函数的底数与 1 的大小关系不能确定时，通常要分类讨论．

(2) 介值法：插入第三个数，根据同向的不等关系得出原来两个数的大小关系．

变式 你能比较下列两个数的大小吗？

(1) $2.3^{-0.5}$, $0.2^{-0.1}$;　(2) $0.5^{-1.2}$, 4.

答案:(1) $2.3^{-0.5}<0.2^{-0.1}$;(2) $0.5^{-1.2}<4$.

四、课堂小结

1. 本节课我们学习了指数函数的概念、图象与性质,大家一定要把 $a>1$ 与 $0<a<1$ 这两种状态下的指数函数图象深深地印在脑海中.

2. 指数函数是一种新的函数模型,对它的研究为我们研究一般函数提供了一种模式,即“概念—图象与性质—应用”. 而对函数性质的研究,通常从以下几个角度进行:定义域,值域,过定点,单调性,奇偶性等.

3. 回到开始,相信大诗人陶渊明的诗已给了我们很大的触动,他启发我们只要坚持不懈,每天进步一点点,时间长了,效果就显现出来了.

案例 6　任意角的三角函数

设计思想

任意角的三角函数的定义是“三角函数”的核心概念,其概念本身的重要性和建立概念的过程与方法的重要意义是不言而喻的. 本教学设计拟回到单位圆上一动点做周而复始运动这一基本模型,从初中已学过的锐角三角函数的定义出发,通过四个问题及其追问的驱动,引导学生建构出任意角的正弦、余弦、正切的定义,并得到这三种函数在各象限的符号.

教学设计

教学目标

1. 掌握任意角的正弦、余弦、正切的定义.

2. 掌握正弦、余弦、正切函数的定义域和这三种函数的值在各象限的符号.

3. 经历任意角的三角函数定义的形成过程,理解其合理性.

教学重点

任意角的三角函数的定义.

教学难点

任意角的三角函数定义的形成过程.

过程设计

一、问题情境

师:如图 1 所示,在平面直角坐标系 xOy 中,设点 P 在以 O 为圆心、r 为半径的圆上旋转. 当旋转角 α(以 x 轴的正半轴为始边,射线 OP 为终边的角)确定时，点 P 就确定了，所以可用有序数对 (r,α) 来表示点 P. 我们知道，点 P 还可以用坐标 (x,y) 来表示. 既然 (r,α) 和 (x,y) 可表示同一个点 P，那么这两种表示就应该有某种内在的联系.

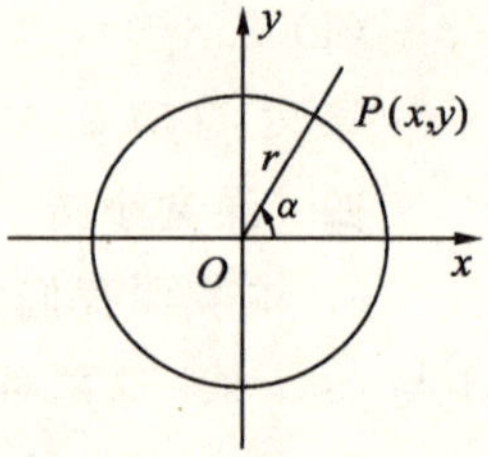

图 1

可用怎样的数学模型来刻画 (r,α) 与 (x,y) 之间的关系呢？这就是今天这节课我们将要学习的知识——任意角的三角函数(板书课题).

二、探究建构

师：三角函数这个概念我们并不陌生，在初中已学过锐角的三角函数.

问题 1　初中研究了锐角的哪几种三角函数？它们分别是如何定义的？

生：初中我们学习了锐角的正弦、余弦、正切这三种三角函数，它们都是在直角三角形中定义的，正弦等于对边比斜边，余弦等于邻边比斜边，正切等于对边比邻边.

追问 1　如图 2 所示，在 $\text{Rt}\triangle POM$ 中，$\angle M$ 为直角，那么锐角 α 的正弦、余弦、正切分别等于什么？

生：$\sin\alpha=\dfrac{PM}{OP}$，$\cos\alpha=\dfrac{OM}{OP}$，$\tan\alpha=\dfrac{PM}{OM}$.

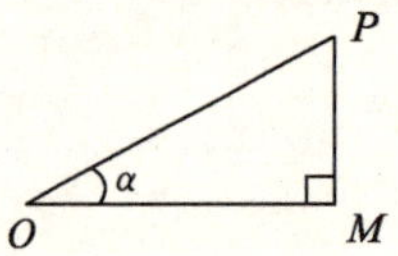

图 2

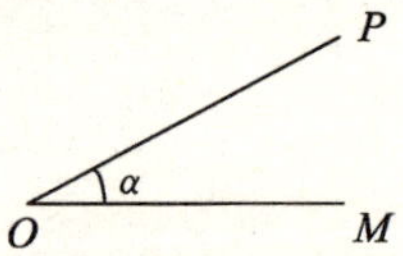

图 3

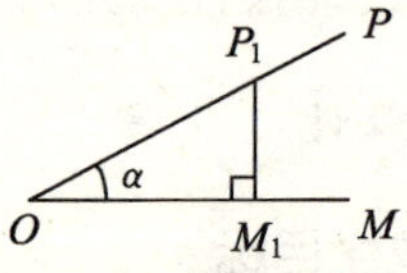

图 4

追问 2　如图 3 所示，若只给出锐角 α，其两边分别为 OP，OM，你打算如何求角 α 的三角函数值呢？

生：构造直角三角形. 如图 4 所示，可在 OP 边上取一点 P_1，可作 $P_1M_1\perp OM$，垂足为点 M_1，则 $\sin\alpha=\dfrac{P_1M_1}{OP_1}$，$\cos\alpha=\dfrac{OM_1}{OP_1}$，$\tan\alpha=\dfrac{P_1M_1}{OM_1}$.

追问 3　所得三角函数值的大小与所取点 P_1 的位置有关吗？理由是什么？

生：无关. 如图 5 所示，在 OP 边上再取点 P_2，作 $P_2M_2\perp OM$，垂足为点 M_2. 因为 $\triangle P_1OM_1\backsim\triangle P_2OM_2$，所以 $\sin\alpha=\dfrac{P_1M_1}{OP_1}=\dfrac{P_2M_2}{OP_2}$，$\cos\alpha=\dfrac{OM_1}{OP_1}=$

$\frac{OM_2}{OP_2}$，$\tan\alpha=\frac{P_1M_1}{OM_1}=\frac{P_2M_2}{OM_2}$.

故所得三角函数值的大小与所取点 P_1 的位置无关.

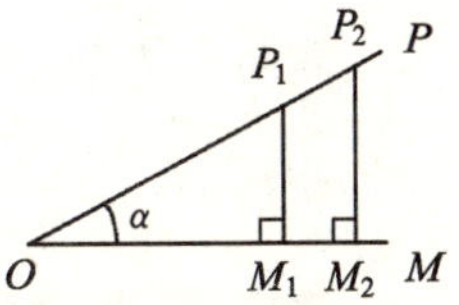

图 5

追问 4 通常，我们是把任意角放在直角坐标系中研究的. 如图 6 所示，如果把锐角 α 也放到直角坐标系 xOy 中，那么其三角函数值可有什么样新的解释？如此，锐角的三角函数又可以怎么来定义？

生：设点 $P(x,y)$ 是锐角 α 终边上的一点，r 是点 P 到坐标原点 O 的距离，即 $r=\sqrt{x^2+y^2}>0$，构造直角三角形 POM（如图 6），则 $OM=x$，$MP=y$，$OP=r$，故 $\sin\alpha=\frac{y}{r}$，$\cos\alpha=\frac{x}{r}$，$\tan\alpha=\frac{y}{x}$.

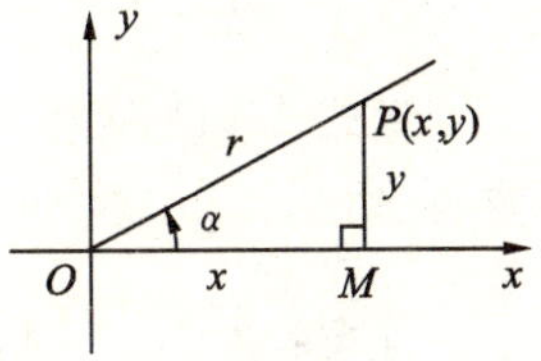

图 6

从而锐角的三角函数还可以用其终边上一点的坐标 (x,y) 以及该点到坐标原点的距离 r 的比值来定义.

问题 2 任意角的三角函数可类似来定义吗？如果让你来研究，你打算如何定义任意角 α 的正弦、余弦、正切？

生：也在角 α 的终边上任取一点 P，设其坐标为 (x,y)，点 P 到坐标原点 O 的距离为 r，然后用 $\frac{y}{r}$，$\frac{x}{r}$，$\frac{y}{x}$ 这三个比值分别来定义角 α 的正弦、余弦、正切.

任意角 α 的正弦、余弦、正切

一般地，对任意角 α，设点 $P(x,y)$ 是角 α 终边上一点，点 P 到坐标原点 O 的距离为 $r=\sqrt{x^2+y^2}>0$（如图 7 所示），我们规定：

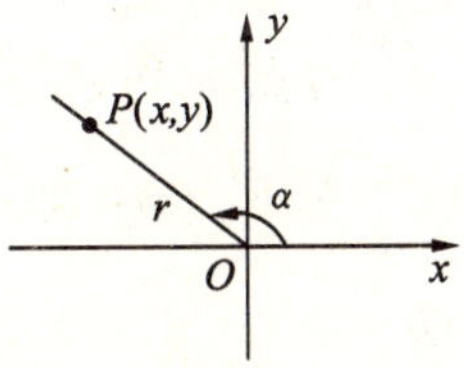

图 7

(1) 比值 $\frac{y}{r}$ 叫作 α 的正弦，记作 $\sin\alpha$，即 $\sin\alpha=\frac{y}{r}$；

(2) 比值 $\frac{x}{r}$ 叫作 α 的余弦，记作 $\cos\alpha$，即 $\cos\alpha=\frac{x}{r}$；

(3) 比值 $\frac{y}{x}$ 叫作 α 的正切，记作 $\tan\alpha$，即 $\tan\alpha=\frac{y}{x}$.

三、数学应用

例 1 已知角 α 的终边经过点 $P(2,-3)$，求 α 的正弦、余弦、正切.

解析 因为 $x=2, y=-3$，所以 $r=\sqrt{x^2+y^2}=\sqrt{2^2+(-3)^2}=\sqrt{13}$.

所以 $\sin\alpha=\frac{y}{r}=-\frac{3\sqrt{13}}{13}$，$\cos\alpha=\frac{x}{r}=\frac{2\sqrt{13}}{13}$，$\tan\alpha=\frac{y}{x}=-\frac{3}{2}$.

变式 1 已知角 α 的终边经过点 $P(2a, -3a)(a<0)$，求 α 的正弦、余弦、正切.

答案：$\sin\alpha=\frac{3\sqrt{13}}{13}$，$\cos\alpha=-\frac{2\sqrt{13}}{13}$，$\tan\alpha=-\frac{3}{2}$.

变式 2 已知角 α 的终边经过点 $P(2a, -3a)(a\neq 0)$，求 α 的正弦、余弦、正切.

答案：当 $a>0$ 时，$\sin\alpha=-\frac{3\sqrt{13}}{13}$，$\cos\alpha=\frac{2\sqrt{13}}{13}$，$\tan\alpha=-\frac{3}{2}$；

当 $a<0$ 时，$\sin\alpha=\frac{3\sqrt{13}}{13}$，$\cos\alpha=-\frac{2\sqrt{13}}{13}$，$\tan\alpha=-\frac{3}{2}$.

提炼 (1) 定义法.

(2) 当不能确定角的终边所在象限时，通常要分类讨论. 一般地，这种分类讨论的结果不要合并.

例 2 求下列角的正弦、余弦、正切：

(1) $\frac{\pi}{6}$； (2) $\frac{5\pi}{6}$.

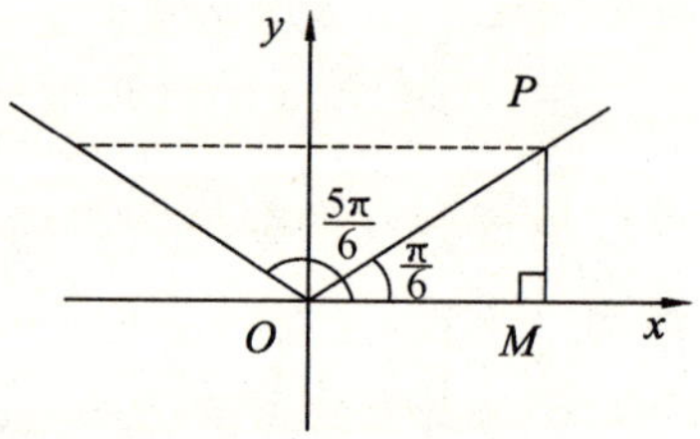

图 8

解析 (1) 如图 8 所示，在角 $\frac{\pi}{6}$ 的终边上取一点 P，使得 $OP=2$.

过点 P 作 $PM\perp x$ 轴，垂足为点 M.

在 $\text{Rt}\triangle POM$ 中，因为 $\angle POM=\frac{\pi}{6}$，$OP=2$，

所以 $PM=1, OM=\sqrt{3}$，故 $P(\sqrt{3}, 1)$.

即可取 $x=\sqrt{3}, y=1, r=2$，

所以 $\sin\frac{\pi}{6}=\frac{y}{r}=\frac{1}{2}$，$\cos\frac{\pi}{6}=\frac{x}{r}=\frac{\sqrt{3}}{2}$，$\tan\frac{\pi}{6}=\frac{y}{x}=\frac{\sqrt{3}}{3}$.

(2) 如图 8 所示，因为角 $\frac{5\pi}{6}$ 与 $\frac{\pi}{6}$ 的终边关于 y 轴对称，

所以点 $(-\sqrt{3}, 1)$ 在角 $\frac{5\pi}{6}$ 的终边上，即可取 $x=-\sqrt{3}, y=1, r=2$.

故 $\sin\frac{5\pi}{6}=\frac{y}{r}=\frac{1}{2}$，$\cos\frac{5\pi}{6}=\frac{x}{r}=-\frac{\sqrt{3}}{2}$，$\tan\frac{5\pi}{6}=\frac{y}{x}=-\frac{\sqrt{3}}{3}$.

变式 (3) $\frac{7\pi}{6}$； (4) $-\frac{\pi}{6}$.

答案：(3) $\sin\frac{7\pi}{6}=-\frac{1}{2}$；$\cos\frac{7\pi}{6}=-\frac{\sqrt{3}}{2}$，$\tan\frac{7\pi}{6}=\frac{\sqrt{3}}{3}$.

(4) $\sin\left(-\frac{\pi}{6}\right)=-\frac{1}{2}$，$\cos\left(-\frac{\pi}{6}\right)=\frac{\sqrt{3}}{2}$，$\tan\left(-\frac{\pi}{6}\right)=-\frac{\sqrt{3}}{3}$.

提炼 (1) 给定角求其正弦、余弦与正切，关键是求出角的终边上一点的坐标；

(2) 利用角的终边的对称性可巧求点的坐标.

口答 说出下列特殊角的三角函数值：

α	0	$\frac{\pi}{6}$	$\frac{3\pi}{4}$	$\frac{\pi}{2}$	π	$\frac{3\pi}{2}$
$\sin\alpha$						
$\cos\alpha$						
$\tan\alpha$						

(答案略)

问题3 对于确定的角 α，$\sin\alpha$，$\cos\alpha$，$\tan\alpha$ 的值唯一确定吗？角 α 与 $\sin\alpha$，$\cos\alpha$，$\tan\alpha$ 之间的对应关系符合函数定义的要求吗？

生：对于确定的角 α，比值 $\frac{y}{r}$ 和 $\frac{x}{r}$ 都唯一确定，即 $\sin\alpha$，$\cos\alpha$ 的值唯一确定，所以正弦和余弦都是角 α 的函数. 当 $\alpha=\frac{\pi}{2}+k\pi(k\in\mathbf{Z})$ 时，角 α 的终边在 y 轴上，故有 $x=0$，此时 $\tan\alpha$ 无意义. 除此以外，对于确定的角 $\alpha\left(\alpha\neq\frac{\pi}{2}+k\pi(k\in\mathbf{Z})\right)$，比值 $\frac{y}{x}$ 是唯一确定的，即 $\tan\alpha$ 的值唯一确定，所以正切也是角 α 的函数.

角 α 的三角函数

$\sin\alpha$，$\cos\alpha$，$\tan\alpha$ 分别叫作角 α 的正弦函数、余弦函数、正切函数.

这三种函数都称为三角函数.

追问 $\sin\alpha$，$\cos\alpha$，$\tan\alpha$ 的定义域分别是什么？

生：正弦函数 $\sin\alpha$ 的定义域为 $\mathbf{R}$；余弦函数 $\cos\alpha$ 的定义域也为 $\mathbf{R}$；正切

函数 $\tan\alpha$ 的定义域为 $\left\{\alpha \middle| \alpha \neq \frac{\pi}{2}+k\pi, k\in \mathbf{Z}\right\}$.

问题 4 $\sin\alpha$，$\cos\alpha$，$\tan\alpha$ 的值在各个象限内的符号如何？

生：由定义可知，正弦函数、余弦函数、正切函数的值在各个象限内的符号如图 9 所示.

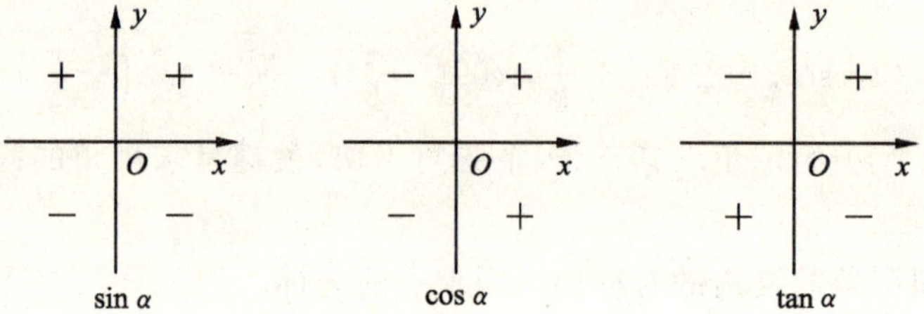

图 9

例 3 确定下列三角函数值的符号：

(1) $\cos\frac{7\pi}{12}$； (2) $\sin(-465°)$； (3) $\tan\frac{11\pi}{3}$.

答案：(1) 负；(2) 负；(3) 负.

变式 1 若 $\sin\alpha\cdot\tan\alpha<0$，则 α 是第________象限角.

答案：二或三.

变式 2 函数 $y=\frac{|\cos x|}{\cos x}+\frac{\tan x}{|\tan x|}$ 的值域为________________.

答案：$\{2,-2,0\}$.

提炼 (1) 熟记三角函数在各个象限内的符号；

(2) 注重化归思想的运用.

例 4 设点 $M(4,x)$ 在角 α 的终边上，且满足 $\sin\alpha<0$，$\cos\alpha=\frac{4}{5}$，求 $\tan\alpha$ 的值.

解析 因为 $\sin\alpha<0$，$\cos\alpha=\frac{4}{5}>0$，所以 α 是第四象限角，所以 $x<0$.

又因为点 $M(4,x)$ 在角 α 的终边上，所以 $\cos\alpha=\frac{4}{\sqrt{16+x^2}}=\frac{4}{5}$.

解得 $x=3$(舍)或 $x=-3$.

所以 $\tan\alpha=-\frac{3}{4}$.

变式 已知角 α 的始边为 x 轴的正半轴，终边在直线 $y=kx$ 上，若

$\sin\alpha=\frac{2}{\sqrt{5}}$，且 $\cos\alpha<0$，试求实数 k 的值.

答案：-2.

提炼 用等式的条件求值，用不等式的条件舍解.

四、课堂小结

1. 课上到这儿，现在我们可以回答开始提出的问题了，即可用任意角的三角函数这样的数学模型来刻画 (r,α) 与 (x,y) 之间的关系，具体为 $\sin\alpha=\frac{y}{r}$，$\cos\alpha=\frac{x}{r}$，$\tan\alpha=\frac{y}{x}$.

2. 本节课上，我们是在熟悉的锐角的三角函数的基础上研究任意角的三角函数的，从而新的定义对以前的锐角的三角函数仍适用，所以这两者之间是和谐的.

3. 三角函数也是函数，它是一种特殊的函数. 我们既要像以前研究代数函数那样来研究三角函数，同时也要研究三角函数独特的性质.

案例 7　两角和与差的余弦

设计思想

两角和与差的余弦是三角变换的起点，是诸多三角公式的基础. 本教学设计回到了单位圆上一动点做周而复始运动这一基本模型，通过多组向量数量积的计算，在五个问题的驱动下，不仅自然建构出两角和与差的余弦公式，还从向量与非向量两个角度证明了公式. 教材中提供的两个周期运动叠加的模型，本教学设计把它安排在了最后的拓展之中.

教学设计

教学目标

1. 经历两角差的余弦公式的发现与推导过程，体验和感受数学发现与创造的过程，培养学生对数学的兴趣.

2. 用余弦的差角公式推出余弦的和角公式，理解化归思想在三角变换中的作用.

3. 能用余弦的和、差角公式进行简单的三角函数式的化简、求值及恒等式的证明.

教学重点

两角和与差的余弦公式及其简单应用.

教学难点

两角差的余弦公式的发现与证明.

过程设计

一、问题情境

师：请同学们看图 1，这是“点 P 在单位圆上做周而复始运动”的模型，在“三角函数”这一章的学习中我们经常遇到它，今天这节课我们仍从这个模型出发来研究问题.

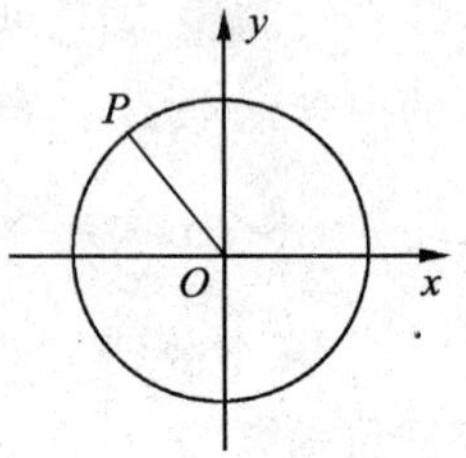

图 1

问：如果点 P 在角 α 的终边上，那么它的坐标可以怎样表示？

生：$(\cos\alpha,\sin\alpha)$.

师：根据这个原理，请你在单位圆上作出点 $P_1(\cos75°,\sin75°)$ 与 $P_2(\cos15°,\sin15°)$.

（生板演，如图 2①所示）.

师：构造向量 $\overrightarrow{OP_1}$，$\overrightarrow{OP_2}$（如图 2②所示），那么可怎样计算 $\overrightarrow{OP_1}\cdot\overrightarrow{OP_2}$ 这个数量积呢？

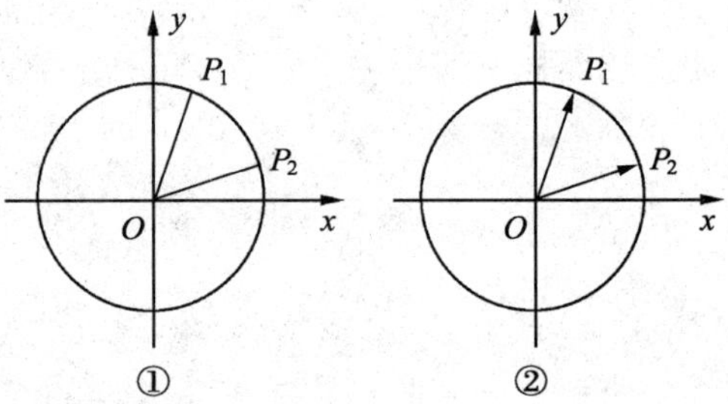

图 2

生：$\overrightarrow{OP_1}\cdot\overrightarrow{OP_2}=\cos75°\cos15°+\sin75°\sin15°$.

师：这是依据向量数量积的坐标运算公式得到的，有别的计算方法吗？

生：$\overrightarrow{OP_1}\cdot\overrightarrow{OP_2}=1\times1\times\cos(75°-15°)=\cos60°$.

师：这是依据向量数量积的计算公式得到的. 两种不同的计算方法，得到的是同一个量，那么，你能得到怎样的等式呢？

生：$\cos60°=\cos75°\cos15°+\sin75°\sin15°$.

师：对，也就是 $\cos(75°-15°)=\cos75°\cos15°+\sin75°\sin15°$. ①

等式①的左边是两个角差的余弦，右边是单个角的正弦与余弦，这启发我们想到一个更一般的问题，即 $\cos(\alpha-\beta)$ 能否用 α 与 β 的三角函数来表示呢？这就是我们今天这节课要研究的内容——两角和与差的三角函数”（板书课题）.

二、探究建构

问题 1 如图 3 所示，在图 2②中再作点 $P_3(\cos(-135°),\sin(-135°))$，构造向量$\overrightarrow{OP_3}$，用类似的方法又能得到哪些等式呢？

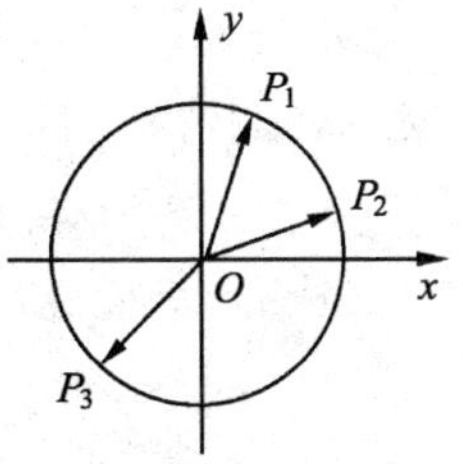

图 3

生：我求的是 $\overrightarrow{OP_1}$ 与 $\overrightarrow{OP_3}$ 这两个向量的数量积.

一方面，$\overrightarrow{OP_1}\cdot\overrightarrow{OP_3}=\cos75°\cos(-135°)+\sin75°\cdot\sin(-135°)$；

另一方面，因为$\overrightarrow{OP_1}$，$\overrightarrow{OP_3}$ 的夹角为 150°，

所以 $\overrightarrow{OP_1}\cdot\overrightarrow{OP_3}=1\times1\times\cos150°$.

从而得 $\cos150°=\cos75°\cos(-135°)+\sin75°\sin(-135°)$. ②

追问 1 $\overrightarrow{OP_1}$，$\overrightarrow{OP_3}$的夹角为 150°是怎么得到的？

生：用−135°减去 75°，得−210°，这个角不在[0°，180°]内，加上 360°后，得−210°+360°=150°，150°在[0°，180°]内，这就是向量$\overrightarrow{OP_1}$，$\overrightarrow{OP_3}$的夹角.

师：还原这个过程，可得 $\cos150°=\cos(-210°+360°)=\cos(-210°)=\cos[(-135°)-75°]$，所以结果②又可以怎么写呢？

生：$\cos[(-135°)-75°]=\cos(-135°)\cos75°+\sin(-135°)\sin75°$. ③

追问 2 在求$\overrightarrow{OP_1}$，$\overrightarrow{OP_3}$的夹角时，如果开始计算的是 $75°-(-135°)$，结果又如何呢？

生：因为 $75°-(-135°)=210°$，得 $\overrightarrow{OP_1}$，$\overrightarrow{OP_3}$ 的夹角为 $360°-210°=150°$，

所以 $\cos150°=\cos(360°-210°)=\cos(-210°)=\cos210°=\cos[75°-(-135°)]$，

从而 $\cos[75°-(-135°)]=\cos75°\cos(-135°)+\sin75°\sin(-135°)$. ④

追问 3 类似地计算$\overrightarrow{OP_2}$与$\overrightarrow{OP_3}$这两个向量的数量积，又能得到哪些等式呢？

生：$\cos[15°-(-135°)]=\cos15°\cos(-135°)+\sin15°\sin(-135°)$， ⑤

和 $\cos[(-135°)-15°]=\cos(-135°)\cos15°+\sin(-135°)\sin15°$. ⑥

问题 2 从等式①③④⑤⑥中，能抽象出什么样的一般等式呢？

生：$\cos(\alpha-\beta)=\cos\alpha\cos\beta+\sin\alpha\sin\beta$.

问题 3 如何证明 $\cos(\alpha-\beta)=\cos\alpha\cos\beta+\sin\alpha\sin\beta$ 这个等式呢？

生：设$\overrightarrow{OP_1}=(\cos\alpha,\sin\alpha)$，$\overrightarrow{OP_2}=(\cos\beta,\sin\beta)$.

一方面，$\overrightarrow{OP_1}\cdot\overrightarrow{OP_2}=\cos\alpha\cos\beta+\sin\alpha\sin\beta$.

另一方面，设向量$\overrightarrow{OP_1}$与$\overrightarrow{OP_2}$的夹角为$\theta\in[0,\pi]$，

则$\theta=(\alpha-\beta)+2k\pi$或$\theta=[2\pi-(\alpha-\beta)]+2k\pi$（两者只取其一，且$k$为某一合适的整数）.

则$\cos\theta=\cos[(\alpha-\beta)+2k\pi]=\cos(\alpha-\beta)$，

或$\cos\theta=\cos\{[2\pi-(\alpha-\beta)]+2k\pi\}=\cos[-(\alpha-\beta)]=\cos(\alpha-\beta)$.

即总有$\cos\theta=\cos(\alpha-\beta)$.

所以$\overrightarrow{OP_1}\cdot\overrightarrow{OP_2}=|\overrightarrow{OP_1}|\cdot|\overrightarrow{OP_2}|\cos\theta=\cos\theta=\cos(\alpha-\beta)$.

综上所述，$\cos(\alpha-\beta)=\cos\alpha\cos\beta+\sin\alpha\sin\beta$成立.

师：非常好！如果不构造向量，能不能证明这个等式呢？

问题4　如图4所示，在平面直角坐标系xOy中，设单位圆O与x轴交于点P_0. 以Ox为始边分别作角α,β，其终边分别和单位圆交于点P_1,P_2，那么，如何以Ox为始边作角$\alpha-\beta$呢？

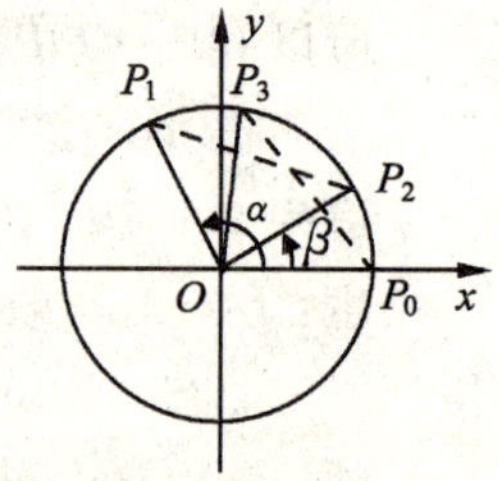

图4

（生板演，如图4所示，OP_3为角$\alpha-\beta$的终边）

师：这里三个点P_1,P_2,P_3的坐标恰好就是我们需要的几个量，从中应该能构建上述等式.

追问1　除了向量的数量积外，图中哪个量的表达式中可以出现$\cos\alpha\cos\beta$与$\sin\alpha\sin\beta$这两个式子呢？

生：P_1P_2的长度，即

$$P_1P_2=\sqrt{(\cos\alpha-\cos\beta)^2+(\sin\alpha-\sin\beta)^2}=\sqrt{2-2\cos\alpha\cos\beta-2\sin\alpha\sin\beta}.$$

追问2　哪个量的表达式中又可以出现$\cos(\alpha-\beta)$呢？

生：P_3P_0的长度，即

$$P_3P_0=\sqrt{[\cos(\alpha-\beta)-1]^2+\sin^2(\alpha-\beta)}=\sqrt{2-2\cos(\alpha-\beta)}.$$

追问3　你打算如何解决这个问题呢？

生：因为$\triangle P_1OP_2\cong\triangle P_3OP_0$，所以$P_1P_2=P_3P_0$.

则$\sqrt{2-2\cos\alpha\cos\beta-2\sin\alpha\sin\beta}=\sqrt{2-2\cos(\alpha-\beta)}$.

两边平方，整理得$\cos\alpha\cos\beta+\sin\alpha\sin\beta=\cos(\alpha-\beta)$.

所以$\cos(\alpha-\beta)=\cos\alpha\cos\beta+\sin\alpha\sin\beta$成立.

师：通过证明，这个等式是正确的，所以可以把它作为定理来运用.

1. 两角差的余弦公式

$$\cos(\alpha-\beta)=\cos\alpha\cos\beta+\sin\alpha\sin\beta.$$

问题5　如何得到$\cos(\alpha+\beta)$的展开公式呢？

生：将 $\cos(\alpha+\beta)$ 写成 $\cos[\alpha-(-\beta)]$ 即可，即在 $\cos(\alpha-\beta)=\cos\alpha\cos\beta+\sin\alpha\sin\beta$ 中，用"$-\beta$"代换"β"，得

$\cos(\alpha+\beta)=\cos[\alpha-(-\beta)]=\cos\alpha\cos(-\beta)+\sin\alpha\sin(-\beta)=\cos\alpha\cos\beta-\sin\alpha\sin\beta$.

2. 两角和的余弦公式

$$\cos(\alpha+\beta)=\cos\alpha\cos\beta-\sin\alpha\sin\beta.$$

说明 (1) 上述两个公式中的角 α 和角 β 均是任意角；

(2) 公式中两边的运算符号正好相反；

(3) 公式右边同名三角函数相乘再加减，且余弦在前正弦在后；

(4) 注意角的运算顺序：$\alpha,\beta,\alpha,\beta$.

三、数学应用

例 1 利用两角和与差的余弦公式：

(1) 证明下列诱导公式：

① $\cos\left(\frac{\pi}{2}-\alpha\right)=\sin\alpha$；　　② $\sin\left(\frac{\pi}{2}-\alpha\right)=\cos\alpha$.

解析 直接运用公式展开即可.

(2) 求下列三角函数值：

$\cos75°,\cos15°,\sin15°,\tan15°$.

解析 可将所求角写成 $75°=45°+30°,15°=45°-30°$(或 $15°=60°-45°$)等.

(3) 化简下列三角函数值：

① $\cos\left(\frac{\pi}{3}-\alpha\right)+\cos\left(\frac{\pi}{3}+\alpha\right)$；

② $\cos(\alpha+\beta)\cos(\alpha-\beta)+\sin(\alpha+\beta)\sin(\alpha-\beta)$.

解析 ① 直接用公式展开即可；

② 可将 $\alpha+\beta,\alpha-\beta$ 看成两个角，逆用公式.

提炼 (1) 两角和与差的余弦公式应用的三个方面：证明，求值，化简；

(2) 注重公式的正用与逆用.

例 2 已知 $\sin\alpha=\frac{2}{3},\alpha\in\left(\frac{\pi}{2},\pi\right),\cos\beta=-\frac{3}{5},\beta\in\left(\pi,\frac{3\pi}{2}\right)$，求 $\cos(\alpha+\beta)$.

解析 因为 $\sin\alpha=\frac{2}{3},\alpha\in\left(\frac{\pi}{2},\pi\right)$，

所以 $\cos\alpha=-\sqrt{1-\sin^2\alpha}=-\sqrt{1-\frac{4}{9}}=-\frac{\sqrt{5}}{3}$.

又因为 $\cos\beta=-\frac{3}{5}$，$\beta\in\left(\pi,\frac{3\pi}{2}\right)$，

所以 $\sin\beta=-\sqrt{1-\cos^2\beta}=-\sqrt{1-\frac{9}{25}}=-\frac{4}{5}$.

所以 $\cos(\alpha+\beta)=\cos\alpha\cos\beta-\sin\alpha\sin\beta=\left(-\frac{\sqrt{5}}{3}\right)\times\left(-\frac{3}{5}\right)-\frac{2}{3}\times\left(-\frac{4}{5}\right)=\frac{3\sqrt{5}+8}{15}$.

提炼 注意平方关系的运用，以及符号的确定.

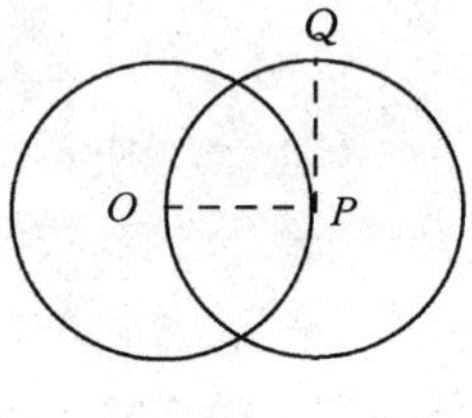

图 5

拓展 如图 5 所示，点 Q 绕点 P 在半径为 1 的圆 P 上运动的同时，点 P 又绕点 O 在另一个半径也为 1 的圆 O 上运动，O 为定点，P，Q 两点的初始位置如图所示，其中 $OP\perp QP$，且 P，Q 两点以相同的角速度沿逆时针方向运动. 试探究：在运动过程中，点 Q 两个坐标的变化是否符合简谐运动.

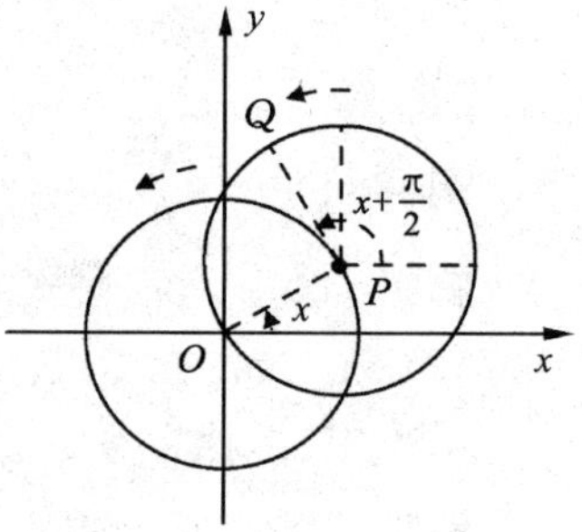

图 6

解析 建立如图 6 所示的平面直角坐标系 xOy，设 $\overrightarrow{OP}=(\cos x,\sin x)$，则 $\overrightarrow{PQ}=\left(\cos\left(x+\frac{\pi}{2}\right),\sin\left(x+\frac{\pi}{2}\right)\right)$，从而

$$\begin{aligned}\overrightarrow{OQ}&=\overrightarrow{OP}+\overrightarrow{PQ}\\&=\left(\cos x+\cos\left(x+\frac{\pi}{2}\right),\sin x+\sin\left(x+\frac{\pi}{2}\right)\right)\\&=(\cos x-\sin x,\sin x+\cos x).\end{aligned}$$

所以
$$\begin{aligned}x_Q&=\cos x-\sin x=\sqrt{2}\left(\frac{\sqrt{2}}{2}\cos x-\frac{\sqrt{2}}{2}\sin x\right)\\&=\sqrt{2}\left(\cos x\cos\frac{\pi}{4}-\sin x\sin\frac{\pi}{4}\right)=\sqrt{2}\cos\left(x+\frac{\pi}{4}\right);\\y_Q&=\cos x+\sin x=\sqrt{2}\left(\frac{\sqrt{2}}{2}\cos x+\frac{\sqrt{2}}{2}\sin x\right)\\&=\sqrt{2}\left(\cos x\cos\frac{\pi}{4}+\sin x\sin\frac{\pi}{4}\right)=\sqrt{2}\cos\left(x-\frac{\pi}{4}\right).\end{aligned}$$

故在运动过程中，点 Q 两个坐标的变化都是符合简谐运动的.

提炼 这是两个周期运动叠加的模型. 所以，两个周期运动的叠加，通

常能得到一个新的周期运动.

四、课堂小结

1. 两角和与差的余弦公式赋予了三角函数新的内涵，掀开了三角恒等变换的篇章. 三角恒等变换是三角的精华，是三角函数区别于一般函数的个性所在.

2. 两角差的余弦公式的证明方法很多，本节课只介绍了向量法和距离法，还有平面几何法等方法，有兴趣的同学不妨课后试一试.

案例八　函数的零点

设计思想

函数的零点及其存在性定理是判断函数图象与 x 轴的交点、两函数图象交点情况的重要依据，是沟通函数、方程与不等式的重要纽带. 本教学设计拟从对式子“$y=2x-1$”的三种不同理解出发，在三个问题及其子问题的驱动下，自然得到函数零点的概念，自然生成零点的存在性定理，并引导学生深刻理解定理的条件和内涵.

教学设计

教学目标

1. 理解函数零点的意义，了解函数零点与方程根的关系.

2. 能运用二次函数的图象与判别式的符号判断二次函数零点的存在性，会求简单函数的零点.

3. 理解零点存在性定理，并能用来解决一些简单的问题.

教学重点

函数零点的概念及存在性判断.

教学难点

零点存在性定理的含义.

过程设计

一、问题情境

师：同学们应该有过这样的体验，有时，从不同的角度看同一个事物，会得到不同的结果或理解.

生：是的.

师：从不同的角度看 $y=2x-1$，你有什么样的理解？

回答 1：它是一次函数.

回答 2：它是一条直线.

师：还有其他的理解吗？

生：它是二元一次方程.

师：对，共有三种理解，即它是函数、直线和方程.

$$\left(\text{板书：}y=2x-1\begin{cases}\text{函数}\\ \text{直线}\\ \text{方程}\end{cases}\right)$$

师：在 $y=2x-1$ 中，令 $y=0$，得 $x=0.5$，你对 $x=0.5$ 又有怎样的理解？

回答 1：它是方程 $2x-1=0$ 的根.

回答 2：它是直线 $y=2x-1$ 与 x 轴交点的横坐标.

师：很好！一个是从方程角度看的，有数的意义；一个是从直线角度看的，有形的意义.

$$\text{板书续：}y=2x-1\begin{cases}\text{函数}\\ \text{直线}\xrightarrow{\text{令 }y=0}x=0.5\text{——直线与 }x\text{ 轴交点的横坐标}\\ \text{方程}\qquad\qquad\qquad\text{——方程 }2x-1=0\text{ 的根}\end{cases}$$

师：那么从函数角度看，对 $x=0.5$ 又有怎样的理解呢？（学生没有反应）这就是今天这节课我们将要学习的内容——函数的零点（板书课题）.

二、探究建构

师：为什么把 $x=0.5$ 称为函数 $y=2x-1$ 的零点呢？

生：因为它是由 $y=0$ 求得的.

问题 1 对于一般的函数 $y=f(x)$，该如何定义它的零点呢？

生：令 $y=0$，得方程 $f(x)=0$ 的根，就叫作函数 $y=f(x)$ 的零点.

1. 函数零点的概念

一般地，我们把使函数 $y=f(x)$ 的值为 0 的实数 x 称为函数 $y=f(x)$ 的零点.

问题 1.1 从数和形两个角度看，对函数 $y=f(x)$ 的零点分别有怎样的理解？

生：从数的角度看，它是方程 $f(x)=0$ 的根；从形的角度看，它是函数 $y=f(x)$ 的图象与 x 轴交点的横坐标.

师：也就是说，其本质是同一样东西的三个不同名称而已.

问题 1.2 已知函数 $y=f(x)$ 的图象如图 1 所示，你能说出该函数的零点是什么吗？有两种答案可供选择：(1) $x_1=0$，$x_2=1$，$x_3=2$；(2) $(0,0)$，$(1,0)$，$(2,0)$.

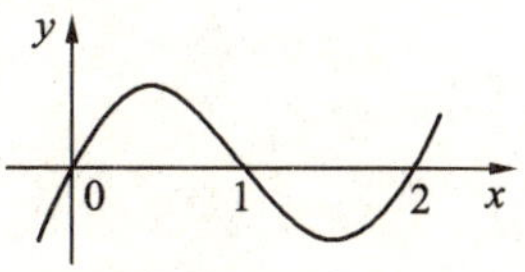

图 1

生：选(1).

追问　为什么呢？

生：根据定义，函数的零点是它的图象与 x 轴交点的横坐标，是一个数，而不是一个点.

师：很好！如果现在我们出一道脑筋急转弯题目：“什么点不是点？”那么“零点”就是答案之一了.（学生笑）

练习 1　求函数 $y=x^2-2x-3$ 的零点.

答案：3，−1.

提炼　一元二次函数 $y=ax^2+bx+c(a>0)$ 的零点情况：

$\Delta=b^2-4ac$	$\Delta>0$	$\Delta=0$	$\Delta<0$
$ax^2+bx+c=0$ 的根			
$y=ax^2+bx+c$ 的图象			
$y=ax^2+bx+c$ 的零点			

（师生共同完成，此略）

练习 2　判断 $f(x)=x^2-2x-1$ 在区间 $(2,3)$ 上是否有零点.

生：令 $f(x)=0$，得 $x^2-2x-1=0$，解得 $x=1\pm\sqrt{2}$，因为 $1+\sqrt{2}\in(2,3)$，所以函数 $f(x)=x^2-2x-1$ 在区间 $(2,3)$ 上有零点.

变式　你能判断 $f(x)=x^3-2x-1$ 在区间 $(1,2)$ 上是否有零点吗？

（学生感觉不知如何处理）

师：我们没有学过这种方程的求根公式，所以我们有必要寻找其他的判断方法.

问题 2　一般地，函数 $y=f(x)$ 满足什么条件时，在区间 (a,b) 上一定有零点呢？

师：为了解决这个问题，请大家思考：

问题 2.1　图 2—图 6 所示的曲线哪些可看成是函数的图象？

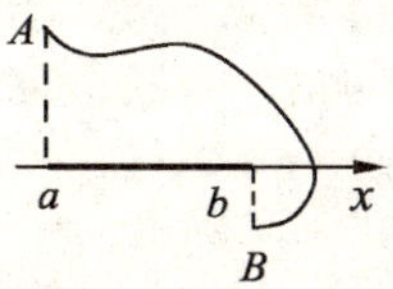

图 2

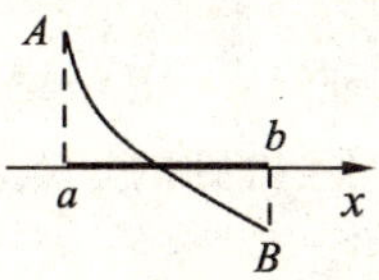

图 3

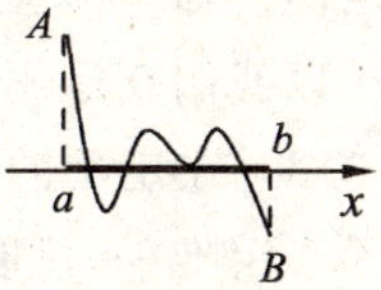

图 4

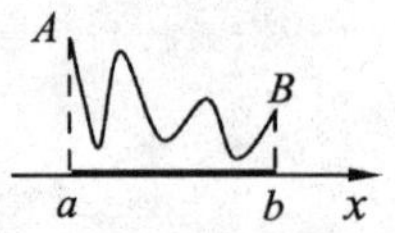

图 5

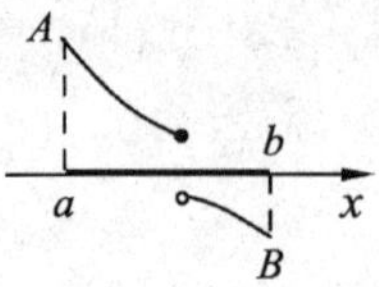

图 6

生：图 2 不是，其余的都是.

追问 图 2 为什么不是函数的图象？

生：因为存在 x，有两个 y 与它对应.

问题 2.2 根据图 3—图 6 的图象，你发现函数 $y=f(x)$ 何时在区间 (a,b) 上一定有零点？

(分组讨论后回答)

生：图象的两个端点要在 x 轴的异侧，而且图象不能断开.

追问 图象的两个端点在 x 轴的异侧可用什么式子来限制它？

生：$f(a)\cdot f(b)<0$.

师：通常我们把图象不断开称为“不间断”，那么：

问题 2.3 我们可以用怎样的数学语言来表达上述结论？

生：若函数 $y=f(x)$ 的图象不间断，且 $f(a)\cdot f(b)<0$，则该函数在区间 (a,b) 上一定有零点.

师：这个结论我们通常称之为“函数零点的存在性定理”.

2. 函数零点的存在性定理

如果函数 $y=f(x)$ 在区间 $[a,b]$ 上的图象不间断，且满足 $f(a)\cdot f(b)<0$，那么函数 $y=f(x)$ 在区间 (a,b) 上一定有零点.

问题 3 你真正理解该定理的含义了吗？

问题 3.1 定理中的两个区间，为何前者用闭区间 $[a,b]$？而后者用开区间 (a,b) 呢？

生：前者用闭区间，是为了保证 $f(a)$ 与 $f(b)$ 都有意义；后者用开区间，是因为由 $f(a)\cdot f(b)<0$ 知，零点一定在区间内部，不会在区间的端点处.

问题 3.2 “不间断”这一条件能去掉吗？

生：由图 6 知不能去.

师：所以我们在运用该定理时，一定要写上这句话.

问题 3.3 在定理的条件下，得到的零点唯一吗？

生：不一定唯一，可能不止 1 个.

问题 3.4 若函数 $y=f(x)$ 在区间 (a,b) 上有零点，反过来能得到

$f(a)\cdot f(b)<0$ 吗？

生：不一定.

问题 3.5 若 $f(a)\cdot f(b)>0$，函数 $y=f(x)$ 在区间 (a,b) 上就一定没有零点吗？

生：不对，也可能有零点的.

三、数学应用

例 证明：函数 $f(x)=x^3-2x-1$ 在区间 $(1,2)$ 上存在零点.

解析 因为 $f(1)=1-2-1=-2$，$f(2)=8-4-1=3$，

所以 $f(1)\cdot f(2)<0$.

又因为函数 $f(x)$ 的图象在区间 $[1,2]$ 上不间断，

所以函数 $f(x)=x^3-2x-1$ 在区间 $(1,2)$ 上存在零点.

提炼 运用零点存在性定理解题的一般步骤：

(1) 验点：计算函数在区间端点的函数值，说明两者异号；

(2) 验线：说明函数图象在闭区间上不间断；

(3) 结论：得到函数在开区间上一定存在零点.

变式 (1) 证明：函数 $f(x)=x^3+x^2+1$ 在区间 $(-2,-1)$ 上存在零点.

解析 因为 $f(-2)=-3$，$f(-1)=1$，所以 $f(-2)\cdot f(-1)<0$.

又因为函数 $f(x)$ 的图象在区间 $[-2,-1]$ 上不间断，

所以函数 $f(x)=x^3+x^2+1$ 在区间 $(-2,-1)$ 上存在零点.

(2) 证明：函数 $f(x)=x^2-2x-1$ 在区间 $(2,3)$ 上存在唯一零点.

解析 因为 $f(2)=-1$，$f(3)=2$，所以 $f(2)\cdot f(3)<0$.

而函数 $f(x)$ 的图象在区间 $[2,3]$ 上不间断，

所以函数 $f(x)=x^2-2x-1$ 在区间 $(2,3)$ 上存在零点.

又因为 $f(x)=x^2-2x-1$ 是开口向上且对称轴为 $x=1$ 的抛物线，所以 $f(x)$ 在区间 $[2,3]$ 上单调递增.

所以函数 $f(x)=x^2-2x-1$ 在区间 $(2,3)$ 上存在唯一零点.

提炼 证明函数在某区间存在唯一零点的方法：

(1) 用零点存在性定理证明该区间上存在零点；

(2) 说明函数在该区间上单调.

四、课堂小结

1. 本节课我们学习了函数的零点，主要有两个知识：一是函数零点的概念，要把握它的多角度理解，有形的方面，也有数的方面；二是零点存在性定理，要把握运用该定理的条件，一是验点，二是验线.

2. 零点存在性定理是研究函数性态，以及后面利用导数研究函数性质的重要工具，我们要深刻把握其含义并能灵活地加以运用.

3. 课后请同学们思考：从数和形两个角度该如何理解函数 $y=f(x)-g(x)$的零点？

案例 9　向量的加法

设计思想

向量的加法为我们研究数学提供了一种模式，即从其他原型（如物理原型）中抽象出数学模型，在此基础上研究数学模型，最后再应用到生活实践中去，实现从生活中来，再回到生活中去. 本教学设计拟展示上述研究思想，从位移与力这两个矢量的合成出发，在四个问题及其追问的驱动下，建构出向量加法的定义及两个运算法则，并对两个运算法则作深刻理解和适度拓展.

教学设计

教学目标

1. 理解向量加法的含义，会用向量加法的三角形法则和平行四边形法则作两个向量的和.

2. 掌握向量加法的交换律和结合律，并会用它们进行向量运算.

3. 经历向量加法的抽象过程，体会数学概念的自然性.

教学重点

向量加法的三角形法则与平行四边形法则.

教学难点

向量加法运算法则的灵活运用.

过程设计

一、问题情境

师：按照前面我们研究集合的模式，在学习了向量的概念及表示之后，接下来的任务是什么呢？

生：研究向量的运算.

师：对，运算才是数学的核心. 最简单的运算是——加法，那么什么是向量的加法呢？向量的加法又是怎样运算的呢？这就是本节课将要学习的内容——向量的加法（板书课题）.

二、探究建构

师：(展示图 1)大家请看，这是一座跨海大桥．在这座大桥通车之后，人们可以直接从 O 地到达 B 地，而在建桥之前，人们只能先从 O 地到 A 地，再从 A 地转到 B 地(如图 2 所示)．

图 1

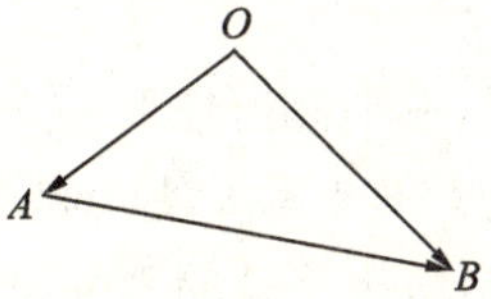

图 2

请问：从位移的角度看，从 O 地到达 B 地的这两种方式的效果如何？

生：是一样的．

师：也就是说，从点 O 先到点 A，再到点 B 这两次位移的效果，与从点 O 直接到点 B 这一次位移的效果是一样的．

问题 1 如何用一个等式来刻画这里三个位移 $\overrightarrow{OA}$，$\overrightarrow{AB}$，$\overrightarrow{OB}$ 之间的关系？

生：$\overrightarrow{OA}+\overrightarrow{AB}=\overrightarrow{OB}$．

师：即 $\overrightarrow{OB}$ 是 $\overrightarrow{OA}$ 与 $\overrightarrow{AB}$ 的合位移，可看成是位移的和．

(展示图 3)大家再请看，这是上述跨海大桥中一座斜拉桥的示意图．这儿有许多的拉索，其中两根拉索对塔柱的作用力分别为 F_1，F_2，请问：这两个力对塔柱的共同作用效果相当于几个力？

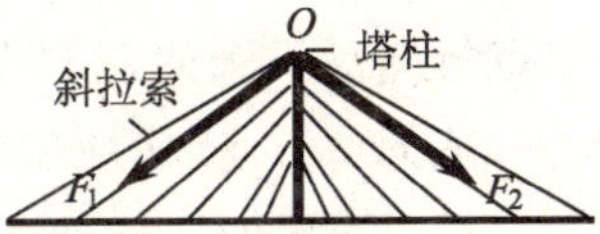

图 3

生：一个力．

师：对，也就是它们的合力．现在请大家作出 F_1，F_2 的合力．

(学生板演，如图 4 所示)

问题 2 如何用等式来刻画 $\overrightarrow{F_1}$，$\overrightarrow{F_2}$，$\overrightarrow{F}$ 这三个力的关系？

生：$\overrightarrow{F_1}+\overrightarrow{F_2}=\overrightarrow{F}$．

师：对，力 $\overrightarrow{F}$ 就是力 $\overrightarrow{F_1}$，$\overrightarrow{F_2}$ 的合力，也可看成是两个力的和．

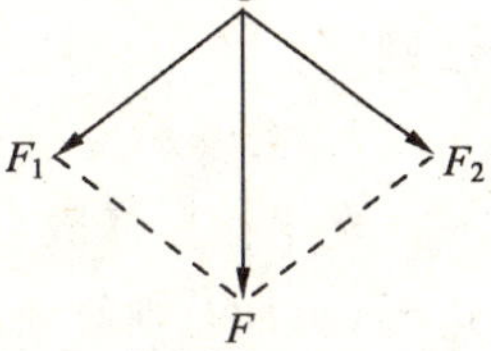

图 4

我们知道，位移和力都是物理中的矢量，都是既有大小又有方向的量．

若去掉它们的物理属性，就是我们上节课学习的向量，从而它们的和也就可以抽象成向量与向量的和.

即在图 2 中，设 $\boldsymbol{a}=\overrightarrow{OA}$，$\boldsymbol{b}=\overrightarrow{AB}$，则 $\boldsymbol{a}+\boldsymbol{b}=\overrightarrow{OB}$.

在图 4 中，设 $\boldsymbol{a}=\overrightarrow{OF_1}$，$\boldsymbol{b}=\overrightarrow{OF_2}$，则 $\boldsymbol{a}+\boldsymbol{b}=\overrightarrow{OF}$.

问题 3 对于任意的两个向量 $\boldsymbol{a}$ 与 $\boldsymbol{b}$（如图 5 所示），该如何求它们的和呢？

生：可以在平面内任取一点 O，平移 $\boldsymbol{a}$ 使其起点为点 O，平移 $\boldsymbol{b}$ 使其起点与 $\boldsymbol{a}$ 向量的终点 A 重合，再连接向量 $\boldsymbol{a}$ 的起点 O 与向量 $\boldsymbol{b}$ 的终点 B，则向量 $\overrightarrow{OB}$ 就是向量 $\boldsymbol{a}$ 与 $\boldsymbol{b}$ 的和（如图 6 所示）.

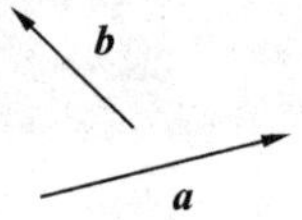

图 5

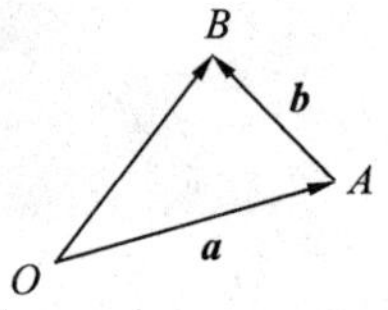

图 6

师：非常好！因为这个过程是在一个三角形中完成的，所以通常称之为向量加法的"三角形法则".

1. 向量加法的三角形法则

已知向量 $\boldsymbol{a}$，$\boldsymbol{b}$，在平面内任取一点 O，作 $\overrightarrow{OA}=\boldsymbol{a}$，$\overrightarrow{AB}=\boldsymbol{b}$，则向量 $\overrightarrow{OB}$ 叫作向量 $\boldsymbol{a}$，$\boldsymbol{b}$ 的和，记作 $\boldsymbol{a}+\boldsymbol{b}$，即 $\boldsymbol{a}+\boldsymbol{b}=\overrightarrow{OA}+\overrightarrow{AB}=\overrightarrow{OB}$.

求两个向量和的运算叫作向量的加法.

追问 1 向量加法的三角形法则有何特点？

生：后一个向量的起点是前一个向量的终点，和向量由前一个向量的起点指向后一个向量的终点.

追问 2 有别的方法求 $\boldsymbol{a}$ 与 $\boldsymbol{b}$ 的和吗？

生：在平面内任取一点 O，作 $\overrightarrow{OA}=\boldsymbol{a}$，$\overrightarrow{OC}=\boldsymbol{b}$，再以 OA，OC 为邻边作平行四边形 $OABC$，则对角线所对应的向量 $\overrightarrow{OB}$ 叫作向量 $\boldsymbol{a}$，$\boldsymbol{b}$ 的和（如图 7 所示）.

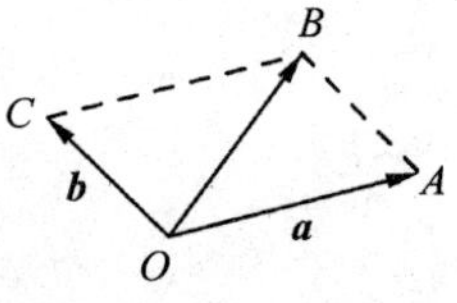

图 7

师：非常好！因为这个过程是在一个平行四边形中完成的，所以通常称之为向量加法的"平行四边形法则".

2. 向量加法的平行四边形法则

在平面内任取一点 O，作 $\overrightarrow{OA}=\boldsymbol{a}$，$\overrightarrow{OC}=\boldsymbol{b}$，再以 OA，OC 为邻边作平行四边形 $OABC$，则对角线所对应的向量 $\overrightarrow{OB}$ 叫作向量 $\boldsymbol{a}$，$\boldsymbol{b}$ 的和，即 $\boldsymbol{a}+\boldsymbol{b}=\overrightarrow{OA}+\overrightarrow{OC}=\overrightarrow{OB}$.

追问 3 向量加法的平行四边形法则有何特点？

生：平移两个向量，使得它们共起点.

追问 4 对于同样的两个向量 $\boldsymbol{a}$, $\boldsymbol{b}$,用三角形法则求出的和与用平行四边形法则求出的和是一样的吗?

生:结果是一样的.

师:请说明理由.

生:在图 7 中,由平行四边形法则得 $\boldsymbol{a}+\boldsymbol{b}=\overrightarrow{OA}+\overrightarrow{OC}=\overrightarrow{OB}$. 若将 $\boldsymbol{b}$ 的起点平移至点 A(如图 8 所示),则 $\overrightarrow{AB}=\boldsymbol{b}$,所以 $\boldsymbol{a}+\boldsymbol{b}=\overrightarrow{OA}+\overrightarrow{AB}=\overrightarrow{OB}$,这就是三角形法则. 所以,无论是用向量加法的平行四边形法则还是三角形法则,结果都是$\overrightarrow{OB}$.

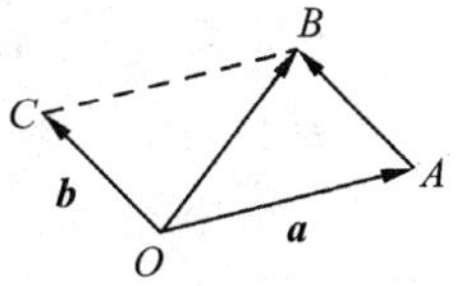

图 8

师:由此可见,向量加法的三角形法则与平行四边形法则在本质上是一致的. 所以在运用时,我们应根据具体情况灵活地加以选择.

练习 如图 9 所示,已知 $\boldsymbol{a}$, $\boldsymbol{b}$,试作出 $\boldsymbol{a}+\boldsymbol{b}$.

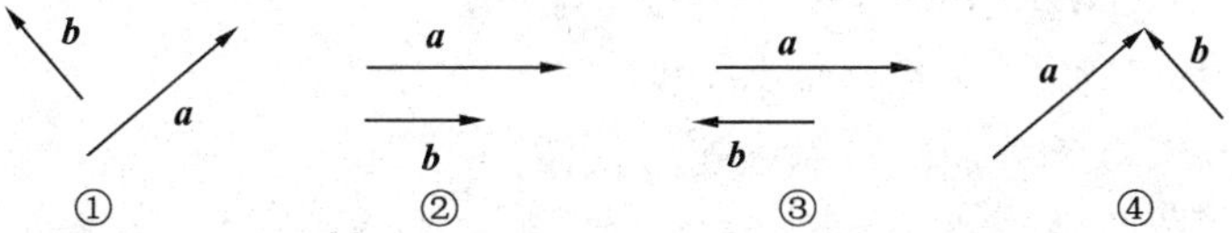

图 9

(学生板演,略)

提炼 (1) 运算结果中别忘了标注“$\boldsymbol{a}+\boldsymbol{b}$”;

(2) 由图 9 中②和③知,向量加法的三角形法则对共线向量的求和仍然适用,但平行四边形法则就不适用了. 所以,三角形法则具有更广泛的适用性.

(3) 对于图 9 中④,出现了两种作法. 如图 10 中①②所示,作法 1 是平移向量 $\boldsymbol{b}$,使其终点与向量 $\boldsymbol{a}$ 的起点 O 重合;作法 2 是平移向量 $\boldsymbol{b}$,使其起点与向量 $\boldsymbol{a}$ 的终点 A 重合.

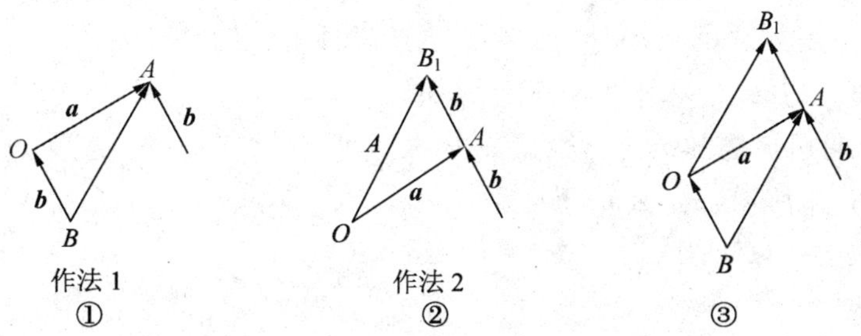

图 10

师：这两种作法的结果有区别吗？

生：作法1得到的是$\boldsymbol{b}+\boldsymbol{a}$，其结果是$\overrightarrow{BA}$；作法2得到的是$\boldsymbol{a}+\boldsymbol{b}$，其结果是$\overrightarrow{OB_1}$.

师：这两个结果一样吗？

生：如图10中③所示.因为$\overrightarrow{BO}=\overrightarrow{AB_1}$，所以四边形$BAB_1O$是平行四边形，从而$\overrightarrow{BA}=\overrightarrow{OB_1}$.即两个结果是一样的.

师：由此，我们能得到什么样的结论？

生：向量的加法满足交换律.

即$\boldsymbol{a}+\boldsymbol{b}=\boldsymbol{b}+\boldsymbol{a}$.

师：有别的方法验证此结论吗？

生：如图11所示.作平行四边形$OABC$，设$\overrightarrow{OA}=\overrightarrow{CB}=\boldsymbol{a}$，$\overrightarrow{OC}=\overrightarrow{AB}=\boldsymbol{b}$，则$\overrightarrow{OB}=\overrightarrow{OA}+\overrightarrow{AB}=\boldsymbol{a}+\boldsymbol{b}$，且$\overrightarrow{OB}=\overrightarrow{OC}+\overrightarrow{CB}=\boldsymbol{b}+\boldsymbol{a}$，所以$\boldsymbol{a}+\boldsymbol{b}=\boldsymbol{b}+\boldsymbol{a}$.

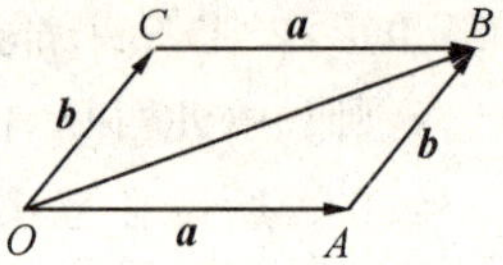

图 11

师：很好！除了交换律以外，其他的运算律是不是也成立呢？首先请同学们回忆：实数的加法有哪些运算性质.

生：加法的交换律$a+b=b+a$；加法的结合律$(a+b)+c=a+(b+c)$.

师：另外还有$a+0=a$，$a+(-a)=0$.

问题4　向量的加法是否也满足类似的性质呢？如果满足，其具体形式是什么呢？

（在学生回答的基础上，给出下列表格）

	实数的加法	向量的加法
性质	$a+0=a$ $a+(-a)=0$ $a+b=b+a$ $(a+b)+c=a+(b+c)$	$\boldsymbol{a}+\boldsymbol{0}=\boldsymbol{a}$ $\boldsymbol{a}+(-\boldsymbol{a})=\boldsymbol{0}$ $\boldsymbol{a}+\boldsymbol{b}=\boldsymbol{b}+\boldsymbol{a}$ $(\boldsymbol{a}+\boldsymbol{b})+\boldsymbol{c}=\boldsymbol{a}+(\boldsymbol{b}+\boldsymbol{c})$

师：性质1显然成立；性质2由向量加法的三角形法则也容易知道其成立；性质3是加法的交换律，刚才已经验证过了；性质4是加法的结合律，对不对呢？该如何验证？

生：向量加法的结合律也是成立的.

如图12所示，因为$(\boldsymbol{a}+\boldsymbol{b})+\boldsymbol{c}=\overrightarrow{OB}+\overrightarrow{BC}=\overrightarrow{OC}$；$\boldsymbol{a}+(\boldsymbol{b}+\boldsymbol{c})=\overrightarrow{OA}+\overrightarrow{AC}=\overrightarrow{OC}$，所以$(\boldsymbol{a}+\boldsymbol{b})+\boldsymbol{c}=\boldsymbol{a}+(\boldsymbol{b}+\boldsymbol{c})$.

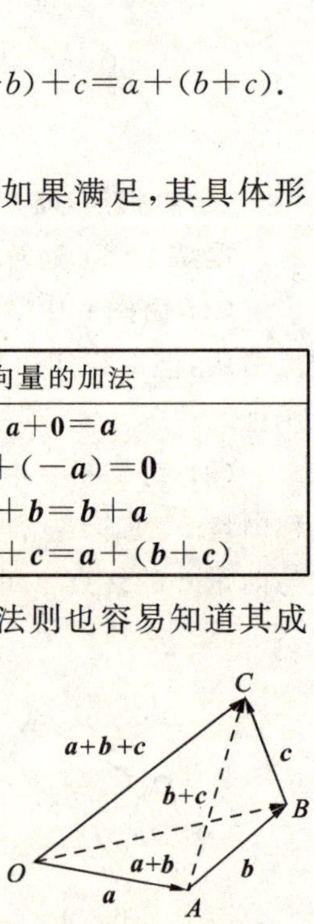

图 12

师：也就是说，向量的加法满足交换律和结合律，这与数的加法是一致的. 有了交换律与结合律，向量的加法就可以按任意的组合与任意的次序进行，从而丰富了向量加法的内涵.

三、数学应用

例 1 如图 13 所示，O 为正六边形 $A_1A_2A_3A_4A_5A_6$ 的中心，试作出下列向量：

(1) $\overrightarrow{OA_1}+\overrightarrow{OA_3}$；

(2) $\overrightarrow{OA_3}+\overrightarrow{A_6A_5}$；

(3) $\overrightarrow{A_2A_3}+\overrightarrow{A_6A_5}$；

(4) $\overrightarrow{A_1A_3}+\overrightarrow{A_4A_6}+\overrightarrow{A_3A_4}$；

(5) $\overrightarrow{A_1A_2}+\overrightarrow{A_2A_3}+\overrightarrow{A_3A_4}+\overrightarrow{A_4A_5}+\overrightarrow{A_5A_6}$.

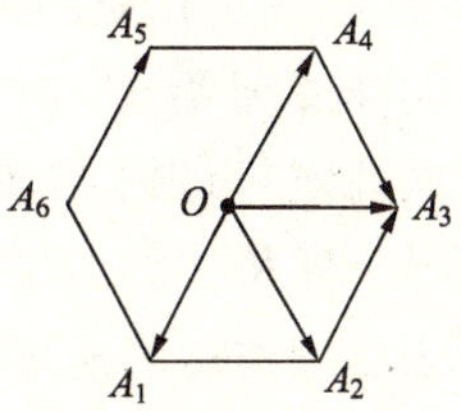

图 13

解析 略.

追问 在(5)的结论的基础上，你能得到更为一般的结论吗？

生：n 个向量首尾顺次相连，它们相加所得到的和就是从第一个向量的起点指向最后一个向量终点的向量.

师：很好！它可以看成是三角形法则的推广，不妨称为多边形法则，即

推广 1：$\overrightarrow{A_1A_2}+\overrightarrow{A_2A_3}+\overrightarrow{A_3A_4}+\cdots+\overrightarrow{A_{n-1}A_n}=\overrightarrow{A_1A_n}$.

师：(展示图 14)这是 2008 年北京奥运圣火的传递路线图. 3 月 31 日从雅典取回火种到北京，然后开始在多个国家进行传递，并于 5 月 3 日抵达我国澳门. 圣火在这个阶段的传递过程中，经过了若干次的位移. 请问：这么多的位移对应的向量的和是什么？

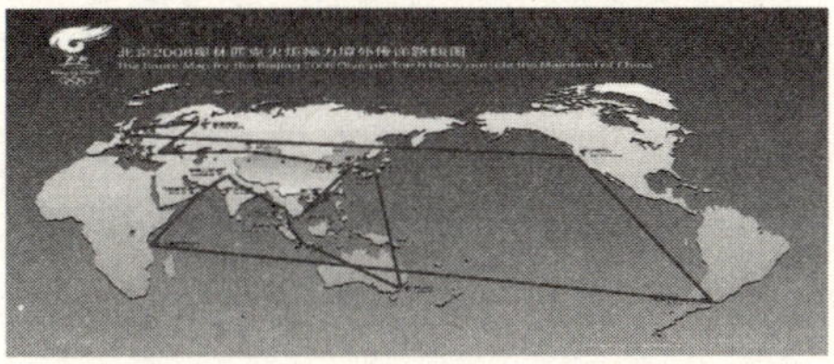
图 14

生：以北京为起点、澳门为终点的向量.

师：之后，圣火又从澳门传到境内诸多城市，最后于 8 月 8 日在北京结束了传递，这样圣火就从北京出发又传到了北京. 请问：其位移对应的向量之和又是什么？

生：零向量.

师：由此，又能得到一个什么结论呢？

生：若干个向量首尾顺次相连，最后又回到起点，则它们的和是零向量.

推广 2：$\overrightarrow{A_1A_2}+\overrightarrow{A_2A_3}+\overrightarrow{A_3A_4}+\cdots+\overrightarrow{A_{n-1}A_n}+\overrightarrow{A_nA_1}=\mathbf{0}$.

最后让我们回到开始的跨海大桥，来看这样一个实际问题：

例 2　如图 15 所示，已知桥是南北方向的，受落潮影响，海水以 12.5 km/h的速度向东流．现有一艘工作艇，在海面上航行检查桥墩的状况，已知工作艇的速度是 25 km/h，若工作艇要沿着与桥平行的方向由南向北航行，则工作艇的航向如何确定？

图 15

解析　如图 16 所示，设$\overrightarrow{AB}$表示水流速度，$\overrightarrow{AD}$表示工作艇的速度，$\overrightarrow{AC}$表示工作艇的实际速度．因为$\overrightarrow{AC}=\overrightarrow{AB}+\overrightarrow{AD}$，所以四边形 $ABCD$ 为平行四边形．

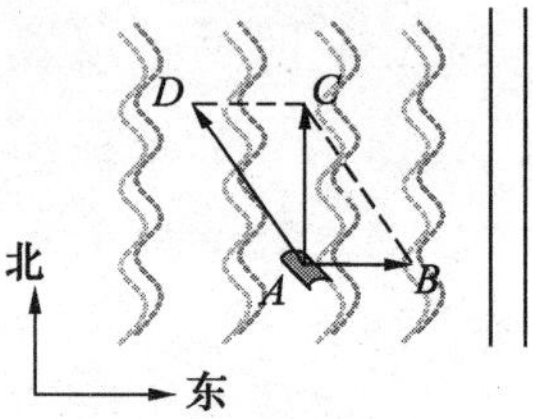

图 16

在 Rt$\triangle ACD$ 中，因为$\angle ACD=90°$，$|\overrightarrow{DC}|=|\overrightarrow{AB}|=12.5$，$|\overrightarrow{AD}|=25$，所以$\angle CAD=30°$．

答：略．

四、课堂小结

1．本节课我们研究了向量的加法，向量的加法遵循三角形法则和平行四边形法则．其中，三角形法则还可以推广到 n 个向量相加的多边形法则．

2．本节课的学习也为我们提供了一个研究问题的一般方法：即从其他原型（如物理原型）中抽象出数学模型，在此基础上去研究数学模型，最后应用到生活实践中去．这告诉我们，数学源于生活，又服务于生活．

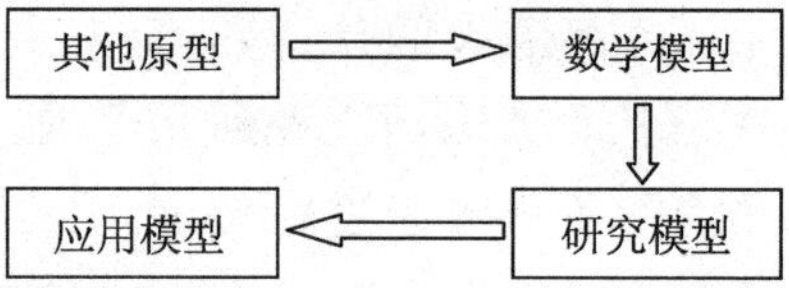

3．减法是加法的逆运算，那么如何从向量加法的运算法则中得到向量减法的运算法则呢，请同学们自己先探究试试．

案例 10　数系的扩充

设计思想

数系的扩充这节课的教学定位不能仅是复数相关概念的介绍及其简单应用，还要展示数的发展简史这一数学文化，以及从中提炼出数系扩充的一般思想．本教学设计拟按三条线回顾数的发展历程，从中总结出数集扩充的三个基本原则，然后抓住三个在实数范围内无解的一元二次方程，在六个问题的驱动下，自然引出虚数单位 i 及其规定，得到复数的相关概念．

教学设计

教学目标

1. 理解复数的基本概念以及复数相等的充要条件.

2. 回顾数的发展简史，经历数的概念的发展和数系扩充的过程.

3. 体会数学发现、创造的过程以及数学发生、发展的客观需求，提升学生的数学素养.

教学重点

数系的扩充.

教学难点

虚数单位的引入及规定，复数概念的生成.

过程设计

一、问题情境

师：首先请允许我好好地看一下大家(将所有学生扫视一遍)，根据我刚才的观察，我预测我们这个班今后将会产生 1 位数学院士，2 位影视导演，3 位特级教师，4 位公司总裁，5 位县委书记，…，另外，还有 0 个(稍顿)害群之马. 请问，这里的 0，1，2，3，4，5，…是什么数？

生：自然数.

师：对，人类因为计数的需要产生了自然数，形成了自然数集. 但仅有自然数是不够用的，种种实践的需要也推动着数的不断向前发展，这里我们不妨大致简要地回顾一下数的发展简史.

1. 数的发展简史

(1) 从社会生活的角度来看数的发展.

首先我们先从社会生活的角度来看数的发展，有了自然数之后，为了满足测量与分配等的需要(比如，将一块饼平均分给三个同学，每个同学能得到多少呢?)，以此就产生了分数；为了满足刻画相反意义的量的需要，就产生了负数；为了满足度量正方形对角线长等的需要，就产生了无理数，即

$$\xrightarrow{\text{为了计数的需要}}\text{自然数}\xrightarrow{\text{满足测量与分配等的需要}}\text{分数}\xrightarrow{\text{满足刻画相反意义的量的需要}}\text{负数}\xrightarrow{\text{满足度量正方形对角线长等的需要}}\text{无理数}.$$

师：在今天看来这一切是那么自然，然而在数学史上，每一步的跨出都充满了艰辛与曲折. 比如，零这个自然数就比其他自然数迟了很多年才出现；又如，在无理数诞生之前，人们发现边长为 1 的正方形的对角线长既不能用整数来表示，又不能用两个整数的比来表示，从而引发了一次数学危机，

甚至有人为之献出了宝贵的生命.有兴趣的同学,课后可以查阅相关的资料.

问题 如果将我刚才提到的 5 位县委书记分配到 6 个县区任职,每个县区一位,还剩下几位县委书记?

生:不够分.

师:对,在自然数集里,任意两个数做加法和乘法是没有问题的,但是在做减法的时候小数是不能减去大数的. 如果偏要做这样的减法,自然数就不够用了,必须对自然数集进行扩充,所以我们也可以认为是数的运算的需要推动着数不断向前发展.

追问 方程 $x+6=5$ 的解如何?

生:$x=-1$.

师:严格地说,这个答案不够准确,因为我事先没有规定是在哪个数集内解这个方程.如果限定在自然数集内解这个方程,它是没有解的.所以,我们又可以认为是解方程的需要推动了数的不断发展.

所以,下面我们再从数学内部的角度来看数的发展.

(2) 从数学内部的角度来看数的发展.

师:有了自然数之后,为了满足解 $x+6=5$ 等方程的需要,或者说为了满足减法的需要,我们引入了负数(因为这里是自然数与自然数做减法,所以引入的是负整数),从而将自然数集扩充到了整数集;为了满足解 $3x-2=0$ 等方程的需要,或者说为了满足除法的需要,我们引入了分数,从而将整数集扩充到了有理数集;又为了满足解 $x^2-2=0$ 等方程的需要,或者说为了满足非负数开方的需要,我们引入了无理数,进而将有理数集扩充到了实数集,即

$$\xrightarrow{\text{为了计数的需要}}\mathbf{N}\xrightarrow[\text{满足减法的需要}]{\text{满足解 }x+6=5\text{ 等方程的需要}}\mathbf{Z}\xrightarrow[\text{满足除法的需要}]{\text{满足解 }3x-2=0\text{ 等方程的需要}}\mathbf{Q}\xrightarrow[\text{满足非负数开方的需要}]{\text{满足解 }x^2-2=0\text{ 等方程的需要}}\mathbf{R}.$$

师:所以,这几个方面的实际需要推动了数的不断发展.

问题 自然数集 **N**、整数集 **Z**、有理数集 **Q**、实数集 **R** 这四个数集之间的关系如何?

生:$\mathbf{N}\subsetneqq\mathbf{Z}\subsetneqq\mathbf{Q}\subsetneqq\mathbf{R}$.

师:对,这几个数集之间的关系可用如图 1 所示的文氏图表示(板书画图,如图 1 所示).

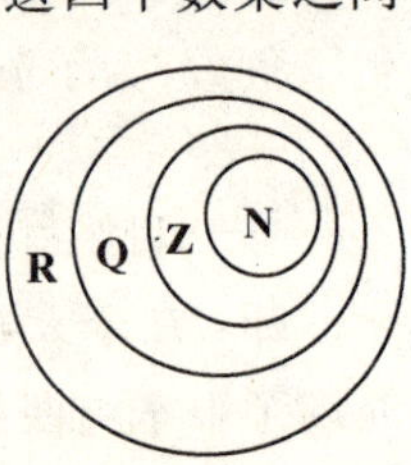

图 1

2. *反思与启示*

师:现在我们回头反思一下数的发展历程,看能得

到哪些启示？

(1) 为什么要对数集进行一次又一次的扩充？

生：满足种种实践的需要.

师：对，也就是说，在实践中我们遇到一些矛盾，而这些矛盾在原有的数集中是不能解决的，通过数集的扩充，就可以解决这些矛盾，这说明数集的扩充具有“进步性”.

(2) 每一次对数集进行扩充时，是如何解决矛盾的？

生：引进新数.

师：对，新的数集都是在原来数集的基础上“添加”了一种新的数得来的，这说明数集的扩充具有“引新性”.

(3) 数集扩充之后，有没有影响到原有的运算及性质？

生：没有.

师：对，将自然数集扩充到整数集的时候，我们添加了负整数，那么新引进的负整数可以与原来的自然数进行四则运算，而且原有的加法、乘法等运算及其性质仍旧适用. 又如，将整数集扩充到有理数集时，我们添加了分数，那么新引进的分数可以与原来的整数进行四则运算，而且加法和乘法运算律仍旧适用. 那么，将有理数集扩充到实数集的时候，你能类似地表述一下吗？

生：新引进的无理数可以与原来的有理数进行四则运算，而且加法和乘法的运算律仍然成立.

师：很好！所以，数集每一次扩充时，新添加的数可以与原有的数进行四则运算，而且加法和乘法运算律仍然成立. 这说明数集的扩充具有“可算性”.

通过反思，我们发现“进步性”“引新性”和“可算性”可以看成是数集扩充的三个原则.

3. *新的矛盾*

师：回到刚才解方程的话题，数集扩充到实数集后，是不是所有方程都有解了呢？

生：不对.

师：大家印象最深而且最有感情的应当是一元二次方程了！现在，请每位同学在草稿纸上写出一个在实数范围内无解的一元二次方程.

(学生写，老师巡查)

师：刚才我从后面一路走过来，记住了三位同学所写的方程：$x^2+1=0$，$x^2-2x+5=0$，$2x^2+x+2=0$.

师：请大家验证一下，这三个方程是不是在实数集里都没有解啊？

生：对.

师：新的矛盾出现了，说明实数集也不够用了，如何解决？

生：再对实数集进行扩充.

师：那么，如何对实数集进行合理地扩充呢？这是我们这节课要研究的核心问题. 通常我们把一个数集连同相应的运算及结构叫作一个数系，所以我们今天所要研究的课题是——数系的扩充（板书课题）.

二、探究建构

师：现在我们把目光聚焦在这三个一元二次方程身上.

问题 1 试着求解这几个方程，你能找到它们在实数集里算不下去的原因吗？

（让学生先算一会儿）

生：它们都可以转化为一个平方等于负数的形式.

师：你能具体解释一下吗？

生：第一个方程可化为 $x^2=-1$，第二个方程可化为 $(x-1)^2=-4$，第三个方程可化为 $\left(x+\dfrac{1}{4}\right)^2=-\dfrac{15}{16}$.

师：噢，它们都变成了某个数的平方等于负数的形式，而在实数范围内负数是不能开平方的，所以算不下去了. 根源找到了，就容易对症下药了，也就是说，要想这些方程也有解，只要负数有平方根就行了. 但负数有无数多个，这不便于我们解决问题，于是我们就想到能不能把它们都转化为同一个基本的负数“-1”呢？

问题 2 这里的所有方程都能转化为 $(X)^2=-1$ 这个基本形式吗？

生：$(x-1)^2=-4$ 可化为 $\left(\dfrac{x-1}{2}\right)^2=-1$；$\left(x+\dfrac{1}{4}\right)^2=-\dfrac{15}{16}$ 可化为

$$\left(\frac{x+\frac{1}{4}}{\frac{\sqrt{15}}{4}}\right)^2=-1.$$

师：由此我们知道，不管右边是什么负数，我们只要把它的绝对值除到左边去，然后再放到括号里去，最终都可以化归为 $(X)^2=-1$ 这个基本的形式.

追问 由此，你发现要想这些方程都有解，最终可归结为要求哪一个方程有解？

生：方程 $x^2=-1$.

问题 3 如果想要方程 $x^2=-1$ 也有解，你打算怎么办？

生：引进一个新数.

师：很好！大数学家欧拉也是这么想的，他把这个数记为 i，该字母源自英文单词“imaginary”的第一个字母，是“假想的、虚构的”的意思，在数学里，我们称之为虚数单位.

问题 4 根据数系扩充的原则，你认为应该给 i 做哪些合理的规定？

生：引新性已做到了；要满足进步性，则需 $\mathrm{i}^2=-1$；要满足可算性，则需实数可以与 i 进行四则运算，进行四则运算时，原有的加法、乘法运算律仍然成立.

师：继续努力，你有希望成为数学院士！

1. 虚数单位及规定

我们引入一个新数 i，叫作虚数单位，并规定：

(1) $\mathrm{i}^2=-1$.

(2) 实数可以与 i 进行四则运算，进行四则运算时，原有的加法、乘法运算律仍然成立.

问题 5 引入虚数单位 i 后，你能写出上述每个方程的一个根吗？

生：由 $x=\mathrm{i}$，$\dfrac{x-1}{2}=\mathrm{i}$，$\dfrac{x+\frac{1}{4}}{\frac{\sqrt{15}}{4}}=\mathrm{i}$ 得它们的根分别为 i，$1+2\mathrm{i}$，$-\dfrac{1}{4}+\dfrac{\sqrt{15}}{4}\mathrm{i}$.

师：也许有同学会提出这样的疑问，这些方程还有别的根吗？如果你想到了这个问题，那么你非常了不起！这里我可以告诉大家，还有别的根，随着学习的深入，我们是能够求出另外的根的，这里我们先找到它们的一个根就行了. 请大家仔细观察这些根，都是以前我们没有见过的数，请大家想一想：

问题 6 这些根可统一写成什么样的形式？

生：$a+b\mathrm{i}(a,b\in\mathbf{R})$.

追问 刚才的 i 也符合这个形式吗？

生：符合，就是 $0+1\cdot\mathrm{i}$.

师：很好！这些数都由两部分构成，一部分是实数，另一部分是实数与虚数单位 i 的乘积. 正因为这些数是由两部分复合而成的，所以我们就给它们取一个很形象的名字——复数.

2. 复数的有关概念

(1) 复数的定义：形如 $a+bi(a,b\in\mathbf{R})$ 的数，我们称之为复数.

(2) 复数的表示：复数通常用字母 z 表示，即 $z=a+bi(a,b\in\mathbf{R})$.

$a+bi(a,b\in\mathbf{R})$ 这种表示方法称为复数的代数形式，其中 a 称为复数 z 的实部，b 称为复数 z 的虚部.

师：根据复数的代数形式，你能写出一些复数吗？现在请三位同学到黑板上来写，每人写三个不同的复数.

(生写，不断补充.若学生写不全，可提示特殊化，直到几种类型写全为止)

师：请大家看看复数可分为哪几类？

生：第一类是当虚部为零时，它就是实数；第二类是实部和虚部都不为零；第三类是实部为零，虚部不为零.

师：很好！所以复数大致有以下几类：

(3) 复数的分类：

$$\text{复数 } z=a+bi\begin{cases}\text{当 } b=0 \text{ 时，} z \text{ 为实数；}\\ \text{当 } b\neq 0 \text{ 时，} z \text{ 为虚数(特别地，当 } a=0 \text{ 时，} z \text{ 为纯虚数).}\end{cases}$$

(4) 复数集：全体复数所组成的集合叫作复数集，记作 $\mathbf{C}$.

问：复数集与实数集之间的关系是什么？

生：$\mathbf{R}\subsetneqq\mathbf{C}$.

(师板书，在先前的文氏图中加上复数集，如图 2 所示)

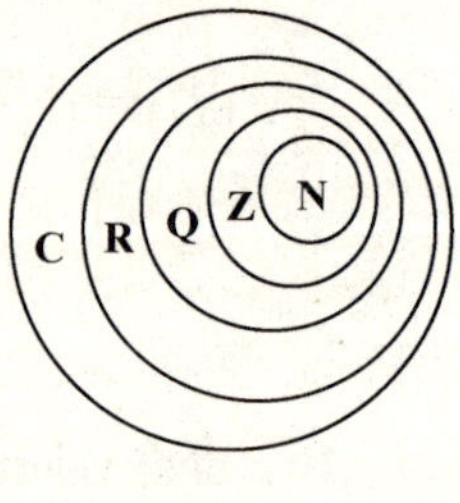

图 2

三、数学应用

例 1 请说出刚才所列举的复数的实部与虚部.

(学生口答)

变式 判断下列说法是否正确：

(1) 复数 $i\pi$ 的实部为 0，虚部是 $i\pi$.

(错，虚部多写了 i)

(2) 复数 $2+(1+i)i$ 的实部是 2，虚部是 $(1+i)$.

(错，因为 $(1+i)$ 是虚数，不能作为虚部)

提炼 (1) 复数 $z=a+bi(a,b\in\mathbf{R})$ 的虚部仅指单独的实数 b，不能含有 i；(2) 复数的实部与虚部必须是实数.

例 2 实数 m 取什么值时，复数 $z=m(m-1)+(m-1)i$ 是：

(1) 实数？ (2) 虚数？ (3) 纯虚数？

解析 这个复数的实部与虚部分别是什么？

生：实部是 $m(m-1)$，虚部是 $(m-1)$.

师：有什么条件可以保证这一点？

生：实数 m.

以下示范板书（略）.

追问 复数 ilg1 是纯虚数吗？

生：不是，因为 $\lg 1=0$，所以该复数是实数.

师：对，我们不能光看表面的形式.

反思 由“$z=a+b\mathrm{i}(a,b\in\mathbf{R})$ 是纯虚数”可得“$a=0$”；反之，仅由“$a=0$”不能得到“$z=a+b\mathrm{i}(a,b\in\mathbf{R})$ 是纯虚数”.

变式 (4) 当实数 m 取什么值时，$z=0$？

（学生板演）

提炼 如果将“$z=0$”写成“$z=0+0\mathrm{i}$”，那么在解决第(4)小题时，实际上这位同学已经默认了一个事实：即两个复数相等，当且仅当它们的实部与虚部对应相等. 事实上，这也正是两个复数相等的定义.

3. 复数相等的概念

如果两个复数的实部与虚数分别相等，那么我们就说这两个复数相等.

即 $a+b\mathrm{i}=c+d\mathrm{i}\Leftrightarrow\begin{cases}a=c,\\ b=d\end{cases}\quad(a,b,c,d\in\mathbf{R})$.

例 3 已知 $(x+y)+(x-2y)\mathrm{i}=(2x-5)+(3x+y)\mathrm{i}$，求实数 x,y 的值.

（学生板演）

提炼 (1) 处理复数问题的基本思想是：复数问题实数化.

(2) 一个复数方程可裂变为两个实数方程，因而可求两个未知数. 这一点有别于一般的实数方程.

四、课堂小结

1. 本节课我们研究了数系的扩充并建立了复数的相关概念，这些概念简单易懂，相信大家一定会学得很轻松.

2. 在研究问题的过程中，我们将多个无解的方程变形成同一种形式，从而将目标锁定在方程 $x^2=-1$ 身上，我觉得这对于大家来说很有启迪意义，即在解决问题时我们要学会抓住主要矛盾.

3. 从实数系扩充到复数系同样遵循了数系扩充的基本原则. 也许有同学会问，复数系够用了吗？还要不要再扩充？那么，我只能回答说目前的确有一些数学家正在研究这个问题. 比如,有人提出了建立超复数系的设想. 但可以明确的是,在我们中学阶段,复数系已经够用了. 随着学习与研究的深入,也许你会发现新的矛盾,那么只要遵循数系扩充的三个原则,相信到那时你们自己也能试着对复数系进行扩充了.

案例 11　平面的基本性质

设计思想

平面的基本性质是进一步研究空间直线与平面位置关系的基础,是学生学习图形、文字、符号三种语言相互转化的重要载体. 平面的基本性质的三个公理虽简单易懂,但初学者往往较难理解和运用到位. 本教学设计拟创设一些合理的情境或活动,然后通过四个问题的驱动引导学生领悟平面的含义,建构三个公理并深刻理解公理的内涵.

教学设计

教学目标

1. 了解平面的含义.
2. 理解平面的基本性质,能准确把握公理 1、公理 2、公理 3 的含义.
3. 能正确使用集合符号表示有关点、线、面的位置关系.
4. 能运用平面的基本性质解决一些简单的问题.

教学重点

平面的基本性质.

教学难点

正确使用图形语言、符号语言表示平面的基本性质.

过程设计

一、问题情境

师:在上一节,我们已经对简单的几何体有了一些直观的认识,简单的几何体是由空间的点、线、面所构成的,下面这一节内容我们将对点、线、面的位置关系进行讨论.

通过学习我们知道,"线动成面"所得到的面可能是平面,也可能是曲面. 那么,什么是平面? 平面又具有怎样的性质? 这是本节课我们将要研究的问题——平面的基本性质(板书课题).

二、探究建构

师：在日常生活或电视中，同学们一定见过以下一些事物或场景，广阔的草原，平静的湖面，穿衣镜的镜面，平滑的桌面，教室的墙面，等等.

生：是的.

问题1 上述事物有何共同的特征？

生：其表面是平坦的，给人们以平面的形象.

师：对，这就是平面的含义.

1. 平面的含义

像广阔的草原、平静的湖面这样，都给我们以平面的形象.

说明 (1) 和点、直线一样，平面也是从现实世界中抽象出来的几何概念，它是一个原始概念，不便下定义.

(2) 平面没有厚薄.

(3) 平面具有无限延展性.

(4) 平面既可以看成是直线的集合，也可以看成是点的集合.

2. 平面的表示

(1) 图形语言：通常用平行四边形表示平面. 特别地，当平面水平放置时，一般用水平放置的正方形的直观图作为平面的直观图.

(2) 符号语言：通常用希腊字母 $\alpha,\beta,\gamma,\cdots$ 表示平面，也可以用平行四边形的两个相对顶点的字母表示平面.

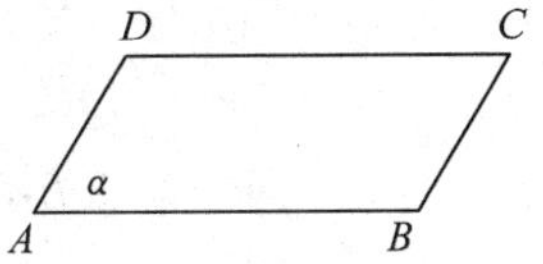

图 1

如图 1 所示，该平面可表示为平面 α、平面 AC 等.

说明 (1) 用希腊字母表示平面时，请不要在图形中标上“角”的标记，这是同学们容易犯的一个习惯性错误.

(2) 空间中的点、直线、平面的位置关系可以借助集合中的符号来表示.

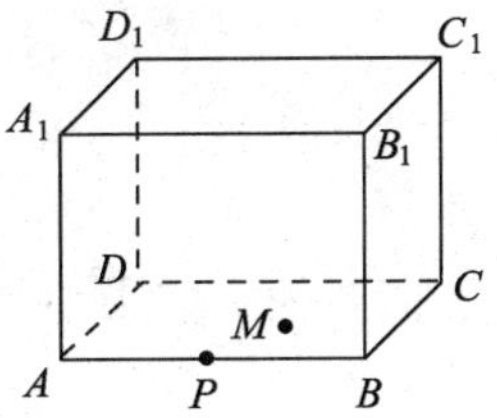

图 2

比如，在如图 2 所示的长方体 $ABCD\text{-}A_1B_1C_1D_1$ 中：

位置关系	符号表示
点 P 在直线 AB 上	$P\in AB$
点 C 不在直线 AB 上	$C\notin AB$

续表

位置关系	符号表示
点 M 在平面 AC 内	$M\in$ 平面 AC
点 A_1 不在平面 AC 内	$A_1\notin$ 平面 AC
直线 AB 与直线 BC 交于点 B	$AB\cap BC=B$
直线 AB 在平面 AC 内	$AB\subset$ 平面 AC
直线 AA_1 不在平面 AC 内	$AA_1\not\subset$ 平面 AC

练习 1 用符号表示下列语句：

(1) 点 A 在直线 l 上，l 在平面 α 内；

(2) 平面 α 和平面 β 的交线是直线 l，直线 m 在平面 α 内；

(3) 点 A 在平面 α 内，直线 l 经过点 A，且直线 l 在平面 α 外；

(4) 直线 l 经过平面 α 外一点 M.

答案：(1) $A\in l$，$l\subset\alpha$；(2) $\alpha\cap\beta=l$，$m\subset\alpha$；(3) $A\in\alpha$，$A\in l$，$l\not\subset\alpha$；(4) $M\notin\alpha$，$M\in l$.

练习 2 画图表示下列语句(其中 P，M 表示点，l，m 表示直线，α，β 表示平面)：

(1) $P\in l$，$P\notin\alpha$，$l\cap\alpha=M$；

(2) $\alpha\cap\beta=m$，$P\in\alpha$，$P\notin m$；

(3) $l\not\subset\alpha$，$l\subset\beta$；

(4) $P\in\alpha$，$P\in\beta$，$\alpha\cap\beta=m$.

(学生板演)

3. 平面的基本性质

师：除了无限延展性这一特性以外，平面还具有哪些性质呢？在生产与生活中，人们经过长期的观察与实践，总结出关于平面的几个基本性质，并把它们作为公理，作为进一步推理的基础. 这几个公理的内容是什么呢？下面我们一起来探究一下，首先请同学们做下面的活动.

活动一

师：请大家拿出一把直尺，在直尺的一条边上找两个点，然后把这两个点放在桌面上，观察直尺的这条边与桌面是何位置关系？

生：这条边在桌面内.

问题 2 如果把直尺的这条边看作一条直线，把桌面看成一个平面，那么可怎样描述这一事实？

生：当一条直线上有两个点在一个平面内时，这条直线就在这个平面内.

师：对，这就是公理 1 要表述的含义.

公理 1　如果一条直线上的两点在一个平面内，那么这条直线上所有的点都在这个平面内.

(1) 公理 1 的图形表示.

如图 3 所示.

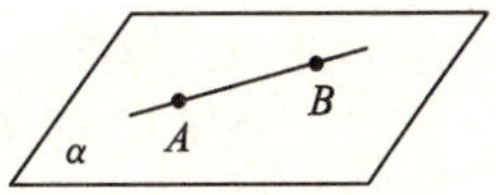

图 3

(2) 公理 1 的理解.

① 公理 1 说明平面是“平的”，当一条直线在平面内时，这条直线上就不会有离开这个平面的点.

② 公理 1 的结论也可以表述为“这条直线在这个平面内”或“这个平面经过这条直线”.

③ 公理 1 是判断直线在平面内的依据.

(3) 公理 1 的符号表示.

$$\left.\begin{array}{l}A\in\alpha\\B\in\alpha\end{array}\right\}\Rightarrow AB\subset\alpha.$$

练习 3　若 $A\in\alpha, B\notin\alpha, A\in l, B\in l$，则直线 l 与平面 α 有多少个公共点？为什么？

答案：有且仅有一个公共点 A. 若还有其他公共点，则 $l\subset\alpha$. 而 $B\in l$，所以 $B\in\alpha$，这与已知矛盾.

活动二

师：大家请看，这里有两块矩形纸板，它们分别表示平面 α 与平面 β（在表示平面 α 的纸板上事先挖了一条很窄的直线槽）. 现将它们如此摆放（将两块纸板摆成如图 4 的样子，其中表示平面 β 的矩形的一个顶点落在直线槽上的点 P 处）.

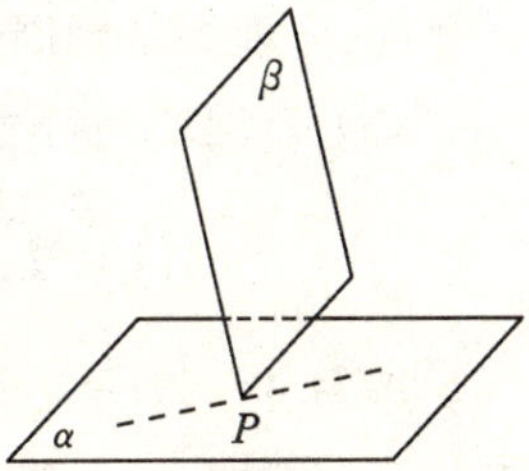

图 4

问题 3　在图 4 的这种状态下，平面 β 和平面 α 有多少个公共点？

生：无数个.

追问 1　它们不是只有一个公共点 P 吗？哪里来的无数个公共点？

生：因为平面具有无限延展性，它们还应有其他公共点.

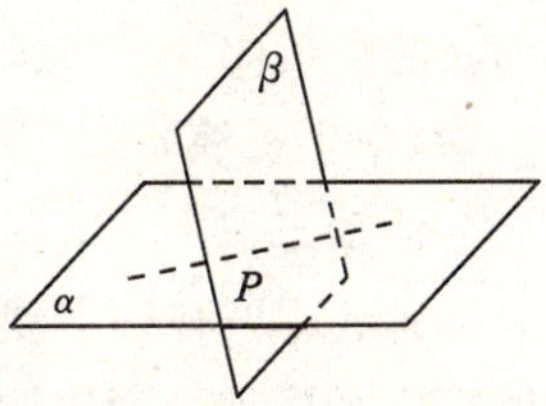

图 5

师：（在学生回答的同时，老师将平面 β 向下插进事先挖好的直线槽中，如图 5 所示）对的，这两个平面的确有无数个公共点.

追问 2 这无数个公共点的分布有何规律?

生:在一条直线上.

追问 3 这条直线和点 P 是何位置关系?

生:点 P 在这条直线上或者说这条直线经过点 P.

追问 4 如何描述这个事实?

生:略。

师:非常好!这就是公理 2 要表述的含义.

公理 2 如果两个平面有一个公共点,那么它们还有其他公共点,这些公共点的集合是经过这个公共点的一条直线.

(1) 公理 2 的图形表示.

如图 6 所示.

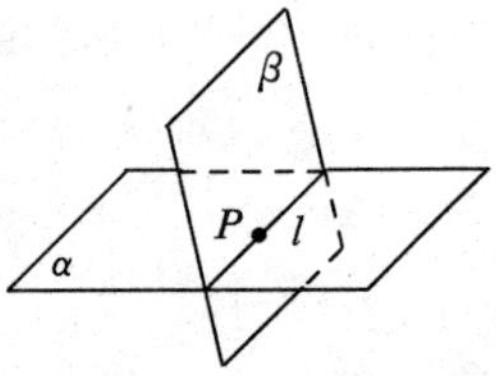

图 6

(2) 公理 2 的理解.

① 公理 2 说明两个平面(不重合)只要有一个公共点,它们就有一条公共直线.

② 公理 2 说明两个平面只要有一个公共点,这两个平面就是相交的,它们的公共部分就是这两个平面的交线.

③ 公理 2 说明两个相交平面的公共点都在这两个平面的交线上,或者说两个相交平面的交线必定经过它们的公共点.

④ 公理 2 是判断两个平面相交的依据.

(3) 公理 2 的符号表示.

$$\left.\begin{array}{l}P\in\alpha\\P\in\beta\end{array}\right\}\Rightarrow\alpha\cap\beta=l\text{ 且 }P\in l.$$

练习 4 如图 7 所示,$\triangle ABC$ 的顶点 B 在平面 α 内,顶点 A,C 都在平面 α 外.设 $\triangle ABC$ 所在的平面为 β,那么除了点 B 以外,你能画出平面 α 与平面 β 的一个公共点吗?你能画出平面 α 与平面 β 的交线吗?

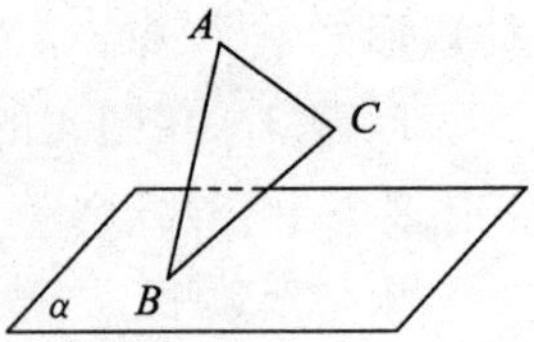

图 7

(学生板演)

活动三

师:这里有一本硬面抄,现在我想用手指把它顶起来.请问用一根手指能把它平稳地顶起来吗?(老师现场演示)

生:不能.

追问 1 用两根手指呢？

生：也不能.

追问 2 用三根手指呢？

生：能.

追问 3 一定能吗？（在追问的同时，演示不能顶的情况）

生：如果三根手指头放在一条直线上，也是不能的.

问题 4 如果把硬面抄看成一个平面，把硬面抄与手指头接触的地方看成点，那么可怎样描述这个事实？

生：不共线的三点可以固定一个平面.

师：对，这就是公理 3 要表述的含义.

公理 3 经过不在同一条直线上的三点，有且只有一个平面.

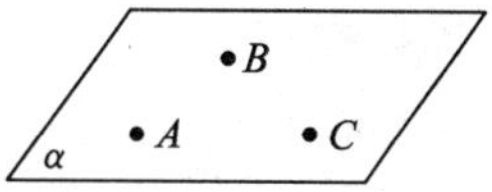

图 8

（1）公理 3 的图形表示.

如图 8 所示.

说明 过不共线三点 A,B,C 的平面，通常记作“平面 ABC”.

（2）公理 3 的理解.

① 公理 3 有两层含义：一是经过不共线的三点有一个平面；二是经过不共线的三点只有一个平面.

② 公理 3 也可表述为“不共线的三点确定一个平面”.

③ 公理 3 是确定平面的依据.

（3）公理 3 的符号表示.

若 $A\notin BC$，则存在唯一平面 α，使得 $A\in\alpha, B\in\alpha, C\in\alpha$.

练习 5 请说明 $\triangle ABC$ 的三条边 AB,BC,CA 一定在同一平面内.

（学生口答）

三、数学应用

例 如图 9 所示，在长方体 $ABCD\text{-}A_1B_1C_1D_1$ 中，下列命题是否正确？并说明理由.

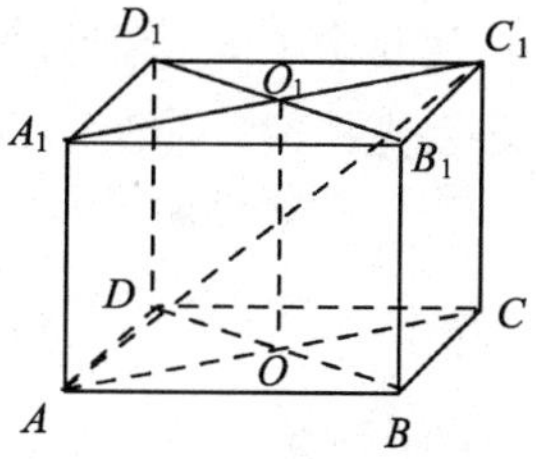

图 9

（1）AC_1 在平面 CC_1B_1B 内；

（2）若 O,O_1 分别为平面 $ABCD, A_1B_1C_1D_1$ 的中心，则平面 AA_1C_1C 与平面 BB_1D_1D 的交线为 OO_1；

（3）由点 A,O,C 可以确定平面；

(4) 设直线 $l\subset$ 平面 AC,直线 $m\subset$ 平面 D_1C,若 l 与 m 相交,则交点一定在直线 CD 上;

(5) 由点 A,O,C_1 确定的平面与由点 A,C,C_1 确定的平面是同一个平面.

解析 (1) 错误.因为 $A\notin$ 平面 CC_1B_1B.

(2) 正确.因为 O,O_1 是平面 AA_1C_1C 与平面 BB_1D_1D 的公共点.

(3) 错误.因为 A,O,C 三点共线.

(4) 正确.因为 l 与 m 的交点是平面 AC 与平面 D_1C 的公共点,而直线 CD 是平面 AC 与平面 D_1C 的交线.

(5) 正确.因为这两个平面都经过不共线的三点 A,O,C_1,所以它们必定重合.

提炼 (1) 如果一条直线上有一个点不在某个平面内,那么这条直线就不在这个平面内.

(2) 若 P,Q 是两个平面的公共点,则直线 PQ 就是这两个平面的交线.

(3) 共线的三点不能确定平面,不共线的三点才能确定平面.

(4) 两个平面的公共点一定在这两个平面的交线上.

(5) 若两个平面都经过不在同一条直线上的某三点,则这两个平面重合.

四、课堂小结

1. 本节课我们学习了平面的含义、画法及基本性质. 其中,平面的基本性质部分我们主要学习了三个公理,我们要理解这三个公理的含义,同时能用图形语言与符号语言表示出这三个公理.

2. 平面的基本性质是人们在生产与生活中经过长期观察与实践总结出来的,这进一步佐证了数学源于生活.

3. 不共线的三点能确定一个平面,在此基础上,还能得到确定平面的其他几个推论,这是我们下节课将要进一步研究的问题,有兴趣的同学不妨课后先探究一下.

案例 12 简单随机抽样

设计思想

简单随机抽样的内容相对简单但抽象,教师容易上成"介绍课". 其实,再简单的数学知识也离不开理性的思维. 本教学设计拟用三个实例说明统计的基本思想、科学抽样的重要性与必要性. 然后以一个实际问题为载体，通过四个问题及其子问题的驱动，引导学生总结出抽签法和随机数表法抽取样本的方法、步骤，以及这两种抽样的方法的共同特征.

教学设计

教学目标

1. 通过解决具体实例的过程，掌握用抽签法和随机数表法抽取样本的方法，学会用简单随机抽样的方法从总体中抽取样本.

2. 掌握用抽签法和随机数表法进行抽样的步骤，了解随机数表的制作方法和思想.

3. 初步感受抽样统计的重要性和必要性.

教学重点

用抽签法和随机数表法进行抽样的方法与步骤.

教学难点

用随机数表法进行抽样的步骤.

过程设计

一、问题情境

师：首先，请同学们听一个小笑话.

妈妈对儿子说：“孩子，帮妈妈去买盒火柴.”妈妈强调说：“这次注意点，上次你买的火柴好多划不着.”过了一会儿，儿子举着一盒火柴高兴地跑回来喊道：“妈妈，这次的火柴全划得着，每根我都试过了.”

虽然这位小孩做了件傻事，但他却运用了数学中的一个重要知识，即统计学，只不过他采用的调查方式不太合理而已.

我们再来看一个有关调查的例子.

根据国务院的决定，我国于 2010 年 11 月 1 日进行了第六次全国人口普查的登记工作. 近千万名工作人员投入到了艰苦繁重的工作中，结果显示至普查日期截止时我国人口总数为 1 370 536 875 人.

师：请问这项工作采用了什么样的调查方式？它的优点和缺点分别是什么？

生：它采用的是普查，优点是全面准确，缺点是花费多、工作量很大.

师：那么除了普查以外，通常还有什么样的调查方式？

生：抽样调查.

师：对. 一般地，当总体容量很大或检测过程具有一定的破坏性时，我们不直接去研究总体，而通常是从总体中抽取一部分个体作为样本，根据样本的情况来估计总体的相应情况，这样的调查方式通常称为抽样调查，简称抽样.

所以，统计学的基本思想方法是用样本估计总体.

(板书：总体$\underset{\text{估计}}{\overset{\text{抽样}}{\rightleftharpoons}}$样本)

那么样本能否准确反映总体的状况呢？我们再来看一个例子.

在 1936 年美国总统选举前，一份颇有名气的杂志做了一次民意测验，调查兰登和罗斯福中谁将当选下一届总统. 为了了解公众意向，调查者通过电话簿和车辆登记簿上的名单给一大批人发了调查表，通过分析收回的调查表，显示兰登非常受欢迎，有 57% 的支持率，于是此杂志预测兰登将在选举中获胜. 但实际选举结果正好相反，罗斯福获得了 62% 的支持率，赢得了大选. 问题出在哪儿呢？原来，1936 年的美国，电话和汽车只有少数富人才拥有，所以此次抽样的对象不具有代表性.

也就是说，如果抽样的方法不科学，那么所抽得的样本就不能准确地反映总体的状况.

问题　如何科学地进行抽样呢？

下面的几节课我们就将介绍常用的一些抽样方法，今天这节课先来学习其中的一种，即简单随机抽样(板书课题).

二、探究建构

问题 1　为了了解我班学生的视力状况(共 50 名学生)，从中抽取 10 名学生进行检查，如何抽取比较合理呢？

师：都抽戴眼镜的学生或都抽不戴眼镜的学生，这样做合理吗？为什么？

生：不合理. 因为都抽戴眼镜的学生，结果要比实际情况差；都抽不戴眼镜的学生，结果要比实际情况好.

师：那怎样做才合理呢？

生：要保证每位学生被抽到的可能性相同.

师：在日常生活中，通常我们是怎么做这件事情的？

生：抽签.

师：好的，这里我们不妨现场模拟一下抽签的过程.

(现场模拟抽签的过程)

(1) 将我班学生从 1 到 50 进行编号(可以借助学号)；

(2) 制作 1—50 的 50 个号签(课前已准备好 50 张同样大小的白纸片，上面写有 1—50 的数字)；

(3) 把 50 个号签放在一个拎袋中，并充分搅匀；

(4) 从拎袋中每次随机地抽出 1 个号签，连续抽取 10 次；

(5) 对编号(学号)与抽中的号签的号码相一致的学生进行视力检查.

追问 一般地，用抽签法从个体数为 N 的总体中抽取一个容量为 k 的样本，其方法与步骤是什么？

生：(1) 将总体中的 N 个个体编号；

(2) 将这 N 个号码写在形状、大小相同的号签上；

(3) 将号签放在同一个箱子中，并搅拌均匀；

(4) 从箱子中每次抽出 1 个号签，连续抽取 k 次；

(5) 将总体中与抽到的号签的编号一致的 k 个个体取出.

1. 抽签法

(1) 操作步骤：

(2) 优点：简单易行.

(3) 不足：只适用于总体中个体数不多的情形.

说明 编号的过程有时可以省略，可用已有的编号，如学生的学号、电影院观众的座位号等.

师：在运用抽签法的过程中，你认为最麻烦的步骤是什么？

生：制签.

问题 2 为了简化抽签法，省去制签的过程，能否做到"只抽一次，以后共用"呢？

生：可以抽较多的次数，把结果都记录下来，以后抽签时恰当运用这个结果就行了.

师：这个想法很好！我们把抽签的结果制成了一张表，称为随机数表，并把借助随机数表进行抽样的方法称为随机数表法.

2. 随机数表法

(1) 随机数表：由数字 0,1,2,3,…,9 这 10 个数字组成，并且每个数字在表中各个位置上出现的机会一样，这样的表称为随机数表.

师：请同学们看教材后面的附录 1(如图 1 所示)，这就是随机数表，表中的每个数字都是随机产生的，为了便于我们查看，从纵向看，把它印成了

5 组，而且每两个数是挨在一起的，但要注意它们是独立的两个数.

(2) 随机数表法：按一定的规则到随机数表中选取号码的抽样方法叫作随机数表法.

问题 3 如何用随机数表法来解决问题 1 呢?

师：第 1 步还应该是编号.

问题 3.1 为了既方便操作，又体现合理性，50 位学生的号码都应设计成两位数，怎么编号?

生：可以在个位数的前面加上数字 0.

附录 1 随机数表(部分)

03 47 43 73 86	36 96 47 36 61	46 98 63 71 62	33 26 16 80 45	60 11 14 10 95
97 74 24 67 62	42 81 14 57 20	42 53 32 37 32	27 07 36 07 51	24 51 79 89 73
16 76 62 27 66	56 50 26 71 07	32 90 79 78 53	13 55 38 58 59	88 97 54 14 10
12 56 85 99 26	96 96 68 27 31	05 03 72 93 15	57 12 10 14 21	88 26 49 81 76
55 59 56 35 64	38 54 82 46 22	31 62 43 09 90	06 18 44 32 53	23 83 01 30 30
16 22 77 94 39	49 54 43 54 82	17 37 93 23 78	87 35 20 96 43	84 26 34 91 64
84 42 17 53 31	57 24 55 06 88	77 04 74 47 67	21 76 33 50 25	83 92 12 06 76
63 01 63 78 59	16 95 55 67 19	98 10 50 71 75	12 86 73 58 07	44 39 52 38 79
33 21 12 34 29	78 64 56 07 82	52 42 07 44 38	15 51 00 13 42	99 66 02 79 54
57 60 86 32 44	09 47 27 96 54	49 17 46 09 62	90 52 84 77 27	08 02 73 43 28
18 18 07 92 45	44 17 16 58 09	79 83 86 19 62	06 76 50 03 10	55 23 64 05 05
26 62 38 97 75	84 16 07 44 99	83 11 46 32 24	20 14 85 88 45	10 93 72 88 71
23 42 40 64 74	82 97 77 77 81	07 45 32 14 08	32 98 94 07 72	93 85 79 10 75
52 36 28 19 95	50 92 26 11 97	00 56 76 31 38	80 22 02 53 53	86 60 42 04 53
37 85 94 35 12	83 39 50 08 30	42 34 07 96 88	54 42 06 87 98	35 85 29 48 39
70 29 17 12 13	40 33 20 38 26	13 89 51 03 74	17 76 37 13 04	07 74 21 19 30
56 62 18 37 35	96 83 50 87 75	97 12 25 93 47	70 33 24 03 54	97 77 46 44 80
99 49 57 22 77	88 42 95 45 72	16 64 36 16 00	04 43 18 66 79	94 77 24 21 90
16 08 15 04 72	33 27 14 34 09	45 59 34 68 49	12 72 07 34 45	99 27 72 95 14
31 16 93 32 43	50 27 89 87 19	20 15 37 00 49	52 85 66 60 44	38 68 88 11 80
68 34 30 13 70	55 74 30 77 40	44 22 78 84 26	04 33 46 09 52	68 07 97 06 57
74 57 25 65 76	59 29 97 68 60	71 91 38 67 54	13 58 18 24 76	15 54 55 95 52
27 42 37 86 53	48 55 90 65 72	96 57 69 36 10	96 46 92 42 45	97 60 49 04 91
00 39 68 29 61	66 37 32 20 30	77 84 57 03 29	10 45 65 04 26	11 04 96 67 24
29 94 98 94 24	68 49 69 10 82	53 75 91 93 30	34 25 20 57 27	40 48 73 51 92
16 90 82 66 59	83 62 64 11 12	67 19 00 71 74	60 47 21 29 68	02 02 37 03 31
11 27 94 75 06	06 09 19 74 66	02 94 37 34 02	76 70 90 30 86	38 45 94 30 38
35 24 10 16 20	33 32 51 26 38	79 78 45 04 91	16 92 53 56 16	02 75 50 95 98
38 23 16 86 38	42 38 97 01 50	87 75 66 81 41	40 01 74 91 62	48 51 84 08 32
31 96 25 91 47	96 44 33 49 13	34 86 82 53 91	00 52 43 48 85	27 55 26 89 62
66 67 40 67 14	64 05 71 95 86	11 05 65 09 68	76 83 20 37 90	57 16 00 11 66
14 90 84 45 11	76 73 88 05 90	52 27 41 14 86	22 98 12 22 08	07 52 74 95 80
68 05 51 18 00	33 96 02 75 19	07 60 62 93 55	59 33 82 43 90	49 37 38 44 59
20 46 78 73 90	97 51 40 14 02	04 02 33 31 08	39 54 16 49 36	47 95 93 13 30
64 19 58 97 79	15 06 15 93 20	01 90 10 75 06	40 78 78 89 62	02 67 74 17 33
05 26 93 70 60	22 35 85 15 13	92 03 51 59 77	59 56 78 06 83	52 91 05 70 74
07 97 10 88 23	09 98 42 99 64	61 71 62 99 15	06 51 29 16 93	58 05 77 09 51
68 71 86 85 85	54 87 66 47 54	73 32 08 11 12	44 95 92 63 16	29 56 24 29 48
26 99 61 65 53	58 37 78 80 70	42 10 50 67 42	32 17 55 85 74	94 44 67 16 94
14 65 52 68 75	87 59 36 22 41	26 78 63 06 55	13 08 27 01 50	15 29 39 39 43

图 1

追问 如果有 100 名学生，怎么编号比较合理?

生：可编为 00，01，…，99，刚好 100 个号码.

问题 3.2 为了体现随机性，第一个数从随机数表中的哪个数字开始?

生：从表中的任意一个数字开始比较合理.

师：对. 比如，有时我们可以抛掷一根大头针落在随机数表上，然后从针尖所指的数开始. 这里，我们不妨从第 8 行第 29 列的数字 7 开始(如图 2 所示).

第8行　　第29列

16 22 77 94 39	49 54 43 54 82	17 37 93 23 78	87 35 20 96 43	84 26 34 91 64
84 42 17 53 31	57 24 55 06 88	77 04 74 47 67	21 76 33 50 25	83 92 12 06 76
63 01 63 78 59	16 95 55 67 19	98 10 50 71 75	12 86 73 58 07	44 39 52 38 79
33 21 12 34 29	78 64 56 07 82	52 42 07 44 38	15 51 00 13 42	99 66 02 79 54
57 60 86 32 44	09 47 27 96 54	49 17 46 09 62	90 52 84 77 27	08 02 73 43 28

图 2

问题 3.3 为了体现随机性，如何规定读数的顺序呢?

生：我觉得向右、向左、向上或向下都应该可以，这样才能体现公平性.

师：对，这里我们不妨按从左向右，到头后转下一行仍按从左向右的顺序来读数.

问题 3.4 第一个两位数是 75，它不在 01～50 内，怎么办?

生：只能跳过去，继续读下面的两位数 12.

问题 3.5 从 12 开始，后面在 01～50 内的两位数依次是什么？

生：12，07，44，39，38，33，21，12.

问题 3.6 12 这个号码已读过，怎么办？

生：只能跳过去继续读，依次得 34，29，42.

师：非常好！这样，我们得到了 12，07，44，39，38，33，21，34，29，42 这 10 个号码，这就是所要抽取的容量为 10 的样本.

问题 3.7 如图 3 所示，现选定从第 6 行第 9 列开始，向左读数，到头后转上一行，向右读数，依此下去，你能写出容量为 10 的样本号码吗？

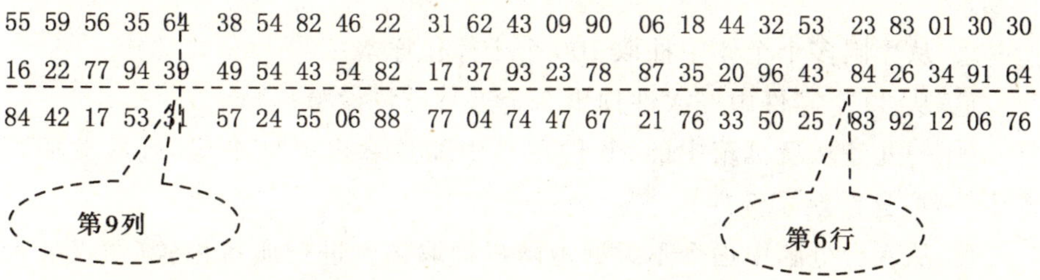

图 3

生：34，26，15，43，48，24，23，16，30，25.

问题 3.8 用随机数表法抽取样本的方法与步骤是什么？

生：① 对总体中的个体进行编号(每个号码位数一致).

② 在随机数表中随机地选一个数作为开始.

③ 从选定的数开始按一定的方向读下去，若得到的号码在编号中，则取出；若得到的号码不在编号中或前面已经取出，则跳过. 如此继续下去，直到取满为止.

④ 根据选定的号码抽取样本.

(3) 用随机数表法进行抽样的步骤：

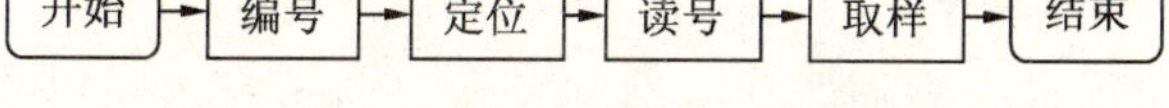

问题 4 抽签法与随机数表法有哪些共同的特点？

生：① 逐个抽取；② 不放回抽样；③ 等可能性.

师：很好！我们把这样的抽样方法称为简单随机抽样.

3. 简单随机抽样

一般地，从个体数为 N 的总体中逐个不放回地取出 n 个个体($n<N$)，

如果每个个体都有相同的机会被取到，那么这样的抽样方法称为简单随机抽样.

三、数学应用

例 某学校的高一年级共有 200 名学生，为了了解这些学生的身高状况，试用简单随机抽样法从中抽取一个容量为 15 的样本.

解析 方法 1 抽签法.

方法 2 随机数表法.

练习 下列抽样方法是简单随机抽样吗？为什么？

① 某班有 45 名学生，指定个子最高的 5 名学生参加学校组织的某项活动；

② 从无限多个个体中抽取 100 个个体作样本；

③ 从 20 个零件中一次性抽出 3 个进行质量检验；

④ 一儿童从玩具箱中的 20 件玩具中随意拿出一件来玩，玩后放回再拿下一件，连续玩了 5 件；

⑤ 从 8 台电脑中逐个不放回地随机抽取 2 台进行质量检验(假设 8 台电脑已编好号，对编号随机抽取).

答案：①②③④不是，⑤是.

强调 等可能性，有限性，逐个抽取，不放回抽取.

四、课堂小结

1. 通过本节课的学习，我们知道了统计的基本思想方法是用样本估计总体，这离不开科学的抽样方法.

2. 简单随机抽样是常用的抽样方法，它包括抽签法与随机数表法.

3. 简单随机抽样只能针对个体是有限个的总体，其特点是逐个抽取、不放回抽取和等可能性.

案例 13 数列的概念及表示

设计思想

数列的概念及表示是数列的起始课，对本章内容的学习起着重要的铺垫作用. 本教学设计拟从隐含一些数列的一条短信出发引入课题，然后从多个实例中抽象出数列的概念，并用一个实例贯穿课堂始终，通过三个问题及追问的驱动，建构出数列的通项公式，并引导学生深刻领悟数列的函数本质.

教学设计

教学目标

1. 了解数列的概念，了解数列的分类，了解数列是一种特殊的函数，会用列表法与图象法表示数列.

2. 理解数列通项公式的概念，会根据通项公式写出数列的前几项，会根据简单数列的前几项写出数列的通项公式.

3. 经历数列的通项公式的抽象过程，领会数列与函数之间的关系.

教学重点

数列的概念及表示.

教学难点

数列的通项公式的含义，数列的函数理解.

过程设计

一、问题情境

师：今天的这节课我们从一条短信开始. 据说有段时间不少人收到了一条短信，其标题是“一分钱与 33 万元的交易”，副标题是“30 天让你快速成为千万富翁或富婆”. 内容大致是“一个企业家为回报社会，愿意将他的部分资产拿出来与世人共享. 具体操作方法是：第一天你给他 1 分钱，第二天你给他 2 分钱，第三天你给他 4 分钱，即后一天你所给钱数是前一天的 2 倍，共给 30 天. 而他每天收到钱后，都会回报你 33 万元，30 天共 990 万元，号称 1000 万元. 愿意受益者到××公证处签合同，即具有法律效力等.”

天上会掉馅饼吗？当然不会，这肯定是一个陷阱. 但仍有不少人上当了，最后不仅没有快速致富，反而倒贴了 70 万元左右. 这些人为什么会上当？原因是没有学好数学，尤其是没有学好我们下面将要学习的与日常生活有着密切联系的一章——数列(板书).

那么，什么是数列呢？我们先从几个例子入手：

(1) 有一堆钢管共 5 层，最上面一层是 1 根，下面一层总比它上面一层多 1 根，从上向下数，每层的根数分别是多少？

生：1，2，3，4，5.

(2) 还是刚才一堆钢管，如果从下往上数，每层的根数又分别是多少？

生：5，4，3，2，1.

(3)《庄子》一书中有这样一句话：“一尺之棰，日取其半，万世不竭.”意思是说：一尺长的木棒，每天取其一半，永远也取不完. 如果将开始的木棒作为一份，那么每天剩下的部分依次是多少？

生：$\frac{1}{2}$，$\frac{1}{4}$，$\frac{1}{8}$，$\frac{1}{16}$，$\frac{1}{32}$，….

(4) 现进行如下操作(如图1所示)：第1次画1个边长为1的小正方形，第2次在它的周围画几个同样大的小正方形，使之成为边长为2的正方形，第3次再在其周围画几个同样大的小正方形，使之成为边长为3的正方形，…，如此下去，请问每一次所画小正方形的个数依次是什么？

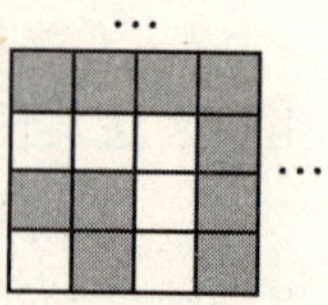
图1

生：1,3,5,7,9,….

(5) 从1984年到2008年，我国共参加了7次奥运会，各次参赛获得的金牌总数还有同学记得依次为多少吗？

生：15,5,16,16,28,32,51.

二、探究建构

(板书上述五个例子的结果，将它们写在一起，见下)

① 1,2,3,4,5.

② 5,4,3,2,1.

③ $\frac{1}{2}$，$\frac{1}{4}$，$\frac{1}{8}$，$\frac{1}{16}$，$\frac{1}{32}$，….

④ 1,3,5,7,9,….

⑤ 15,5,16,16,28,32,51.

问题1 上述5个问题的数学结果有着什么样的共同特点？

生：它们都是一列数.

追问1 还有什么特点？

生：按一定规律排列.

追问2 什么规律？是数字大小的规律吗？

生：不是，是顺序.

师：对，它们都是按照一定次序排列起来的一列数，在数学上，我们称之为数列.

1. 数列的概念

(1) 定义：按照一定次序排列的一列数称为数列.

(2) 名称：项——数列中的每个数.

(3) 分类：按项的个数，可分为有穷数列和无穷数列.

学生活动 1

1. 上述五个数列中，哪些是有穷数列？哪些是无穷数列？

生：数列①②⑤是有穷数列，数列③④是无穷数列.

2. 在开始的短信息中也包含了一些数列，你能找出来吗？

生：⑥ $1,2,4,8,\cdots,2^{29}$.

⑦ $33,33,33,\cdots,33$.

师：这说明生活中处处有数列. 数列很多，该如何表示呢？

(4) 记法：数列通常记为 $a_1,a_2,a_3,\cdots,a_n,\cdots$. 其中，$a_1$ 称为第 1 项(首项)，a_2 称为第 2 项，$\cdots$，a_n 称为第 n 项.

数列 $a_1,a_2,a_3,\cdots,a_n,\cdots$ 通常可简记为 $\{a_n\}$.

追问 3 数列①和数列②是同一个数列吗？

生：不是.

师：为何？它们的项不是完全一样吗？

生：但项的次序不同.

追问 4 请说说数列中的项与集合中的元素之间有哪些不同的地方？

生：元素具有无序性，而项是有序的；元素具有互异性，而项是可以相同的.

问题 2 你能说出数列④的第 n 项是什么吗？

生：$a_n=2n-1$.

追问 1 你是怎么想到的？

生：是通过前几项找规律归纳出来的.

师：噢，这位同学实际上经历了这么一个归纳的过程：

序号 n	1	2	3	4	5	…
	↓	↓	↓	↓	↓	
项 a_n	1	3	5	7	9	…
	↓	↓	↓	↓	↓	
	$2\times1-1$	$2\times2-1$	$2\times3-1$	$2\times4-1$	$2\times5-1$	…

师：从而得到了该数列中的项 a_n 与它的序号 n 之间的关系式为 $a_n=2n-1$，因为这个公式具有一般性，所以对于我们研究问题非常有用. 我们就称之为该数列的通项公式.

2. 数列的通项公式

如果数列$\{a_n\}$的第n项a_n与序号n之间的关系可以用一个公式来表示，我们就把这个公式称为这个数列的通项公式.

三、数学应用

例1 已知数列$\{a_n\}$的通项公式，写出这个数列的前5项.

(1) $a_n=\dfrac{n}{n+1}$；　　(2) $a_n=\dfrac{(-1)^n}{2^n}$.

解析 我们用列表法分别给出这两个数列的前5项，如下表所示：

n	1	2	3	4	5
$a_n=\dfrac{n}{n+1}$	$\dfrac{1}{2}$	$\dfrac{2}{3}$	$\dfrac{3}{4}$	$\dfrac{4}{5}$	$\dfrac{5}{6}$
$a_n=\dfrac{(-1)^n}{2^n}$	$-\dfrac{1}{2}$	$\dfrac{1}{4}$	$-\dfrac{1}{8}$	$\dfrac{1}{16}$	$-\dfrac{1}{32}$

变式 你能判断$\dfrac{17}{18}$，$\dfrac{19}{18}$是否在数列(1)中吗？

解析 令$\dfrac{n}{n+1}=\dfrac{17}{18}$，解得$n=17$，所以$\dfrac{17}{18}$是数列(1)的第17项.

令$\dfrac{n}{n+1}=\dfrac{19}{18}$，解得$n=-19$，因为$-19$不是正整数，所以$\dfrac{19}{18}$不是数列(1)中的项.

提炼 根据通项公式求数列的指定项时，只需将序号代入通项公式即可.

例2 写出数列的一个通项公式，使它的前4项分别是下列各数：

(1) $-1,1,-1,1$；(2) $\dfrac{1}{1\times2},-\dfrac{1}{2\times3},\dfrac{1}{3\times4},-\dfrac{1}{4\times5}$；(3) $0,2,0,2$.

解析 (1) $a_n=(-1)^n$. 也可以写成$a_n=\begin{cases}-1, & n\text{为奇数},\\ 1, & n\text{为偶数}.\end{cases}$

(2) $a_n=(-1)^{n+1}\times\dfrac{1}{n(n+1)}$.

(3) $a_n=1+(-1)^n$. 也可以写成$a_n=\begin{cases}0, & n\text{为奇数},\\ 2, & n\text{为偶数}.\end{cases}$

提炼 (1) 根据数列的前几项写通项公式，关键是找规律；

(2) 根据数列的前几项写通项公式，结果通常是不唯一的，如第(2)小题的结果还可以写成$a_n=(-1)^{n+1}\times\dfrac{1}{n(n+1)}+(n-1)(n-2)(n-3)(n-$

4)，等等.

学生活动 2

请写出上述所写 7 个数列的一个通项公式.

提炼 有的数列的通项公式写起来不太方便，但不是不能写，如数列⑤可以用分段形式来表示. 对于有穷数列，写其通项公式时，通常要注明 n 的取值范围.

问题 3 回到数列 $a_n=2n-1$ 上，设序号 1，2，3，4，…构成了集合 A，数列的项 1，3，5，7，…构成了集合 B，那么上述对应关系

$$\begin{array}{lcccccc} \text{序号 } n & 1 & 2 & 3 & 4 & 5 & \cdots \\ & \downarrow & \downarrow & \downarrow & \downarrow & \downarrow & \\ \text{项} \quad a_n & 1 & 3 & 5 & 7 & 9 & \cdots \end{array}$$

可以用哪个数学概念来描述?

生：因为集合 A 中的每一个元素在集合 B 中都有唯一确定的元素与它对应，所以这个对应是函数.

师：对. 所以数列就是函数，数列中的项可以看成是一系列的函数值.

追问 1 当把数列看成是函数时，你能说出上述数列①—⑦的定义域吗?

生：略.

追问 2 在函数的观点下，一般数列的定义域是什么?

生：自然数集 $\mathbf{N}^*$ 或它的有限子集 $\{1,2,3,\cdots,k\}$.

追问 3 在函数的观点下，数列 $\{a_n\}$ 中的第 n 项 a_n 又可以怎么来理解呢?

生：当自变量取 n 时所得到的函数值.

师：很好! 所以它又可以写成 $a_n=f(n)$，相当于函数的——

生：解析式.

师：函数有解析法、列表法、图象法这三种表示方法，数列也应可以类似地表示. 前两种表示方法我们前面已看到，那么数列能用图象法来表示吗? 我们仍以数列 $a_n=2n-1$ 为例，请大家来试试看.

学生板演(图略)，修改学生作图中一些不规范的地方.

提炼 (1) 数列的图象是一系列离散的点(也可以称之为孤立的点)，作图时不要连线;

(2) 尽管数列的图象是一些离散的点，但其仍符合以前代数函数的分布规律，如这里的几个点都在一条直线上.

学生活动3

请作出例1中两个数列的图象.

(学生板演)

四、课堂小结

1. 本节课我们学习了数列的有关概念,理解了数列就是一种特殊的函数,所以它同样有三种表示方法. 但数列与前面所学的函数也有所不同,从图象看,它是不连续的. 所以数列是刻画离散现象的一种数学模型,用它可以解决日常生活中的许多问题,如存款利息、购房贷款等.

2. 在本节课的学习中,我们先后将数列与集合、数列与函数进行联系,这启发我们要善于用联系的方式来掌握新的数学知识.

案例14 平均变化率

设计思想

平均变化率是刻画变量变化快慢程度的一种数学模型,是形成导数概念的基础. 本教学设计拟从教材中的章头语出发引入课题,然后以某市两个不同的时间段内气温变化的显著不同为情境,在四个问题的驱动下,让学生在已有知识经验的基础上,自主给出刻画变量变化快慢程度的两个角度,从中自然建构出平均变化率的概念并领悟其几何意义.

教学设计

教学目标

1. 理解平均变化率的意义,经历平均变化率概念的形成过程,体会平均变化率是刻画变量变化快慢程度的一种数学模型.

2. 了解平均变化率的几何意义,会计算函数在某个区间上的平均变化率.

3. 感受数学模型在刻画客观世界中的作用,进一步领会变量数学的思想,提高分析问题、解决问题的能力.

4. 在平均变化率概念的建构过程中,提升学生的数学抽象和逻辑推理等素养.

教学重点

平均变化率的意义.

教学难点

平均变化率概念的形成过程.

过程设计

一、问题情境

师:(在播放一段过山车运动视频的同时)这是世界上最高的过山车,它启动时在 4 s 内时速从零加速到 190 km/h,在 8 s 内冲到 139 m 的高空,减速绕过顶端弯道,再垂直俯冲而下,第二次时速冲到 190 km/h,最后 20 s 内在磁铁刹车的作用下穿过 100 m 的水平滑道,缓慢平稳地将游客带到终点.

请问:过山车在运行过程中,有哪些量在发生变化?

生:位移、速度、高度.

师:对.过山车在运行过程中位移的改变、速度的增减、高度的升降等,从这些具体可视的现象中概括出来的运动过程中变量的变化情况,就是新的一章——导数及其应用将要研究的问题.恩格斯说过:"只有微分学才能使自然科学有可能用数学来不仅仅表明状态,而且也表明过程:运动."下面就让我们一起来学习新的一章并深刻体会恩格斯这句话的含义,首先我们从生活中的一些变化谈起.

世界充满着变化,有些变化几乎不被人们所察觉,而有些变化却让人们发出感叹与惊呼.

表 1

日期	3 月 18 日	4 月 18 日	4 月 19 日	4 月 20 日
日最高气温	3.5 ℃	18.6 ℃	24.4 ℃	33.4 ℃

请大家看表 1,某市今年 4 月 20 日最高气温为 33.4 ℃,而 4 月 19 日和 4 月 18 日的最高气温分别为 22.4 ℃和 18.6 ℃,短短两天时间,气温陡增了 14.8 ℃,闷热中的人们无不感叹:"天气热得太快了!"但是,如果我们将该市今年 3 月 18 日的最高气温 3.5 ℃与 4 月 18 日的最高气温 18.6 ℃进行比较,发现两者温差为 15.1 ℃,甚至超过了 14.8 ℃,而人们却没有发出上述感叹,这是什么原因呢?

生:从 3 月 18 日到 4 月 18 日虽然变化了 15.1 ℃,但经历了 30 天时间,这种慢慢的变化人们不易觉察到;但从 4 月 18 日到 4 月 20 日,短短两天时间气温陡增了 14.8 ℃,这种快速的变化人们感觉就很明显.

师:对.那么,我们该如何刻画这些快慢不同的变化呢?这就是本节课我们将要研究的内容——平均变化率(板书课题).

二、探究建构

问题 1 除了用表格外，还有什么数学工具能直观反映上述气温的变化情况呢？

生：图象.

师：很好！下面我们试着把这个图象作出来.

(引导学生作图，如图 1 所示)

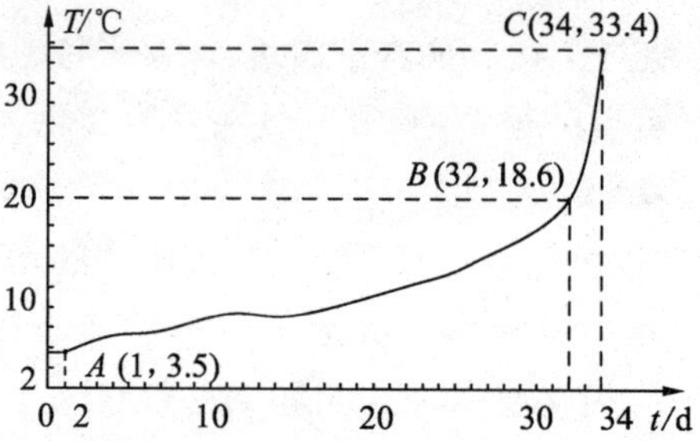

图 1

师：从图象中我们的确可以直观地看出，曲线段 AB 相对平缓，而曲线段 BC 比较陡峭.

问题 2 能否从数量关系上来刻画曲线的“陡峭”程度呢？

(让学生先自己思考，然后小组讨论后再发表意见)

生甲：看 AB，BC 这两段上的“日平均变化温度”.

师：有别的想法吗？

生乙：连结 AB 与 CD，比较这两条线段的斜率.

师：这两位同学非常爱动脑筋，他们想到了两种不同的量化方法. 我们首先按照生甲的想法来量化一下看看.

(与学生一起完成表 2)

表 2

气温随时间的变化关系 $T=T(t)$		
时间的改变量 t_1-t_2(单位：天)	$32-1=31$	$34-32=2$
温度的改变量 T_1-T_2(单位：℃)	$18.6-3.5=15.1$	$33.4-18.6=14.8$
$\frac{温度差}{时间差}$(单位：℃/天)	$\frac{15.1}{31}\approx 0.5$	$\frac{14.8}{2}=7.4$
气温变化的快慢	慢	快

师：从表中我们不难发现，BC 段的日平均变化温度要比 AB 段高得多，因而对应的图象比较陡峭. 下面请大家再用生乙的想法算算看.

（学生很快发现，两者的运算结果是一样的）

师：甲、乙两位同学虽然思考问题的角度不同，但却异曲同工，得到了相同的数值.

问题 3 如果把$\frac{T_2-T_1}{t_2-t_1}$这个数值称为气温在区间$[t_1,t_2]$上的平均变化率，那么对于一般的函数 $f(x)$而言，该如何定义它在区间$[x_1,x_2]$上的平均变化率呢？

生：用$\frac{f(x_2)-f(x_1)}{x_2-x_1}$来表示.

平均变化率的概念

一般地，函数 $f(x)$在区间$[x_1,x_2]$上的平均变化率为$\frac{f(x_2)-f(x_1)}{x_2-x_1}$.

问题 4 你认为函数 $f(x)$在区间$[x_1,x_2]$上的平均变化率的几何意义是什么？

生：设 $A(x_1,f(x_1))$，$B(x_2,f(x_2))$，则函数 $f(x)$在区间$[x_1,x_2]$上的平均变化率的几何意义是过 A，B 两点的直线的斜率.

师：非常好！所以，平均变化率的本质是用直线近似地刻画曲线的陡峭程度.

说明 (1) 平均变化率的几何意义是直线的斜率.

(2) 曲线越"陡峭"，说明变量变化越快；曲线越"平缓"，说明变量变化越慢.

(3) 平均变化率是曲线陡峭程度的数量化，而曲线陡峭程度是平均变化率的视觉化.

三、数学应用

例 1 某婴儿从出生到第 12 个月的体重变化如图 2 所示，试分别计算从出生到第 3 个月以及从第 6 个月到第 12 个月该婴儿体重的平均变化率.

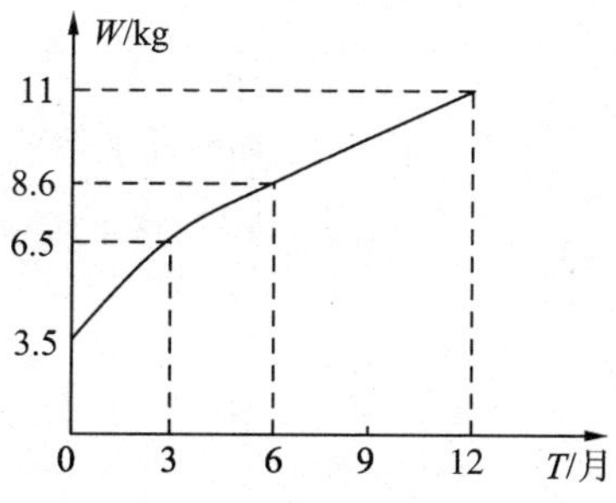

图 2

解析 从出生到第 3 个月，婴儿体重的平均变化率为$\frac{6.5-3.5}{3-0}=1$(kg/月)；

从第 6 个月到第 12 个月，婴儿体重的平均变化率为$\frac{11-8.6}{12-6}=\frac{2.4}{6}=0.4$(kg/月).

提炼 计算平均变化率时,要找准x_1,x_2,$f(x_1)$,$f(x_2)$这四个量.

反思 (1) 这里两个平均变化率的数值的具体意义是什么?

生:1 kg/月,表示从出生到第3个月的这段时间内,婴儿平均每个月长1 kg;而0.4 kg/月,表示从第6个月到第12个月的这段时间内,婴儿平均每个月长0.4 kg.

(2) 该题中平均变化率值的大小与变量变化的快慢之间的关系如何?

生:平均变化率的值越大,变量变化得越快.

例2 如图3所示,水经过虹吸管从容器甲中流向容器乙,t s后容器甲中水的体积$V(t)=5\times e^{-0.1t}$(单位:cm^3),请计算:

(1) 第一个10 s内V的平均变化率;

(2) 第二个10 s内V的平均变化率.

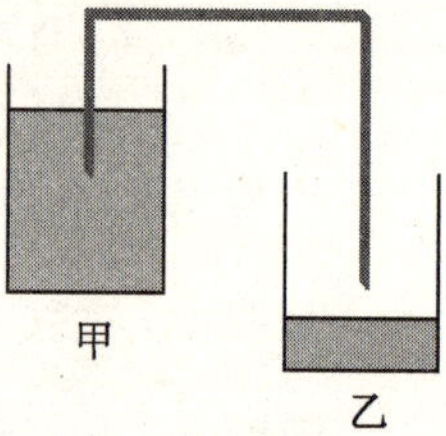

图3

解析 (1) 在区间[0,20]上,体积V的平均变化率为$\frac{V(10)-V(0)}{10-0}\approx\frac{1.839-5}{10}=-0.3161(cm^3/s)$;

(2) 在区间[10,20]上,体积V的平均变化率为$\frac{V(20)-V(10)}{20-10}\approx\frac{0.677-1.839}{10}=-0.1162(cm^3/s)$.

反思 (1) 两个答案中的负号有什么实际意义?

生:负号表示随着时间的增大,容器甲中水的体积在减少.

(2) 两个10 s内,平均变化率的大小与容器甲中水的体积变化的快慢有着怎样的关系?

生:第一个10 s内,容器甲中水的体积变化得更快一些.

(3) 一般地,平均变化率的值与变量变化快慢的关系如何?

生:平均变化率可正可负,其绝对值越大,表示变量变化得越快.

例3 已知函数$f(x)=2x+1$,$g(x)=-2x$,分别计算在区间[-3,-1],[0,5]上$f(x)$及$g(x)$的平均变化率.

解析 函数$f(x)$在区间[-3,-1]上的平均变化率为$\frac{f(-1)-f(-3)}{(-1)-(-3)}=\frac{(-1)-(-5)}{2}=2$,

函数 $f(x)$在区间$[0,5]$上的平均变化率为$\frac{f(5)-f(0)}{5-0}=2$,

函数 $g(x)$在区间$[-3,-1]$上的平均变化率为$\frac{g(-1)-g(-3)}{(-1)-(-3)}=-2$,

函数 $g(x)$在区间$[0,5]$上的平均变化率为$\frac{g(5)-g(0)}{5-0}=-2$.

反思 (1) 你发现一次函数 $y=kx+b$ 在区间$[m,n]$上的平均变化率有什么特点吗?

生:恒为 k.

(2) 你能解释其中的道理吗?

生:因为平均变化率的几何意义就是直线的斜率.

例 4 已知函数 $f(x)=x^2$,分别计算函数 $f(x)$在区间$[1,3]$,$[1,2]$,$[1,1.1]$,$[1,1.001]$上的平均变化率.

解析 函数 $f(x)$在$[1,3]$上的平均变化率为$\frac{f(3)-f(1)}{3-1}=\frac{3^2-1^2}{2}=4$,

函数 $f(x)$在$[1,2]$上的平均变化率为$\frac{f(2)-f(1)}{2-1}=\frac{2^2-1^2}{1}=3$,

函数 $f(x)$在$[1,1.1]$上的平均变化率为$\frac{f(1.1)-f(1)}{1.1-1}=\frac{1.1^2-1^2}{0.1}=2.1$,

函数 $f(x)$ 在 $[1,1.001]$ 上的平均变化率为 $\frac{f(1.001)-f(1)}{1.001-1}=\frac{1.001^2-1^2}{0.001}=2.001$.

反思 (1) 上述几个答案有什么规律?其变化趋势如何?

生:当区间的右端点逐步趋近于 1 时,函数 $f(x)$的平均变化率在 2 的右边逐渐趋近于 2.

(2) 若将区间改成$[0.9,1]$,$[0.99,1]$,$[0.999,1]$,答案如何?

生:函数 $f(x)$的平均变化率在 2 的左边逐渐趋近于 2.

(3) 若将区间改成$[1,1+t]$和$[1-t,1]$(其中 $t>0$),答案又如何?

生:函数 $f(x)$在$[1,1+t]$上的平均变化率为 $2+t$,在$[1-t,1]$上的平均变化率为 $2-t$.

(4) 由此,你想到了什么?

生:在(3)中,当正数 t 无限趋近于 0 时,函数 $f(x)$的平均变化率将无限趋近于 2.

师：非常好！此时，平均变化率就变成了瞬时变化率，这正是我们下节课将要研究的问题.

四、课堂小结

师：本节课我们学习了平均变化率的概念，解决了一些与之相关的问题，下面请大家自己再列举一些与平均变化率有关的例子.

生 1：身高在不同年龄段的增长情况.

生 2：化学反应在不同时段的变化情况.

生 3：房价在不同时期的涨跌情况.

生 4：强台风的移动速度的变化情况.

(最后，老师作如下补充)

师：请大家看图 4，这是德国著名的心理学家艾宾浩斯提出的遗忘曲线，这张图说明了遗忘有着什么样的变化规律呢？

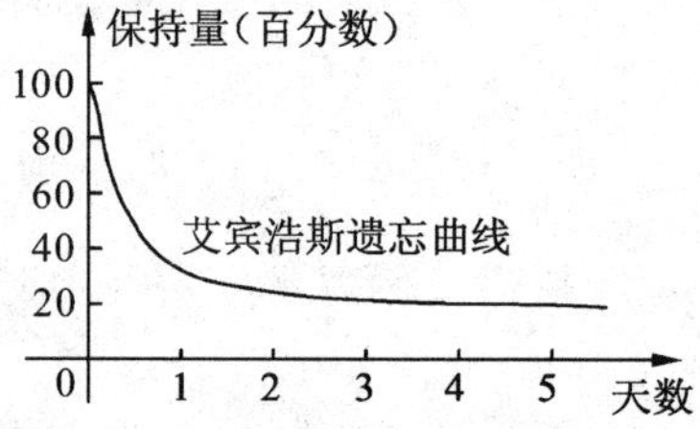

图 4

生：这张图说明学习后刚开始知识遗忘得快，然后遗忘的速度会变得越来越慢.

师：正是如此. 希望同学们能从该图中获得一些启示，即要注意及时回顾与复习所学的新知识，努力克服知识的遗忘.

案例 15　直线的斜率

设计思想

直线的斜率是刻画直线倾斜程度的一个量，这节课是解析几何的起始课，是后继学习的基础. 本教学设计拟从笛卡尔解决问题的思想出发引入课题，暗示将研究对象放在直角坐标系中解决问题，然后以楼梯的倾斜程度为载体，在三个问题及追问的驱动下，引导学生在已有的“坡度”概念的基础上，自主建构出斜率的概念. 课上的一个点缀是画黑板的一条对角线，开始时是一种画法，学习了新知识后又有了新的画法，让学生明显看到自己的进步.

教学设计

教学目标

1. 理解直线的斜率的意义，经历用代数方法刻画直线倾斜程度的过程.

2. 掌握过两点的直线的斜率公式.

3. 初步感受直线的方向与直线的斜率之间的关系,体会到要研究直线的方向的变化规律,只要研究直线的斜率的变化规律.

4. 培养学生主动探究的意识、理性思维的习惯和严谨治学的态度.

教学重点

直线的斜率的概念、斜率公式及简单应用.

教学难点

直线的斜率概念的建构.

过程设计

一、问题情境

师：在数学史上,曾经有这么几位数学家,他们雄心勃勃,想创造出一种能解决世界上一切问题的方法,(展示笛卡尔的照片)法国著名的数学家笛卡尔就是其中的一位. 他们的设想是这样的：任何问题→数学问题→代数问题→方程问题→求解方程→得到结论. 那么,如何用代数方法来解决几何问题是他们遇到的难题之一. 据说,有一天当笛卡尔躺在宿舍的床上休闲时,忽然看到墙角的蜘蛛网上有一只蜘蛛在爬来爬去,便突发奇想：假设在墙角的三条交线上分别标上刻度,不就能用有序数对来表示蜘蛛的位置了吗？这一想可了不得,使得代数学和几何学结合到一起,产生了解析几何学. 笛卡尔的这种想法就是直角坐标系的雏形,有了直角坐标系,点就可以用数来表示,进而线与面也能用数来表示,从而使得用代数的方法来研究几何问题就有了可能.

(展示太阳系中行星运动的轨迹图)大家知道,太阳系中行星是按照一定的曲线绕着太阳运动的,如果我们把这些曲线放到笛卡尔直角坐标系中,那么我们就可以用代数的方法来研究这些曲线,就能精确地把握这些行星运行的轨迹,进而实现对太空奥秘的探索,包括实现“嫦娥”登月. 所以,学习解析几何有着十分重要的意义.

直线是简单的几何图形,这节课我们就先从直线谈起. 请问怎样可以确定一条直线？

生：给定两点.

师：对. 比如,对于这里的矩形黑板,我想画出它的一条对角线,该怎么画？

生：在一个角上找一点,再在相对的角上找另一个点,把它们连起来就是一条对角线.

师：看来要特制一根长尺了(学生笑).

如果直线只经过一个定点，那么再加上什么样的条件也能把直线确定下来？

生：方向.

师：很好！请大家看图1，这里的两条直线 AB，AC 都经过点 A，但它们的方向不同. 那么相对于水平线 AX，请问 AB，AC 在直观上有何差异？

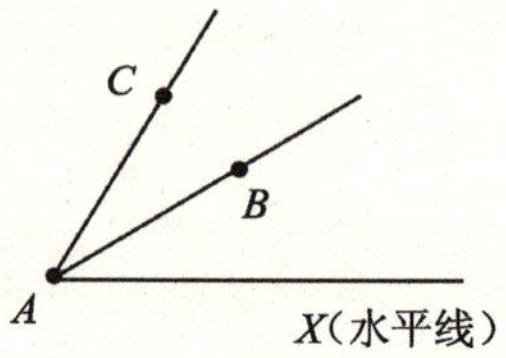

图 1

生：AC 的倾斜程度要比 AB 的倾斜程度大.

师：所以我们可以用直线相对于水平线的倾斜程度来表示直线的方向. 那么，如何刻画直线的倾斜程度呢？这就是本节课我们将要研究的问题——直线的斜率(板书课题).

二、探究建构

师：生活中也有许多涉及倾斜程度的例子，你能列举一些吗？

生：太阳光线照射到地面上的倾斜程度随着时间的变化而变化.

师：还有吗？

生：路面的倾斜程度.

师：(见不再有学生发言)另外还有桥面的倾斜程度、山坡的倾斜程度、楼梯的倾斜程度等. (给出图2)大家请看，这里有两个楼梯，很明显它们的倾斜程度不一样，为了让大家看得更清楚，我们不妨添加两条辅助线(如图3所示).

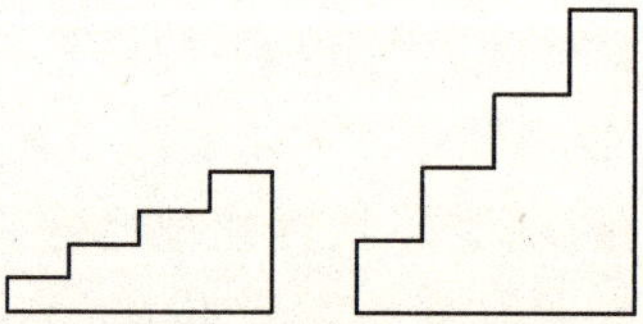
图 2

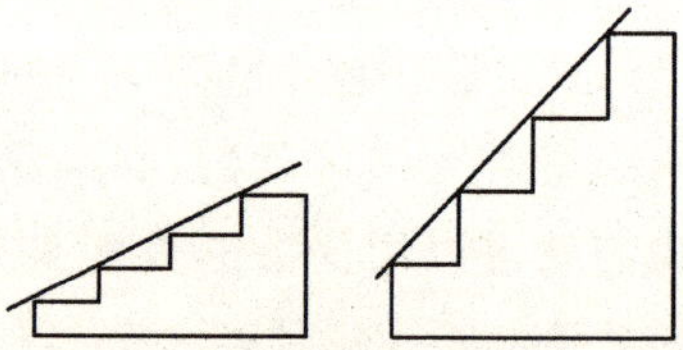
图 3

问题 1 如果让你来刻画这两个楼梯的倾斜程度，你打算怎么办？

生：用每一级台阶的高度除以它的宽度，所得的值越大，台阶越陡.

师：很好！这实际上就是平常所说的“坡度”这个概念的定义思想，即“坡度 $=\dfrac{\text{高度}}{\text{宽度}}$”(如图4所示).

问题 2 如图5所示，你打算怎样借助平面直角坐标系来刻画由 A，B 两点确定的直线的倾斜程度？

$$坡度=\frac{高度}{宽度}$$

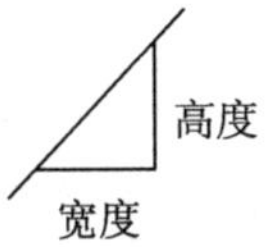

图 4

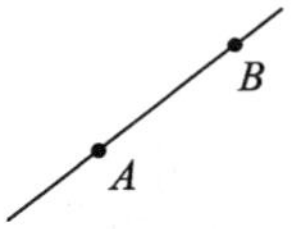

图 5

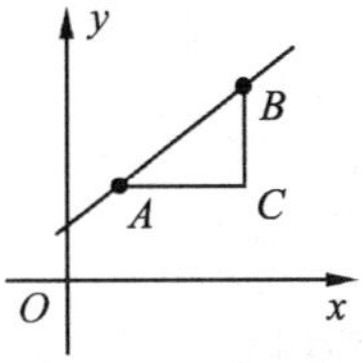

图 6

生：先建立平面直角坐标系，得到 A,B 两点的坐标，再以 AB 为斜边向下构造直角三角形 ABC，使得两条直角边分别垂直于相应的坐标轴（如图 6 所示）. 设 $A(x_1,y_1)$，$B(x_2,y_2)$，则点 $C(x_2,y_1)$，从而得直线的“坡度”为 $\frac{y_2-y_1}{x_2-x_1}$，就用此数值来刻画直线 AB 的倾斜程度.

师：非常好！这位同学采用了“类比”的思想. 如此一来，直线的倾斜程度就可以用一个代数式来刻画了. 这里，y_2-y_1，x_2-x_1 可以分别看成是从 A 点到 B 点的纵坐标的增量与横坐标的增量，从而上述表达式还可以写成“$\frac{y_2-y_1}{x_2-x_1}=\frac{纵坐标的增量}{横坐标的增量}=\frac{\Delta y}{\Delta x}$”.

追问 1 在该表达式中，x_1 是不能等于 x_2 的，那么 $x_1=x_2$ 是一种什么情形呢？

生：此时，A,B 两点确定的直线垂直于 x 轴.

追问 2 若交换 A,B 两点的次序，比值的大小发生变化吗？

生：因为 $\frac{y_2-y_1}{x_2-x_1}=\frac{y_1-y_2}{x_1-x_2}$，所以交换 A,B 两点的次序，比值的大小不变.

追问 3 该比值的大小与 A,B 两点位置的选取有关吗？

生：没有.

师：对. 这一点我们可以通过一个动画来验证（在几何画板中，移动点 B 的位置到 B'，发现由 A,B' 两点的坐标算得的比值始终等于由 A,B 两点的坐标算得的比值）. 所以，对于一条与 x 轴不垂直的直线而言，直线上任意两点 $P(x_1,y_1)$，$Q(x_2,y_2)$ 的坐标构成的比值 $\frac{y_2-y_1}{x_2-x_1}$ 是一个定值，该比值的大小可以反映这条直线的倾斜程度. 在解析几何中，我们就把这个比值称为直线的斜率.

1. 直线的斜率

刻画直线的倾斜程度（方向）的量.

说明 垂直于 x 轴的直线的斜率不存在.

2. 直线的斜率的计算公式

已知两点 $P(x_1,y_1)$，$Q(x_2,y_2)$，如果 $x_1\neq x_2$，那么直线 PQ 的斜率为 $k=\dfrac{y_2-y_1}{x_2-x_1}$.

说明　(1) 使用该公式的前提条件是 $x_1\neq x_2$；

(2) 斜率的大小与直线上 P,Q 两点的次序无关；

(3) 斜率的大小与直线上 P,Q 两点的选取无关.

三、数学应用

例 1　如图 7 所示，直线 l_1，l_2，l_3 都经过点 $P(3,2)$，又 l_1，l_2，l_3 分别经过点 $Q_1(-2,-1)$，$Q_2(4,-2)$，$Q_3(-3,2)$，试计算直线 l_1，l_2，l_3 的斜率.

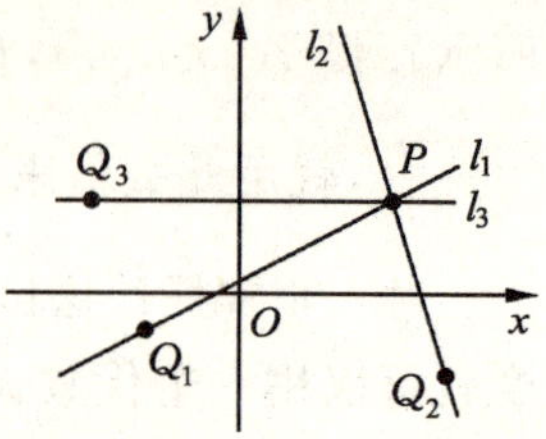

图 7

解析　$k_1=\dfrac{2-(-1)}{3-(-2)}=\dfrac{3}{5}$，$k_2=\dfrac{2-(-2)}{3-4}=-4$，$k_3=\dfrac{2-2}{3-(-3)}=0$.

提炼　从例 1 的结果看到斜率可以是正数、负数、零，那么什么情况下直线的斜率为正数、负数、零呢？

生：斜率为正⇔直线从左下方到右上方；斜率为负⇔直线从左上方到右下方；斜率为零⇔直线与 y 轴垂直.

(用几何画板验证该生的回答)

变式 1　直线过点 $P(3,2)$，$Q(3t,t)$ $(t\in\mathbf{R})$，求其斜率.

解析　要分 $t=1$ 和 $t\neq1$ 两种情况讨论，详略.

变式 2　你能很快说出图 8 中两条直线的斜率吗？

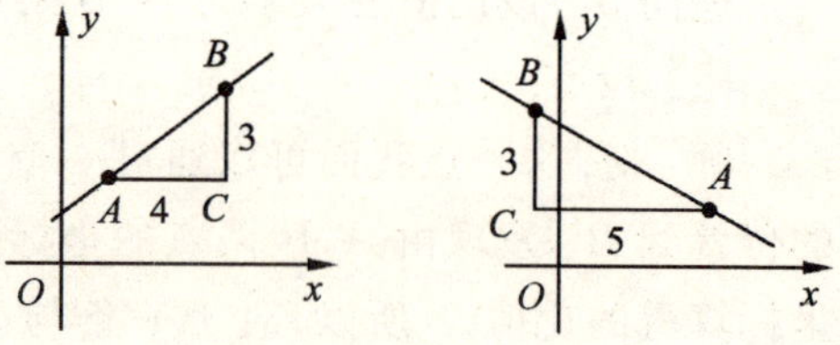

图 8

生：$k_1=\dfrac{3}{4}$，$k_2=-\dfrac{3}{5}$.

师：怎么算的？

生：直接利用公式 $k=\dfrac{\Delta y}{\Delta x}$.

例 2　经过点 $A(3,2)$ 画直线，使得直线的斜率为 $\dfrac{2}{3}$.

生：再找一个点 $B(6,4)$，连接 AB 即可.

师：请问点 $B(6,4)$ 是哪里来的？

生：根据已知斜率 $k=\dfrac{2}{3}$，取 $\Delta x=3$，则 $\Delta y=2$，从而得到点 $B(6,4)$.

师：我们还可以取什么点？

生：坐标原点.

师：这又怎么解释？

生：因为斜率 $k=\frac{2}{3}=\frac{-2}{-3}$，取 $\Delta x=-3$，则 $\Delta y=-2$，从而得到点$B(0,0)$.

师：还有其他的取点方法吗？

生：根据 $k=\frac{2}{3}=\frac{4}{6}$，可取点 $B(9,6)$.

师：所以这样的取点方法有无数多种，而且坐标的增量可以是正的，也可以是负的.

变式　经过点 $A(3,2)$画直线，使直线的斜率为$-\frac{2}{3}$.

（学生板演）

师：在课的开始，我们曾提到画黑板的对角线问题，下面请看问题 3.

问题 3　现在这里只有普通的三角板，若用它已测量得到黑板的长为 5 m，高为 1 m，那么利用今天所学的知识你能作出它的一条对角线吗？

（让学生相互讨论 2～3 分钟时间）

生：以黑板的左下角 A_1 为坐标原点、下边框所在直线为 x 轴，建立平面直角坐标系，则可算得从左下角到右上角这条对角线的斜率为$\frac{1}{5}$. 将 A_1 向右平移 5 dm，向上平移 1 dm 得到 A_2，连接 A_1A_2；再将 A_2 向右平移 5 dm，向上平移 1 dm 得到 A_3，连接 A_2A_3；……如此下去，一直画到右上角，这样就能作出从左下角到右上角的对角线.

四、课堂小结

1. 本节课我们学习了直线的斜率，通过学习，我们知道斜率是刻画直线倾斜程度的一个量，它是受生活中“坡度”这一概念的启发而得到的.

2. 通过本节课的学习，我们已能初步体会解析几何中用代数方法来研究几何问题这种思想的魅力了，即对于直线的方向，我们可以用斜率这么一个数字来精确地加以刻画.

3. 课后请同学探究们一下，除了斜率之外，我们还能用什么量来刻画该直线的方向？这个量与斜率之间又有什么联系呢？下节课我们再一起来继续研究这个问题.

案例 16　直线与圆的位置关系

设计思想

直线与圆的位置关系这部分内容学生在初中已学过，这里重新学习，对象没有变，但方法变了，是用代数的方法来研究几何问题，体现了解析法的思想.本教学设计拟用四个问题驱动学生探究直线与圆的位置关系的判定、圆的切线方程、直线被圆截得的弦长的处理思想，并总结出代数法与几何法这两类常用的处理方法.

教学设计

教学目标

1. 依据直线和圆的方程，能熟练求出直线与圆的交点坐标.

2. 能通过比较圆心到直线的距离和半径之间的大小关系判断直线和圆的位置关系.

3. 理解直线和圆的三种位置关系（相离、相切、相交）与相应的直线和圆的方程所组成的二元二次方程组的解（无解、有唯一解、有两组解）的对应关系.

4. 能利用直线和圆的方程研究与圆有关的问题，提高学生的思维能力.

教学重点

利用方程判断直线与圆的位置关系，解决与圆有关的问题.

教学难点

利用方程解决与圆有关的问题.

过程设计

一、问题情境

师：前面我们研究了两条直线的平行、重合、相交，以及相交中的垂直等位置关系，请问我们是借助什么来研究的？

生：直线的方程.

师：对.在这个过程中我们已经初步体验到了解析几何的魅力所在. 现在，在直线方程的基础上，我们又有了圆的方程，那么如何利用这两种方程来研究直线与圆的位置关系及相关问题呢？这是本节课我们将要学习的内容——直线与圆的位置关系（板书课题）.

二、探究建构

问题 1　在初中，我们已经学过直线与圆的位置关系，还记得它们有哪几种位置关系吗？

生：相离、相切、相交.

追问 每种位置关系各有什么特点？

意图 引导学生完成下列表格：

直线与圆的位置关系	相离	相切	相交
图形			
直线与圆的公共点个数			
圆心到直线的距离 d 与半径 r 的大小关系			
特殊的几何性质			

师：现在我们该如何借助直线与圆的方程来研究它们的位置关系呢？请看下面的问题.

问题 2 如何判断直线 l：$4x+3y=40$ 与圆 C：$x^2+y^2=100$ 的位置关系？

生：先求出圆心 $O(0,0)$ 到直线 l 的距离 $d=\dfrac{|-40|}{\sqrt{4^2+3^2}}=8$，以及圆 C 的半径 $r=10$，然后根据 $d<r$，得直线 l 与圆 C 相交.

师：还有别的方法吗？

生：可以根据直线与圆的公共点的个数来判断.

直线 l 与圆 C 的公共点的坐标就是方程组$\begin{cases}4x+3y=40,\\x^2+y^2=100\end{cases}$的解.

解这个方程组，得$\begin{cases}x_1=10,\\y_1=0\end{cases}$或$\begin{cases}x_2=\dfrac{14}{5},\\y_2=\dfrac{48}{5}.\end{cases}$

所以直线 l 与圆 C 有两个公共点，坐标为 $(10,0)$ 与 $\left(\dfrac{14}{5},\dfrac{48}{5}\right)$，故直线 l 与圆 C 相交.

师：很好！第一种方法通常称为几何法，第二种方法通常称为代数法.

提炼 判断直线与圆的位置关系的常用方法：

(1) 几何法.设圆 C 的圆心到直线 l 的距离为 d，圆 C 的半径为 r，则可依据如下原理来判断直线 l 与圆 C 的位置关系：

相离 $\Leftrightarrow d>r$；

相切$\Leftrightarrow d=r$;

相交$\Leftrightarrow d<r$.

(2) 代数法.设直线 l 与圆 C 的方程分别为 $Ax+By+C=0(A^2+B^2\neq 0)$,$x^2+y^2+Dx+Ey+F=0(D^2+E^2-4F>0)$,由直线 l 与圆 C 的方程联立方程组,得$\begin{cases}Ax+By+C=0,\\x^2+y^2+Dx+Ey+F=0\end{cases}$(*),则可依据下列原理来判断直线 l 与圆 C 的位置关系:

相离$\Leftrightarrow$方程组(*)无解;

相切$\Leftrightarrow$方程组(*)有且仅有一组解;

相交$\Leftrightarrow$方程组(*)有两组不同的解.

问题 3　自点 $A(-1,4)$作圆 C:$(x-2)^2+(y-3)^2=1$ 的切线 l,如何求切线 l 的方程?

生:因为直线 l 与圆 C 相切,所以圆心(2,3)到直线 l 的距离等于半径 1.

① 当直线 l 垂直于 x 轴时,直线 l:$x=-1$ 与圆 C 相离,不满足题意.

② 当直线 l 不垂直于 x 轴时,可设直线 l 的方程为 $y-4=k(x+1)$,即 $kx-y+(k+4)=0$.

由圆心(2,3)到直线 l 的距离等于半径 1,得$\dfrac{|2k-3+(k+4)|}{\sqrt{k^2+1}}=1$,

解得 $k=0$ 或 $k=-\dfrac{3}{4}$.

因此,所求直线 l 的方程为 $y=4$ 或 $3x+4y-13=0$.

师:非常好!有别的方法吗?

生:因为直线 l 与圆 C 相切,所以直线 l 与圆 C 有唯一的公共点.

① 当直线 l 垂直于 x 轴时,直线 l:$x=-1$ 与圆 C 相离,不满足题意.

② 当直线 l 不垂直于 x 轴时,可设直线 l 的方程为 $y-4=k(x+1)$.

由于直线 l 与圆 C 相切,所以方程组$\begin{cases}y-4=k(x+1),\\(x-2)^2+(y-3)^2=1\end{cases}$有唯一解.

由方程组消去 y,得关于 x 的一元二次方程

$(1+k^2)x^2+(2k^2+2k-4)x+k^2+2k+4=0$.

依题意,该方程有两个相等的实根,所以判别式 $\Delta=0$.

即$(2k^2+2k-4)^2-4(1+k^2)(k^2+2k+4)=0$,解得 $k=0$ 或 $k=-\dfrac{3}{4}$.

因此,所求直线 l 的方程为 $y=4$ 或 $3x+4y-13=0$.

提炼 求圆的切线方程的常用方法：

(1) 几何法.引进参数设出直线的方程→求出圆心到直线的距离 d 和圆的半径 r→用 $d=r$ 求出参数的值→写切线方程.

(2) 代数法.引进参数设出直线的方程→联立直线和圆的方程得方程组→消元得一元二次方程→用 $\Delta=0$ 求出参数的值→写切线方程.

注意 若引进斜率设直线方程,需单独验证斜率不存在的情况.

变式 (1) 过点 $A(2,2)$作圆 C：$(x-2)^2+(y-3)^2=1$ 的切线 l,求切线 l 的方程.

答案：$y=2$.

(2) 过点 $A(1,1)$作圆 C：$(x-2)^2+(y-3)^2=1$ 的切线 l,求切线 l 的方程.

答案：$x=1$ 或 $3x-4y+1=0$.

提炼 (1) 过圆上一点作圆的切线,切线只有一条;过圆外一点作圆的切线,切线有两条.

(2) 过圆外一点作圆的切线,引进斜率设切线的方程,若只能求出一个斜率值,说明还有一条切线的斜率不存在.

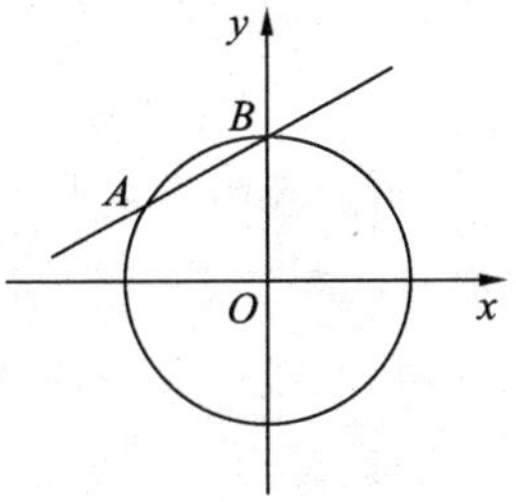

图 1

问题 4 如图 1 所示,如何求直线 l：$x-\sqrt{3}y+2\sqrt{3}=0$ 被圆 C：$x^2+y^2=4$ 截得的弦 AB 的长度?

生：可以先求出两个交点 A,B 的坐标,然后用两点间的距离公式来求弦长.

解方程组$\begin{cases}x-\sqrt{3}y+2\sqrt{3}=0,\\x^2+y^2=4,\end{cases}$得$\begin{cases}x_1=-\sqrt{3},\\y_1=1\end{cases}$或$\begin{cases}x_2=0,\\y_2=2.\end{cases}$

所以直线 l 与圆 C 的公共点为 $A(-\sqrt{3},1)$,$B(0,2)$.

因此,直线 l 被圆 C 截得的弦长为 $AB=\sqrt{(-\sqrt{3}-0)^2+(1-2)^2}=2$.

师：非常好！有别的方法吗?

生：可以构造直角三角形,然后用勾股定理来求弦长.

如图 2 所示,设弦 AB 的中点为 M,则 $OM\perp AB$(O 为坐标原点).

所以 $OM=\dfrac{|0-0+2\sqrt{3}|}{\sqrt{1^2+(-\sqrt{3})^2}}=\sqrt{3}$.

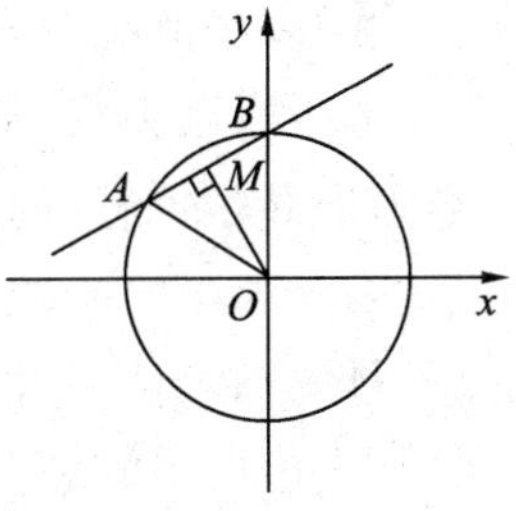

图 2

所以 $AB=2AM=2\sqrt{OA^2-OM^2}=2\sqrt{2^2-(\sqrt{3})^2}=2$.

提炼 求直线被圆截得的弦长 L 的常用方法：

(1) 几何法.取弦的中点构造直角三角形→求出圆心到直线的距离 d 和圆的半径 r→用公式 $L=2\sqrt{r^2-d^2}$ 求出弦长.

(2) 代数法.联立直线和圆的方程得方程组→解方程组得交点坐标→用两点间的距离公式求出弦长 L.

变式 设过点 $A(1,3)$ 的直线 l 被圆 C：$x^2+y^2=4$ 截得的弦长为 $2\sqrt{3}$，求直线 l 的方程.

答案：$x=1$ 或 $4x-3y+5=0$.

提炼 过一点作直线，根据直线被某圆截得的弦长求直线方程时，若弦长小于该圆的直径，则这样的直线有两条.若只求出一个斜率的值，则另一条直线的斜率不存在.

三、课堂小结

1. 运用直线与圆的方程来研究直线与圆的位置关系及相关问题时，通常有两类方法：一是几何法；二是代数法. 一般地，在处理与圆有关的问题时，几何法的运算量通常要小一些. 但我们不能因此而忽视代数法，因为代数法具有更广泛的适用性，在后面的学习中我们将会逐步体会到这一点.

2. 在处理直线与圆的位置关系时，要特别注意直线与 x 轴垂直这种情形，因为经常会在这一点上漏解.

3. 运用方程来处理直线与圆的位置关系问题，较以前的研究加入了运算的成分，使得问题的研究从定性走向定量，这进一步展示了解析几何的魅力.

案例 17 椭圆的标准方程

设计思想

椭圆的标准方程这节课中一个比较纠结的内容是方程的推导，如果放手让学生自己去推导，通常会导致后面解决问题的时间偏少. 但如果选择“老师推导学生看”的处理模式，又失去了一次锻炼学生的机会. 本教学设计拟从四个高位的问题入手，先进一步明确解析几何研究问题的基本思想、这门学科的两大任务、曲线的方程的含义及常用求法，然后在回顾椭圆定义的基础上，用四个问题及若干子问题驱动学生自己推导出椭圆的标准方程，并揭示其结构特点.

教学设计

教学目标

1. 掌握椭圆的标准方程，能根据已知条件求椭圆的标准方程.
2. 能用标准方程判定曲线是否为椭圆.
3. 经历椭圆的标准方程的生成过程，磨炼学生的意志.

教学重点

椭圆的标准方程及其应用.

教学难点

椭圆标准方程的生成过程.

过程设计

一、问题情境

师：在平面解析几何中，我们已学习了直线与圆，首先我们一起来回顾下面的几个问题：

(1) 解析几何这门学科研究问题的基本思想是什么？

生：数形结合.

师：数形结合有两层含义：一是以形助数；二是用数解形. 解析几何这门学科侧重的是后者，即用代数的方法来解决几何问题.

(2) 基于上述研究思想，解析几何这门学科的两大主要任务是什么？

(可作如下提示)

师：前面我们是如何解决直线或圆的有关问题的？

生：先把它们放到直角坐标系中，求出其方程，然后再用方程解决问题.

师：非常好！这说明解析几何这门学科的两大主要任务是：① 建立曲线的方程；② 用方程来研究曲线的几何性质.

(3) 你是如何理解“直线(圆)的方程”的？

生：它是一个关于变量 x,y 的等式.

师：除此以外，直线(圆)上的点 P 与方程的解(x,y)之间还要满足什么样的对应关系呢？

生：一方面，直线(圆)上的点 P 的坐标(x,y)都是方程的解；另一方面，以方程的解(x,y)为坐标的点都在直线(圆)上.

(4) 我们是如何建立直线(或圆)的方程的？

生：① 建立平面直角坐标系；② 设出直线(或圆)上任一点的坐标(x,y)；③ 写出动点所满足的限制条件；④ 将动点坐标代入上述关系式；

⑤ 化简整理，得直线（或圆）的方程.

师：从每句话中提炼了一个字出来，分别是“建”“设”“限”“代”“化”，如果第三步用谐音“现”来代替的话，几个字连起来恰好是——

生（笑）：建设现（限）代化.

师：对，这正是我们求曲线的方程的一般步骤. 上节课我们学习了圆锥曲线的定义，请问有哪几种圆锥曲线？

生：椭圆、双曲线和抛物线.

师：（在黑板上画一个椭圆）这是一个椭圆，与圆相比，椭圆有着其独特的柔美和价值.（投影图片）大家请看，椰子、橄榄球等都是椭圆形的；太阳系中行星的运行轨道是椭圆；油罐车的横截面的外轮廓线也是椭圆；把一个圆均匀压缩后，似乎也变成了椭圆；等等. 为了深入研究椭圆的性质，我们首要的任务是什么呢？

生：建立椭圆的方程.

师：非常好！那么椭圆的方程是什么样子的呢？这是本节课我们将要研究的问题——椭圆的标准方程（板书课题）.

二、探究建构

师：根据椭圆的定义，这里我们不妨设椭圆的两个焦点为 F_1，F_2，它们之间的距离为 $2c$，椭圆上任一点到 F_1，F_2 的距离之和为 $2a(2a>2c)$.

问题 1 求曲线方程的第一步是建系，你认为这里怎样建立平面直角坐标系比较合理呢？

生：以 F_1F_2 的中点为坐标原点、F_1F_2 所在直线为 x 轴建立平面直角坐标系.

追问 1 为什么这么想呢？

生：感觉这样比较对称.

追问 2 对称是美的，还有其他的对称的建系方式吗？

生：以 F_1F_2 的中点为坐标原点、F_1F_2 所在直线为 y 轴建立平面直角坐标系.

追问 3 不对称的建系方式可以吗？

生：可以，但这两种建系方式下求出来的方程应该是最简单的.

师：非常好！这说明大家看问题是很理性的.

问题 2 根据求曲线方程的第二、三、四步，这里你能得到什么样的等式？

生：设 $P(x,y)$ 是椭圆上的任意一点，将点 P 的坐标代入到关系式 $PF_1+PF_2=2a$ 中，得 $\sqrt{(x+c)^2+y^2}+\sqrt{(x-c)^2+y^2}=2a$.

追问 这个结果是椭圆的方程吗?

生：是.

师：那就把它作为椭圆的标准方程可以吗?

生：行是行，但太复杂了，用起来不方便.

师：那怎么办?

生：化简.

问题3 如何化简方程$\sqrt{(x+c)^2+y^2}+\sqrt{(x-c)^2+y^2}=2a$?

(让学生先算一会儿，然后挑选两位学生上台展示)

生甲：两边平方，得

$(x+c)^2+y^2+(x-c)^2+y^2+2\sqrt{(x+c)^2+y^2}\cdot\sqrt{(x-c)^2+y^2}=4a^2$，

整理，得$\sqrt{(x+c)^2+y^2}\cdot\sqrt{(x-c)^2+y^2}=2a^2-c^2-x^2-y^2$，

两边再平方，得$(x^2-c^2)^2+2(x^2+c^2)y^2+y^4=(2a^2-c^2-x^2-y^2)^2$，

整理，得$a^4-a^2c^2+c^2x^2-a^2x^2-a^2y^2=0$，

即$(a^2-c^2)x^2+a^2y^2=a^2(a^2-c^2)$.

师：你真太了不起了！如此复杂的运算居然在这么短的时间内就完成了(学生自觉鼓掌).

生乙：我发现直接平方运算比较困难，所以就先移项后平方的.

移项，得$\sqrt{(x+c)^2+y^2}=2a-\sqrt{(x-c)^2+y^2}$，

两边平方，得$(x+c)^2+y^2=4a^2+(x-c)^2+y^2-4a\sqrt{(x-c)^2+y^2}$，

整理，得$a\sqrt{(x-c)^2+y^2}=a^2-cx$，

两边再平方，得$a^2[(x-c)^2+y^2]=(a^2-cx)^2$，

即$(a^2-c^2)x^2+a^2y^2=a^2(a^2-c^2)$.

师：如果说生甲的意志力值得我们敬佩的话，那么生乙的理性态度则值得我们赞赏，比较下来，后一种处理方式在运算上让我们感受到了一种“惬意”.

追问1 方程$(a^2-c^2)x^2+a^2y^2=a^2(a^2-c^2)$能化得更简洁些吗?

生：因为$a^2-c^2>0$，所以方程可化为$\frac{x^2}{a^2}+\frac{y^2}{a^2-c^2}=1$，这样似乎简洁些.

师：的确比以前美了些！

追问2 但分母a^2-c^2仍有点复杂，能再简洁些吗?

生：那就不如把a^2-c^2换成b^2了，但这样做有意义吗?

师：这个想法非常棒！即方程可化为$\frac{x^2}{a^2}+\frac{y^2}{b^2}=1$，这个方程真是美极

了！而且通过后面的学习我们将会知道这样做是很有道理的.

追问 3　要想确定$\frac{x^2}{a^2}+\frac{y^2}{b^2}=1$是所求的椭圆方程，我们还要做什么样的工作？

生：一是验证椭圆上任一点的坐标都是方程$\frac{x^2}{a^2}+\frac{y^2}{b^2}=1$的解；二是验证以方程$\frac{x^2}{a^2}+\frac{y^2}{b^2}=1$的解为坐标的点都在椭圆上.

师：说得非常好！这个工作留给大家课后完成. 根据前面的讨论，我们知道当以F_1F_2所在直线为x轴、以F_1F_2的中点为坐标原点建系时，椭圆方程为$\sqrt{(x+c)^2+y^2}+\sqrt{(x-c)^2+y^2}=2a(*)$，化简后得$\frac{x^2}{a^2}+\frac{y^2}{b^2}=1$.

那么，以F_1F_2所在直线为y轴、以F_1F_2的中点为坐标原点建系时，易得椭圆方程为$\sqrt{x^2+(y+c)^2}+\sqrt{x^2+(y-c)^2}=2a(**)$（将方程$(*)$与方程$(**)$分两行对照写在黑板上）.

追问 4　你能猜想一下方程$(**)$的化简结果吗？

生：$\frac{x^2}{b^2}+\frac{y^2}{a^2}=1$.

师：很好！我们把这两个方程称为椭圆的标准方程.

1. 椭圆的标准方程

我们把$\frac{x^2}{a^2}+\frac{y^2}{b^2}=1(a>b>0)$与$\frac{x^2}{b^2}+\frac{y^2}{a^2}=1(a>b>0)$这两个方程都称为椭圆的标准方程.

2. 知识汇总表

椭圆定义	$PF_1+PF_2=2a$	
图形	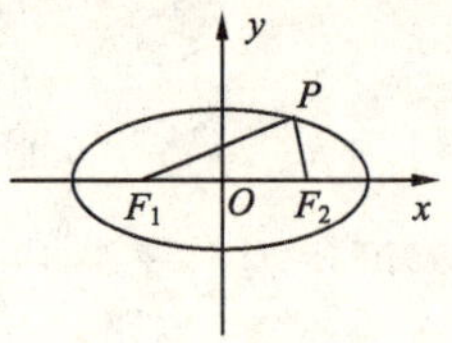	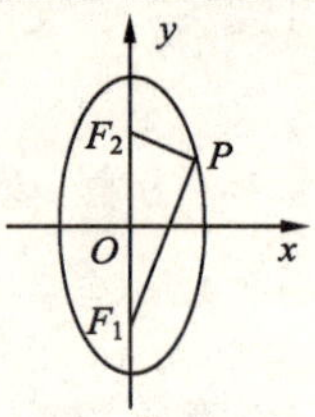
标准方程	$\frac{x^2}{a^2}+\frac{y^2}{b^2}=1$	$\frac{x^2}{b^2}+\frac{y^2}{a^2}=1$
焦点坐标	$F_1(-c,0),F_2(c,0)$	$F_1(0,-c),F_2(0,c)$
a,b,c之间的关系	$a^2=b^2+c^2(a>c>0,a>b>0)$	

问题 4 椭圆的两种标准方程有哪些共同的特点?

生:方程的左边是两个平方和,右边都是 1.

追问 1 它们表示的椭圆有何特点?

生:都是中心在坐标原点.焦点在坐标轴上的椭圆.

追问 2 如何根据椭圆的标准方程判断其焦点所在的坐标轴?

生:焦点在分母大的那个坐标轴上.

追问 3 如果把圆心在坐标原点、半径为 r 的圆的方程 $x^2+y^2=r^2$ 改写为$\frac{x^2}{r^2}+\frac{y^2}{r^2}=1$,你发现了什么?

生:在椭圆方程中,令 $a^2=b^2=r^2$,即得到了圆的方程.

师:所以,我们可以认为圆就是特殊的椭圆,而椭圆是圆的推广.另外,椭圆的标准方程$\frac{x^2}{a^2}+\frac{y^2}{b^2}=1$ 也与直线的截距式方程$\frac{x}{a}+\frac{y}{b}=1$ 有着某些相似的结构.

三、数学应用

例 1 求适合下列条件的椭圆的标准方程:

(1) $a=4,b=3$,焦点在 x 轴上;

(2) $b=1,c=\sqrt{15}$,焦点在 y 轴上.

解析 (1) $\frac{x^2}{16}+\frac{y^2}{9}=1$; (2) $\frac{y^2}{16}+x^2=1$.

变式 $a=4,b=3$,焦点在坐标轴上.

答案:$\frac{x^2}{16}+\frac{y^2}{9}=1$ 或$\frac{y^2}{16}+\frac{x^2}{9}=1$.

提炼 求椭圆的标准方程,要注意先定位,后定量,不能确定焦点位置的要分类.同时,要抓住关系式 $a^2=b^2+c^2$.

例 2 已知一个贮油罐横截面的外轮廓线是一个椭圆,它的焦距为 2.4 m,外轮廓线上的点到两个焦点的距离之和为 3 m,求这个椭圆的标准方程.

解析 如图 1 所示,以两焦点 F_1,F_2 所在直线为 x 轴、线段 F_1F_2 的垂直平分线为 y 轴,建立平面直角坐标系 xOy,

则这个椭圆的标准方程为$\frac{x^2}{a^2}+\frac{y^2}{b^2}=1(a>b>0)$.

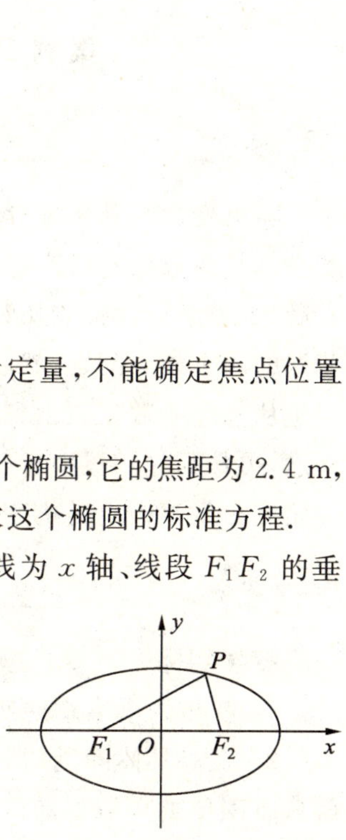

图 1

由题意知 $2a=3,2c=2.4$,即 $a=1.5,c=1.2$.

所以 $b^2=a^2-c^2=0.81$.

因此，这个椭圆的标准方程为$\frac{x^2}{2.25}+\frac{y^2}{0.81}=1$.

提炼 解决实际问题时，通常要先建系，再求方程.

拓展 在课的开始，我们提到把一个圆均匀压缩后，好像也变成了椭圆，是不是这样呢？课后请大家思考这样一个问题：

将圆 $x^2+y^2=4$ 上的点的横坐标保持不变，纵坐标变为原点的一半，试说明所得的曲线是一个椭圆.

四、课堂小结

1. 通过本节课的学习，我们对解析几何的认识更清楚了，它是用代数方法来研究几何问题的一门学科.

2. 作为本节课新学习的知识，我们要熟悉椭圆标准方程的形式与意义. 在学习中，我们应该有这样的体会：椭圆是美的，椭圆标准方程是美的，方程的化简过程也是美的，所以数学美无处不在.

3. 同学们在学习过程中不仅发挥了自己的聪明才智，而且表现出了坚韧的意志力，值得我们欣赏！

案例 18 随机变量及其概率分布

设计思想

随机变量及其概率分布是选修内容“概率”的第一课时，将从定量的角度来刻画离散型随机变量，是从定性到定量的一次飞跃，有助于学生思维的发展. 本教学设计拟先从数字化的角度揭示本章的研究思想，并适时明确本节课的两个核心问题；然后以几个实例为载体，在几个问题的驱动下，引导学生从静态的数字表示到动态的字母表示这一角度出发建构出随机变量的概念，再从孤立的概率求解联系到函数的对应关系，并从函数的表示方法这一角度出发建构出随机变量的概率分布的概念.

教学设计

教学目标

1. 初步领悟本章的研究思想，把握本节的核心问题.

2. 在对具体问题的分析中，了解随机变量、离散型随机变量的意义，理解取有限值的离散型随机变量及其概率分布的概念.

3. 会求某些简单的离散型随机变量的概率分布，认识概率分布对于刻画随机现象的重要性.

4. 在相关概念的建构过程中,提升学生的数学抽象和数学建模素养.

教学重点

随机变量及其概率分布的概念与意义.

教学难点

随机变量、随机变量的概率分布这两个概念的生成.

过程设计

一、问题情境

师:(在黑板上写下“数字化时代”这几个字)大家都听说过这样的一种提法吧?

生:听说过.

师:现在,我们不仅有数字化电视、数字化图书、数字化校园、数字化城管,甚至有人提出了数字化地球的设想.马克思说过:“一门科学,只有当它成功地运用数学时,才算达到真正完善的地步.”是的,一个事物,一件事情,或者是一种状态,如果能够用数字来表述的话,不仅简洁明了,有说服力,而且还能加以运算,使得问题的研究达到一种新的境界.

其实,就数学内部而言,将研究对象进行数字化的做法也是比比皆是.比如,现在我提出一个问题,然后随机地请一位同学来回答,那么我点到学号为 4 号这位同学的可能性大小能用一个数字来描述吗?

生:$\frac{1}{n}$(说明:n 为本班学生人数).

师:这涉及什么样的数学知识?

生:概率.

师:说到概率,我们不妨回放一下在必修教材中学过的几个概念:

(1) 随机事件;(2) 基本事件;(3) 古典概型(多媒体展示,此略).

师:不知同学们有没有注意到过这样的一个事实:在随机试验当中,除了概率值是一个数字外,很多情况下基本事件本身也与数字有着密切的关系.例如:

① 种下一些树苗,我们关心的通常是树苗成活的棵数(数字);

② 抛掷一颗骰子,我们关心的往往是向上的点数(数字);

③ 进行产品抽检,我们关心的是抽样中出现的废品数(数字);

④ 课堂随机提问,同学们首先注意的是老师点的是谁(每位同学都有学号,而学号是数字).

对于这些随机现象，其试验结果显然可以用数字来描述，并且随着试验的结果不同而取不同的数值.人类的智慧真的非常了不起，数学家们正是抓住了这一点点的联系，就想到把随机试验中的基本事件也进行数字化，这正是选修教材概率中研究问题的一个基本思想，在这一章中，我们将重新认识随件试验.

作为本章的起始课，在本节课中，我们将要研究的两个核心问题是：

(1) 如何对随机试验的结果进行数字化?

(2) 如何运用上述数字化的结果?

二、探究建构

问题1 在一块地里种下10棵树苗，成活的棵数是随机事件，其试验结果可用哪些数字来表示?

生：0,1,2,…,10.

问题2 抛掷一颗骰子，向上的点数是随机事件，该试验的结果可用哪些数字表示?

生：1,2,3,4,5,6.

问题3 新生婴儿的性别是男是女是随机事件，你能将该试验的结果也用数字来表示吗?

生：如果将男婴用数字1表示，女婴用数字2表示，那么该试验的结果可用数字1和2来表示.

师：如果说问题1与问题2的试验结果都自然地对应着一个实数的话，那么问题3中的试验结果与数字之间的对应关系则是人为地建立起来的，这又是人类智慧的体现，该同学很了不起!

问题4 在问题1中，10棵树苗中成活的棵数对应着11个数，这是确定的.但是，在进行一次具体的试验时，其试验结果会是哪一个数字，这是不能确定的.你能不能找到一种表达方式，它可以代表0,1,2,…,10中的任何一个数字呢?

生：用字母来表示.

师：对，我们在初中曾学过用字母表示数.这里，如果将成活的棵数表示为X，则X是0,1,2,…,10这11个数中的某个数.这样，一个字母X就可以代表刚才的11种情形.类似地，在问题2中，我们可以设向上的点数为Y，则Y是1,2,3,4,5,6中的某个数；在问题3中，我们也可以设新生婴儿的性别为Z，则Z是1,2中的某个数.

问题5 如何理解这里的X,Y,Z等字母?

（让学生先自行思考，然后相互交流）

生：它们都是某个随机试验的结果所对应的一个变量.

师：也就是说这些字母都对应着某个随机试验，虽然它能取到哪些值是确定的，但在一次具体试验之前又不能确定它取什么数值，它是一个变量. 所以我们称之为“随机变量”（板书“随机变量”这半个课题）.

1. 随机变量的定义

一般地，如果随机事件的结果可以用一个变量来表示，那么这样的变量叫作随机变量.

2. 常用表示方法

表示 1：随机变量——用大写拉丁字母 X,Y,Z（或小写希腊字母 ξ,η,ζ）等表示.

表示 2：随机变量所取的可能值——用小写拉丁字母 x,y,z（加上适当下标）等表示.

练习 1 在问题 2 中，抛掷一颗骰子，向上的点数 Y 可用哪些数字表示？

生：随机变量 Y 所取的可能值有 $y_1=1,y_2=2,y_3=3,y_4=4,y_5=5,y_6=6$.

练习 2 抛掷一枚质地均匀的硬币 1 次，若用 X 表示掷得正面向上的次数，则随机变量 X 的可能取值有哪些？

解析 随机变量 X 的可能取值构成的集合为 $\{0,1\}$.

变式 一实验箱中装有标号为 1，2，2，3，3，3，4，4，4，4，4 的 11 只白鼠，从中任取一只，记取到的白鼠的标号为 Y，则随机变量 Y 的可能取值有哪些？

生：随机变量 Y 的可能取值构成的集合为 $\{1,2,3,4\}$.

拓展 每侦破一个案件所花的时间是一个随机变量吗？若是，请说出其取值情况；若不是，请说明理由.

生：是一个随机变量，设为 T，则 $T\in[0,+\infty)$.

师：很好！这与前面讨论的随机变量不太一样，是连续型的，而前面的是离散型的，本教材我们只研究离散型随机变量的有关问题.

表示 3：指定的随机事件——用形如 $\{X=a\}$ 或 $\{Y\leqslant b\}$ 等形式来表示相应的随机事件.

练习 3 在练习 1 的变式题中，$\{Y=3\}$ 表示何种事件？$\{Y\leqslant 3\}$ 又表示何种事件呢？

生：$\{Y=3\}$表示取到 3 号鼠的事件；$\{Y\leqslant 3\}$表示取到 1 号鼠或 2 号鼠或 3 号鼠的事件.

师：这说明，复杂的事件也可以用随机变量的取值来表示.

表示 4：随机变量取值的概率——用对应随机事件发生的概率来表示，写成 $P(X=a)=p_1$ 的形式，通常简写为 $P(X=a)=p_1$.

练习 4 在练习 2 的变式题中，$P(Y=1)$，$P(Y=2)$，$P(Y=3)$，$P(Y=4)$分别等于多少？

生：$P(Y=1)=\frac{1}{11}$，$P(Y=2)=\frac{2}{11}$，$P(Y=3)=\frac{3}{11}$，$P(Y=4)=\frac{5}{11}$.

师：回顾前面所做的工作，以取白鼠的事件为例，我们实际上是建立了两种对应关系：其一是将基本事件对应到了随机变量；其二是将随机变量又对应到了概率值. 现在，如果把基本事件构成的集合记为 A，把随机变量 Y 取值的集合记为 B，再把对应的概率值构成的集合记为 C. 请大家思考：

问题 6 从集合 A 到集合 B 的对应关系(如图 1 所示)可用什么样的数学概念来描述？从集合 B 到集合 C 的对应关系呢？

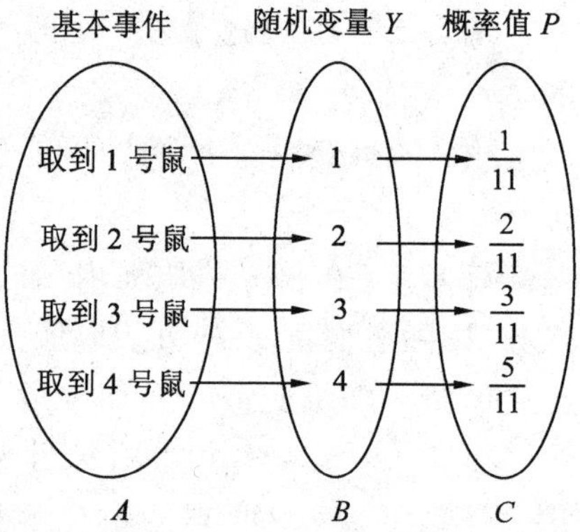

图 1

生：从 A 到 B 的对应关系是映射.

师：很好！那么从 B 到 C 的对应关系呢？

生：也是映射.

师：有没有其他的概念也可以描述 B 到 C 的对应关系呢？

生：函数.

师：很好！因为这里的随机变量 Y 是自变量，概率值 P 是因变量，因而其函数关系可表述成 $P=f(Y)$.

问题 7 对于函数 $P=f(Y)$，你想到了哪几种表达方式？

生：解析法、图象法、列表法.

师：很好！下面请三位同学在黑板上分别用这三种方法表示出函数 $P=f(Y)$.

(三位学生板演，然后一起修改学生书写中一些不太规范的地方)

师：(对着板演结果)用解析法表示时，因为概率值的大小一般没有什么规律，所以通常写成分段函数的形式，如果随机变量的取值较多，那么花括号就会很长，所以我们规定就横着写，即写成 $P(Y=1)=\frac{1}{11}$，$P(Y=2)=\frac{2}{11}$，$P(Y=3)=\frac{3}{11}$，$P(Y=4)=\frac{5}{11}$ 的形式；

用列表法表示较为清晰，以后用得较多，如右表所示；

Y	1	2	3	4
P	$\frac{1}{11}$	$\frac{2}{11}$	$\frac{3}{11}$	$\frac{5}{11}$

用图象法表示也是可行的，但因为概率值大小的表示与认读不太方便，所以不大常用.

我们把前两种表示方法称为随机变量 Y 的概率分布（在“随机变量”这半个课题后补上“及其概率分布”）.

3. 随机变量 X 的概率分布

一般地，假定随机变量 X 有 n 个不同的取值，它们分别是 $x_1,x_2,\cdots,x_n$，且

$$P(X=x_i)=p_i,\ i=1,2,\cdots,n, \quad ①$$

则称①为**随机变量 X 的概率分布列**，简称为 **X 的分布列**.

也可以将①用表格的形式来表示，即

X	x_1	x_2	…	x_n
P	p_1	p_2	…	p_n

我们将此表称为**随机变量 X 的概率分布表.**

说明 (1) 随机变量的概率分布列与概率分布表都叫作随机变量 X 的概率分布.

(2) 这里的 $p_i(i=1,2,\cdots,n)$ 满足条件：① $p_i\geqslant 0$；② $p_1+p_2+\cdots+p_n=1$.

三、数学应用

例 袋中有大小相同的白球 6 个，红球 4 个，从中任取 1 个球，记取到的白球个数为 η，求随机变量 η 的概率分布.

解析 当取到白球时，η 的取值为 1；当取到红球时，η 的取值为 0.

由题意知 $P(\eta=0)=\frac{4}{6+4}=\frac{2}{5}$，$P(\eta=1)=\frac{6}{6+4}=\frac{3}{5}$.

故随机变量 η 的概率分布列为 $P(\eta=0)=\frac{2}{5}$，$P(\eta=1)=\frac{3}{5}$. 概率分布

表如下：

X	0	1
η	$\frac{2}{5}$	$\frac{3}{5}$

提炼 求随机变量 X 的概率分布的方法与步骤：

(1) 定数字——确定 X 可取哪些数字；

(2) 求概率——求出 X 的每一个取值所对应的概率；

(3) 写分布——包括 X 的概率分布列和 X 的概率分布表.

变式(备用) 将一颗骰子先后抛掷两次，记得到的较大点数为 ξ，求随机变量 ξ 的概率分布.

解析 随机变量 ξ 的取值为 1,2,3,4,5,6.

将第一次掷得的点数放在前面，第二次掷得的点数放在后面，用坐标的形式给出，那么抛掷两颗骰子，所得点数共有(1,1)，(1,2)，…，(1,6)，(2,1)，…，(2,6)，…，(6,1)，…，(6,6)这 36 种可能性.

其中较大点数为 1 只有(1,1)这 1 种情形，所以 $P(\xi=1)=\frac{1}{36}$.

而较大点数为 2 的有(1,2)，(2,1)，(2,2)这 3 种情形，所以 $P(\xi=2)=\frac{3}{36}=\frac{1}{12}$.

同理可得 $P(\xi=3)=\frac{5}{36}$，$P(\xi=4)=\frac{7}{36}$，$P(\xi=5)=\frac{9}{36}=\frac{1}{4}$，$P(\xi=6)=\frac{11}{36}$.

故随机变量 ξ 的概率分布列为 $P(\xi=1)=\frac{1}{36}$，$P(\xi=2)=\frac{1}{12}$，$P(\xi=3)=\frac{5}{36}$，$P(\xi=4)=\frac{7}{36}$，$P(\xi=5)=\frac{1}{4}$，$P(\xi=6)=\frac{11}{36}$.

随机变量 ξ 的概率分布表如下：

ξ	1	2	3	4	5	6
P	$\frac{1}{36}$	$\frac{1}{12}$	$\frac{5}{36}$	$\frac{7}{36}$	$\frac{1}{4}$	$\frac{11}{36}$

四、课堂小结

师：现在我们回头反思一下本节课研究问题的思想与策略，看能从中获得哪些感悟？

(1) 课上实现了一次从定性到定量的飞跃，体现在哪里？

生：用数字来表示随机试验的结果(基本事件).

(2) 课上又实现了一次从静态到动态的飞跃，体现在哪里？

生：对随机试验的结果，从用数字表示上升到用字母表示.

师：对，在此基础上我们引入了随机变量的概念.

(3) 课上还实现了一次从孤立到联系的飞跃，又体现在哪里？

生：建立了随机变量到概率值的函数关系.

师：对，在此基础上我们又得到了随机变量的概率分布这个概念.

这三次思维飞跃才是本节课的精髓所在，希望同学们课后好好体味并能有所借鉴.

参考文献

1. 黄映玲,张檬.提高数学教学的有效性——基于教研组的课堂观察行动研究[J].数学教育学报,2011(3):67—70.
2. 邝子谦.思想家才是社会发展的最大贡献者[N].中国青年报,2009-11-04(第4版).
3. 李大潜.关于大力提倡和推动以问题驱动的应用数学研究的建议[J].中国科学基金,2006,20(4).
4. 李善良.高中数学课程改革探索与实践[M].南京:江苏教育出版社,2012.
5. 李善良.现代认知观下的数学概念学习与教学[M].南京:江苏教育出版社,2005.
6. 林浩.用数学本原性问题驱动数学概念教学[D].浙江师范大学,2007.
7. 刘飚,王克亮.还原数学概念自然性的策略初探[J].数学通报,2016(10):4—8.
8. 孙鳌.新课程下用本原性问题驱动数学课堂教学的实践与思考[J].数学教学研究,2008,27(7).
9. 孙利,魏立平.基于实践性教学的数学教师专业化发展研究[J].数学教育学报,2012(2):67—70.
10. 王光明,苏帆,郑强,周学智.现代数学教育选讲[M].重庆:西南师范大学出版社,1998.
11. 严士健等.普通高中数学课程标准(实验)解读[M].南京:江苏教育出版社,2004:336—337.
12. 张奠宙,张荫南.新概念:用问题驱动的数学教学[J].高等数学研究,2004(03).
13. 张乃达.数学:数学文化背景下的思维活动[J].中学数学月刊,2009(02):17—20.
14. 郑兰,肖文萍.基于问题驱动的数学建模教学理念的探索与实践

[J]. 武汉船舶职业技术学院学报,2012(4):101—103.
15. 郑毓信,梁贯成. 认知科学　建构主义与数学教育——数学学习心理学的现代研究[M]. 上海:上海教育出版社,1997.
16. 钟守楠,高成修. 运筹学理论基础[M]. 武汉:武汉大学出版社,2005.
17. 朱建明,孙旭东. 高中新课程教学——问题与问题解决(数学)[M]. 南京:江苏教育出版社,2008.